中等职业学校汽车运用与维修专业规划教材

汽车故障诊断技术

蒋　勇　主　编
张　焉　邓　涛　关东辉　副主编

中国铁道出版社
CHINA RAILWAY PUBLISHING HOUSE

内 容 简 介

本书根据教育部中等职业学校“汽车运用与维修”专业教学标准，并参照相关行业岗位标准，借鉴美国、加拿大、德国和日本的汽车专业教材及各大企业的培训资料编写而成，体现了先进的职教模式与经验。

本书除项目一之外，项目中的每个活动主要由3部分组成：知识链接、教学内容、实训内容，其中实训内容和教学内容一一对应。全书分为7个项目23个活动。项目包括：维修资料查寻、发动机机械故障诊断、发动机电气系统的故障诊断、离合器和变速器故障诊断、转向系故障诊断、制动系故障诊断、行驶系故障诊断。

本书适合作为中等职业学校汽车运用与维修专业规划教材，也可作为相关行业岗位培训教材和汽车维修人员的自学用书。

图书在版编目（CIP）数据

汽车故障诊断技术/蒋勇主编. —北京：中国铁道出版社，2012.4
中等职业学校汽车运用与维修专业规划教材
ISBN 978-7-113-14511-8

Ⅰ. ①汽… Ⅱ. ①蒋… Ⅲ. ①汽车－故障诊断－中等专业学校－教材 Ⅳ. ①U472.42

中国版本图书馆CIP数据核字（2012）第061533号

书　　名：汽车故障诊断技术
作　　者：蒋勇 主编

策　　划：李中宝　　　读者热线：400-668-0820
责任编辑：李中宝 彭立辉
封面设计：刘 颖
封面制作：白 雪
责任印制：李 佳

出版发行：中国铁道出版社（100054，北京市西城区右安门西街8号）
网　　址：http://www.51eds.com
印　　刷：北京东海印刷有限公司
版　　次：2012年4月第1版　2012年4月第1次印刷
开　　本：787mm×1092mm　1/16　印张：12.75　字数：307千
印　　数：1～3 000册
书　　号：ISBN 978-7-113-14511-8
定　　价：25.00元

中等职业学校汽车运用与维修专业

教材编审委员会

出版说明 IMPRINT

为贯彻《国务院关于大力发展职业教育的决定》（国发[2005]35 号）精神，落实《教育部关于进一步深化中等职业教育教学改革的若干意见》（教职成[2008]8 号）关于“加强中等职业教育教材建设，保证教学资源基本质量”的要求，确保新一轮中等职业教育教学改革顺利进行，全面提高教育教学质量，保证高质量教材进课堂，我们遵循职业教育的发展特色，本着“依靠专家、研究先行、服务为本、打造精品”的出版理念，经过专家的行业分析及充分的市场调查，决定开发本系列教材。

本系列教材涵盖中等职业教育汽车类专业的核心课程教材。我们邀请了交通部职业教育教学指导委员会汽运专业分委员会、全国机械职业教育教学指导委员会汽车专指委的专家及辽宁省、安徽省、广东省、上海市等常年从事汽车相关专业教学研究的专家、教学名师，并纳入企业界人士参与，依据教育部新的职业教育教改思想共同参与编写，教材的体例和教材的内容与专业培养目标相适应，且具有如下鲜明的特色：

(1) 注重以就业为导向，以能力为本位，以岗位需要和职业标准为依据，以促进学生职业生涯发展为目标，力图体现我国中等职业教育改革的发展趋势。

(2) 紧密联系生产劳动和社会实践，突出应用性和实践性，并与相关职业资格考核要求相结合，注重培养“双证书”技能人才。

(3) 采用“理实一体化”、“任务引领”、“项目驱动”等多种教材编写体例，努力呈现图文并茂的教材形式，贯彻“做中学、做中教”的教学理念。

(4) 强大的行业专家、职业教育专家、一线的教师队伍，特别是“双师型”教师的加入，为教材的研发、编写奠定了坚实的基础，使本系列教材全面符合中等职业教育的培养目标，具有很高的权威性。

(5) 立体化教材开发方案，将主教材、配套素材光盘、电子课件等资源有机结合，具有网上下载习题及参考答案、考核认证等优势资源，有力地提高教学服务水平。

优质教材是职业教育重要的组成部分，是广大职业学校学生汲取知识的源泉。建设高质量符合职业教育特色的教材，是促进职业教育高效发展、为社会培养大量技能型人才的重要保障。我们相信，本系列教材的出版对于中等职业教育的教学改革与发展将起到积极的推动作用，同时希望更多的专家和一线教师加入到我们的研发和创作团队中来，为更好地服务于职业教育，奉献更多的精品教材而努力。

中国铁道出版社

FOREWORD

前言

近年来，汽车教材不断更新，究其原因，首先是汽车行业日新月异的发展，不断吐故纳新成为汽车科技的典型特征。同时，汽车行业对从业人员的要求与职业教育多年来沿用的普教教学法所产生的猛烈撞击也使从事汽车行业相关职业教学的人们，深感不变不行。而教材作为教学活动的基本依据，自然应成为教学改革的第一步。

为使教材更具实用性、先进性、可读性，在编写过程中，我们注意了以下几点：

1. 教材不按理论和技能分类编写，而是以诊断思路为教学中心，以技能操作为实训重点，从而使教学活动中理论与实践能有机结合，突出技能教学。

2. 教材中用知识目标、能力目标作为每一项目的开头，使教学要求具体化，该内容是教学考核的主要依据。教材编写中尽可能采用贴近汽车行业各类维修资料所使用的表达形式，如说明书上常用的表格、流程图及图文并茂等手法。

3. 本教材主要有三部分组成：①“知识链接”为专业知识的理解打下基础，帮助学生更好地掌握专业知识；②“教学内容”是每一个故障的诊断步骤与思路；③“实训内容”通过对“教学内容”的实训，用数据来验证“教学内容”，让学生理清“教学内容”的操作思路。

4. 教材中出现的填空题、选择题、问答题不是一般作业，即必须结合实物、实训才能完成，在实训过程中掌握汽车故障诊断的思路、步骤和操作要求。技能操作部分则要在学生能安全、规范、高效地操作的同时，培养仔细观察，记录总结的习惯。通过学习要使学生能根据说明书的操作步骤，进行汽车的故障诊断，提高学生再学习的能力。

基于我们的教学经验，在使用本书时有如下建议：

1. 教师应具备扎实的理论基础和较强的动手能力，能理解“教学内容”的诊断步骤与诊断思路。教学中不断探索适合于职校教学的各类方式和方法。

2. 建议课时安排：

项　　　　目	项　目　课　时
项目一　维修资料查询	2
项目二　发动机机械故障诊断	10
项目三　发动机电器系统的故障诊断	25
项目四　离合器和变速器故障诊断	15
项目五　转向系故障诊断	10
项目六　制动系故障诊断	10
项目七　行驶系故障诊断	8
合计	80

3. 建议学生以 12 人为一组进行分组教学。教师可组织学生对“实训内容”中的练习题进行总结、综合讨论、开拓思路，并可将部分练习题作为课堂讨论题。

本书由蒋勇任主编，张焉、邓涛、关东辉任副主编，参加本书编写的有杨浦职校周玉铉（项目一）、南湖职校二分校蒋勇（项目二、三）、现代职校周军伟（项目四）、上海市公用事业学校胡鑫（项目五）、震旦中专黄新（项目六）、南湖职校二分校王华（项目七）。此外，上海市虹口区教育局党工委、团委、虹口区教育学院的领导给予我们大力的支持和帮助，在此表示衷心的感谢！

编写本教材过程中，我们参阅了美国、加拿大、德国和日本的汽车专业教材及各大企业的说明书，学习了国际先进的职教模式与经验，并体现在本教材中，希望教材不仅有新的技术，而且要有新的教学方法。

由于时间仓促，编者水平有限，书中难免存在不足之处，恳请广大从事汽车教学的有识之士提出宝贵意见。

编　者

2012 年 2 月

CONTENTS

维修资料查询

学习目标

知识目标	能力目标
了解汽车维修资料的基本内容。	能熟练查阅汽车维修资料。

知识链接

众所周知，现代汽车科技高速发展，汽车维护业的从业人员需要适应汽车行业大量新技术不断涌入的现状。学会阅读生产厂商提供的维修说明书是最可靠、必要手段，阅读说明书必须具备：

1. 相关的机电常识和专业术语。例如，能理解排量、四轮定位、轴向、短路、真空度等基本术语。

2. 能看懂说明书上的各类相关原理图及操作图。

3. 能将说明书付诸实践，且必须有一定的生产实践基础。

汽车维修说明书的目录通常包含以下内容：

1. 一般信息，其中包括车辆的识别码及发动机、变速器等主要总成的识别码；介绍车上通用件，如螺栓等规格；各类工具（专用工具及通用工具）；车上各种工作液的型号及应用范围；汽车日常保养的相关资料。

2. 主要大总成，如发动机、变速器的结构、原理、拆装、诊断的相关工艺及要求。

3. 汽车电器和电控的结构、原理、拆装、诊断的相关工艺及要求。

4. 车身附件。

在阅读说明书时应注意以下事项：

1. 首先确定所阅读的说明书与要维修的汽车车型完全一致，不仅包括整车型号也包括大总成（发动机、变速器等型号完全一致）。

2. 会根据故障使用目录，迅速查找到所需章节的页码。例如，润滑系的故障，不仅要查阅发动机中的润滑系，同时还要查阅《一般信息》中保养及润滑的相关内容。

3. 图文结合是说明书的特点。汽车说明书上的图片机械部分大多采用实物图及照片。本书的电器部分主要使用电路图。在汽车说明书中还会附有电器定位图，帮助找到具体电器在车上的安装位置。本书着重讨论排故思路。能结合图看懂说明书，并付诸实践，是一项关键技能。

4. 说明书上的警告、注意等内容是厂商大量的统计结果和经验总结，防止出现人身伤害和事故的重要提示。

5. 理解说明书中的各种标识及缩略语。这些标识通常代表被大量使用的新技术。

6. 注意每一个细节，如物理量的单位是英制还是米制、某些件的安装方向等。对于某

些新车型必须严格按照说明书上的步骤进行操作。

7．在按说明书操作的同时逐渐理解其排故的思路。通用凯越的维修手册共有 4 本（见图 1-1）：第一本包括一般信息、空调系统、转向系统、悬架系统、驱动系统、制动系统；第二本为发动机；第三本为变速器；第四本包括车身、保护装置、附件。

图 1-1　通用凯越的维修手册

一、第一本书的主要内容

1．一般信息（页码代号 0）包括：

(1) 对该车辆的说明，主要由车辆的识别、发动机、变速器的识别与位置、螺栓的介绍等，页码范围 0-3 ~ 0-12。

(2) 汽车保养与润滑的相关知识，页码范围 0-15 ~ 0-23。

(3) 振动诊断和矫正的相关知识，页码范围 0-25 ~ 0-26。

(4)空气与风噪的相关知识,页码范围0-27 ~ 0-28。

(5) 噪声的相关知识，页码范围 0-29 ~ 0-30。

(6) 漏水的相关知识，页码范围 0-31 ~ 0-35。

2．空调系统（页码代号 1）包括：

(1) 暖风、通风和空调系统（主要零件的更换），页码范围 1-3 ~ 1-62。

(2) 暖风、通风和空调系统 - 手动（手动控制），页码范围 1-65 ~ 1-96。

(3) 暖风、通风和空调系统 - 自动（自动控制与故障诊断），页码范围 1-99 ~ 1-136。

实训内容

一、第一本维修手册的查阅

1. 参阅凯越发动机冷却液、机油的类型。

(1) 发动机冷却液、机油的查阅属于第一本书一般信息的目录，如图 1-2 所示。

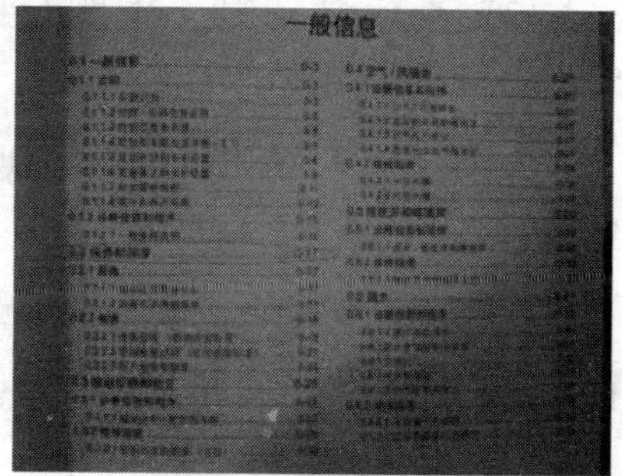

图 1-2　凯越发动机冷却液、机油的类型信息记录

3. 转向系统（页码代号 2）包括：

（1）动力转向系统，页码范围 2–3 ~ 2–49。

（2）转向盘（方向盘）与转向柱，页码范围 2–51 ~ 2–75。

4. 悬架（页码代号 3）包括：

（1）悬架系统的一般诊断，页码范围 3–3 ~ 3–6。

（2）车轮定位（概念、调整方法），页码范围 3–7 ~ 3–14。

（3）前悬架（结构、更换），页码范围 3–15 ~ 3–42。

（4）后悬架（结构、更换），页码范围 3–43 ~ 3–65。

（5）轮胎与车轮，页码范围 3–67 ~ 3–80。

5. 驱动系统（页码代号 4）：

驱动轴的结构、故障诊断和零件更换，页码范围 4–3 ~ 4–25。

6. 制动器（页码代号 5）包括：

（1）液压制动器（包括制动总泵、增压器），页码范围 5–3 ~ 5–33。

（2）盘式制动器（结构、更换），页码范围 5–35 ~ 5–59。

（3）驻车制动器（结构、更换），页码范围 5–61 ~ 5–71。

（4）防抱死制动系统（结构、更换和故障诊断），页码范围 5–73 ~ 5–126。

二、第二本书（发动机）的主要内容（页码代号 6）

1. 发动机机械系统 1.6 L（结构、更换和故障诊断），页码范围 6–7 ~ 6–114。

2. 发动机机械系统 1.8 L（结构、更换和故障诊断），页码范围 6–117 ~ 6–222。

3. 发动机冷却系统（结构、更换和故障诊断），页码范围 6–117 ~ 6–262。

(2) 将第一本书翻到第 0-17 页，如图 1-3 所示。

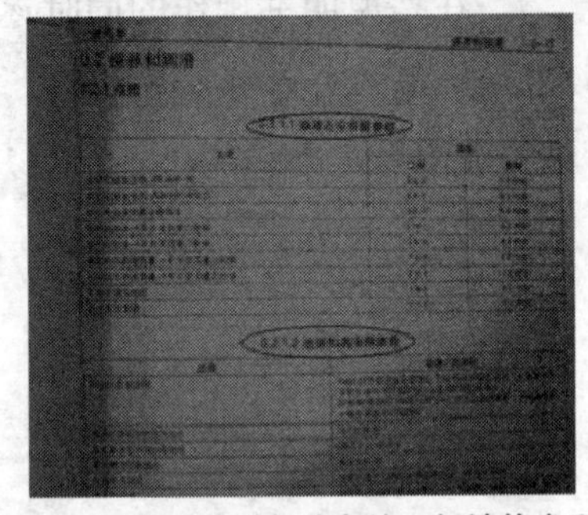

图 1–3　凯越发动机冷却液、机油的类型

2. 查阅前悬架的更换方法。

3. 查阅驻车制动器的更换方法。

4. 查阅 ABS 系统的诊断方法。

二、第二本维修手册的查阅

1. 查阅气缸盖更换的方法：

（1）将书翻到发动机的目录，查阅到气缸盖更换内容在 6-47 页，如图 1-4 所示。

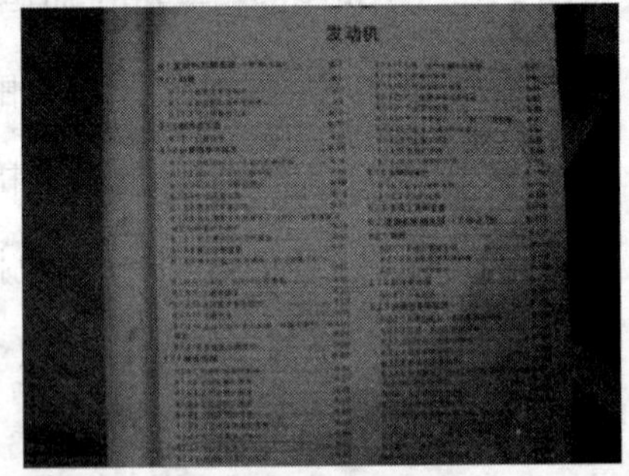

图 1–4　发动机的目录

（2）翻到 6-47 页，查看气缸盖的更换，如图 1-5 所示。

4. 发动机电器系统（蓄电池、电动机和充电器），页码范围 6–263 ~ 6–297。

5. 发动机控制系统 1.6 L（结构、更换和故障诊断），页码范围 6–299 ~ 6–567。

6. 发动机控制系统 1.8 L（结构、更换和故障诊断），页码范围 6–569 ~ 6–842。

7. 发动机排气系统，页码范围 6–843 ~ 6–857。

三、第三本书（变速器与变速驱动桥）的主要内容（页码代号 7）

1. 手动变速器（结构、更换），页码范围 7–5 ~ 7–88。

2. 换挡锁定控制，页码范围 7–91 ~ 7–92。

3. 自动变速器（结构、更换和故障诊断）AISIN（81–40LE），页码范围 7–93 ~ 7–350。

4. 自动变速器（结构、更换和故障诊断）ZF4HP16，页码范围 7–353 ~ 7–609。

5. 离合器（结构、更换和故障诊断），页码范围 7–611 ~ 7–629。

四、第四本书的主要内容

1. 车身（页码代号 8）包括：

（1）车身前端（更换），页码范围 8–7 ~ 8–18。

（2）车身后端（更换），页码范围 8–19 ~ 8–40。

（3）保险杠（更换），页码范围 8–41 ~ 8–53。

（4）碰撞维修，页码范围 8–57 ~ 8–117。

（5）数据链接通信（结构、更换和故障诊断），页码范围 8–119 ~ 8–127。

（6）车门（结构、更换），页码范围 8–129 ~ 8–178。

（7）外饰（更换），页码范围 8–179 ~ 8–183。

（8）车架与车身底部（尺寸、更换），页码范围 8–185 ~ 8–222。

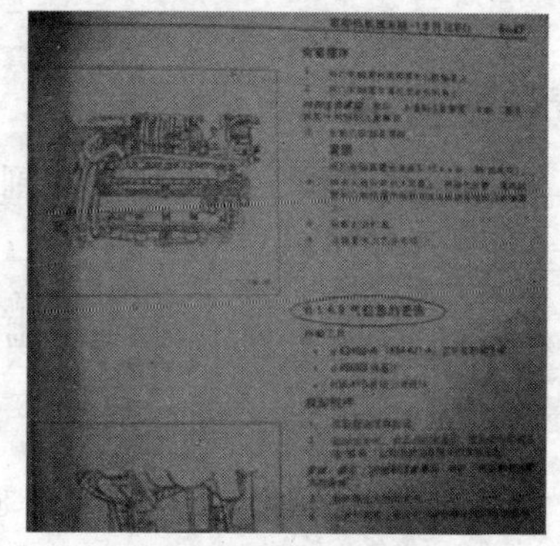

图 1–5　气缸盖的更换

2. 查阅机油泵的更换。

3. 查阅节温器的更换。

4. 查阅 DTCP0107 故障诊断的方法。

5. 查阅氧传感器的更换方法。

三、第三本维修手册的查阅

1. 查阅手动变速器输入轴的拆装：

（1）将书翻到变速器的目录，查阅到输入轴更换内容在 7-47 页，如图 1-6 所示。

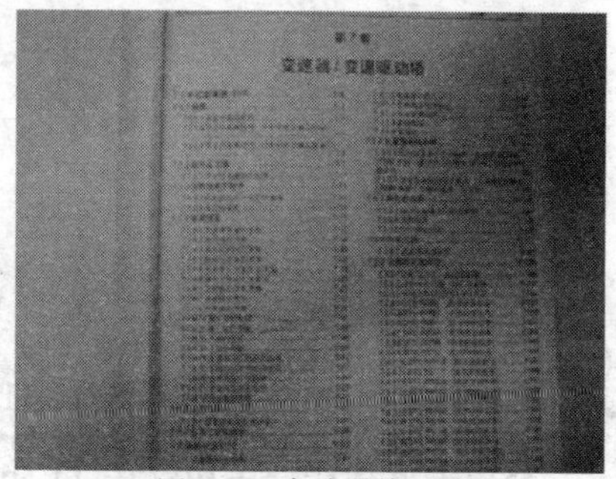

图 1–6　变速器的目录

（2）翻到 7-47 页，查看输入轴的更换，如图 1-7 所示。

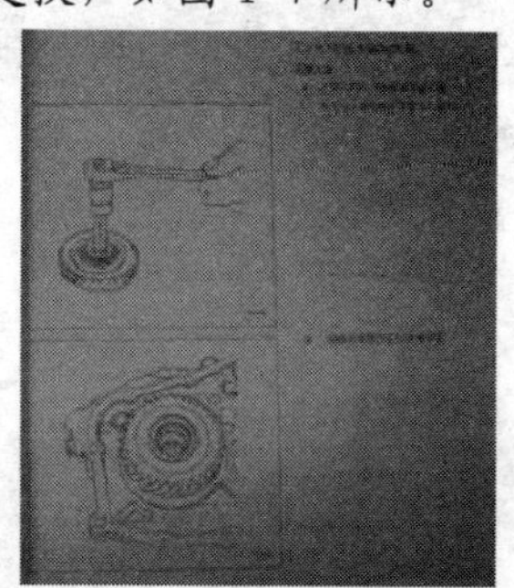

图 1–7　查看输入轴的更换

(9) 扬声器（喇叭）(结构、更换)，页码范围 8–223 ~ 8–228。

(10) 仪表板、组合仪表和副仪表板，页码范围 8–229 ~ 8–270。

(11) 内饰（更换)，页码范围 8–271 ~ 8–292。

(12) 照明系统，页码范围 8–295 ~ 8–346。

(13) 油漆和涂层，页码范围 8–347 ~ 8–355。

(14) 塑料面板信息及维修，页码范围 8–357 ~ 8–384。

(15) 车顶，页码范围 8–385 ~ 8–397。

(16) 座椅，页码范围 8–399 ~ 8–415。

(17) 静止车窗，页码范围 8–417 ~ 8–432。

(18) 刮水器与洗涤器系统，页码范围 8–433 ~ 8–464。

(19) 线路系统，页码范围 8–465 ~ 8–556。

2．保护装置（页码代号 9）包括：

(1) 安全带，页码范围 9–3 ~ 9–16。

(2) 安全气囊，页码范围 9–17 ~ 9–55。

3．附件（页码代号 11）包括：

(1) 音箱娱乐系统，页码范围 11–3 ~ 11–13。

(2) 遥控门锁，页码范围 11–15 ~ 11–22。

(3) 电源插座，页码范围 11–23 ~ 11–25。

(4) 防盗系统，页码范围 11–27 ~ 11–44。

(5) DVD 系统，页码范围 11–47 ~ 11–57。

2. 查阅自动变速器 AISIN(81-40LE) 机油泵的更换。

3. 查阅自动变速器 ZF4HP16 DTCP0218 的故障诊断。

四、第四本维修手册的查阅

1. 查阅前照灯的更换：

(1) 前照灯属于车身，查阅车身系统的总目录，查阅前照灯更换在 8-329 页上，如图 1-8 所示。

图 1–8　查阅车身系统的总目录

(2) 将书翻到 8-329 页，查看前照灯的更换，如图 1-9 所示。

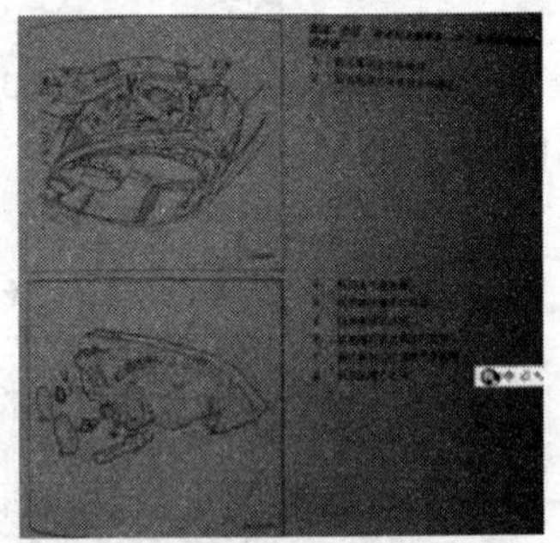

图 1–9　查看前照灯的更换

2. 查阅车门的更换。

3. 查阅安全气囊的更换。

4. 查阅遥控门锁接收器的更换。

项目二

发动机机械故障诊断

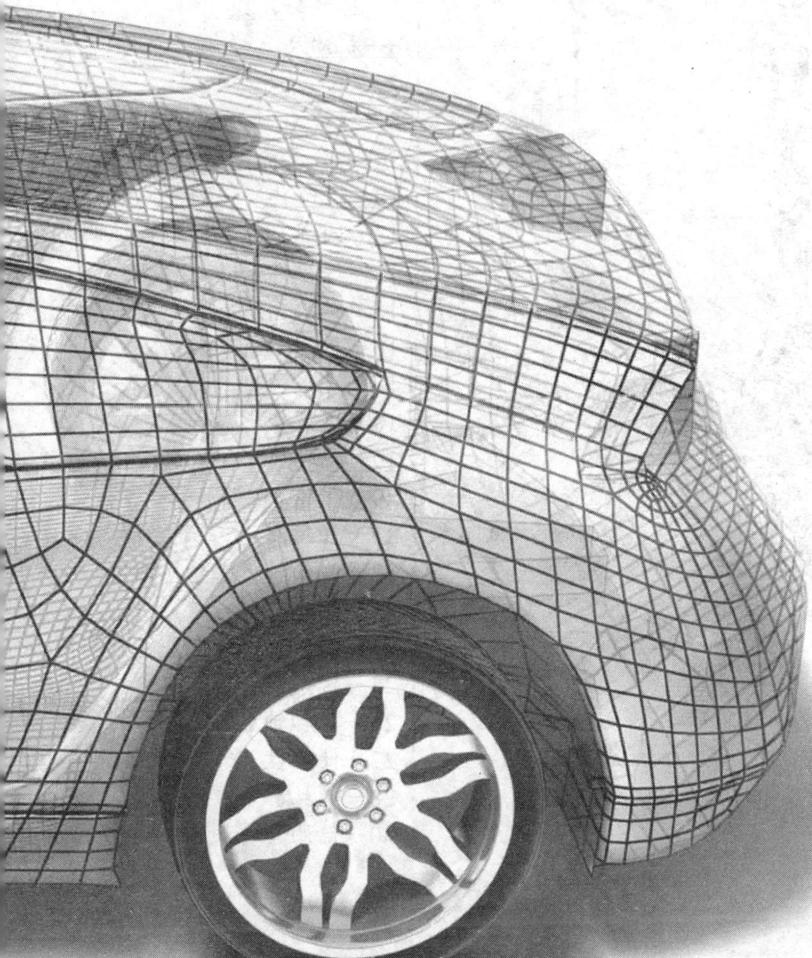

活动一　曲柄连杆机构的故障诊断

学习目标

知识目标

- 了解造成曲柄连杆机构故障的原因。
- 学会曲柄连杆机构故障诊断的方法。
- 掌握发动机气缸漏气的原因。

能力目标

- 学会发动机曲柄连杆机构各种噪声的诊断思路。
- 学会检查发动机气缸漏气的基本方法。

知识链接

曲柄连杆机构由机体组、活塞连杆组和曲轴飞轮组三部分组成，如图 2-1 所示。

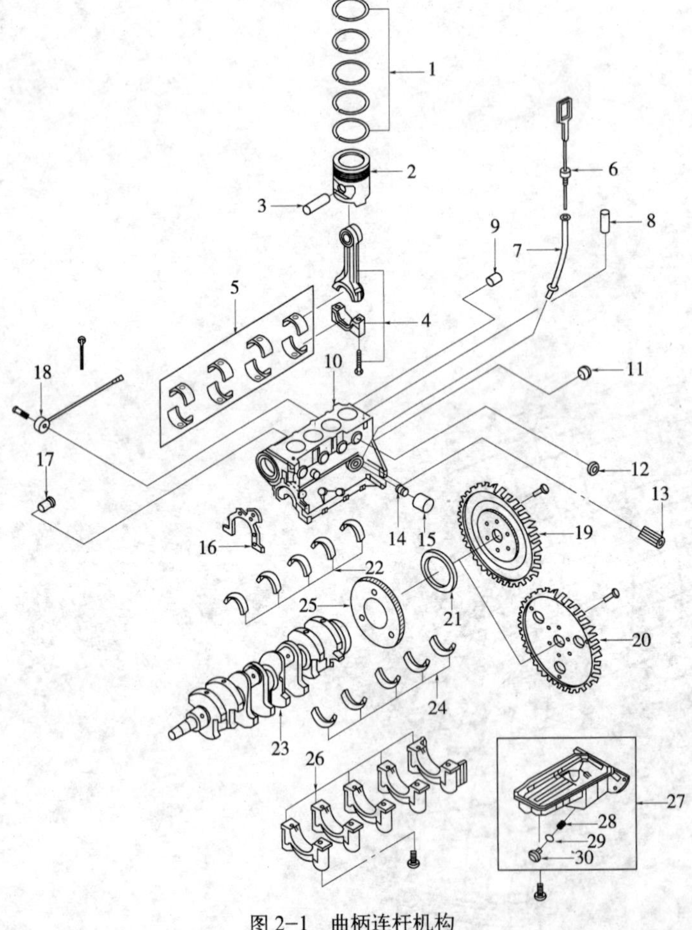

图 2-1　曲柄连杆机构

根据图 2-1，在凯越发动机上找出带下画线的零件。

1—活塞环组件
2—活塞　　3—活塞销
4—连杆
5—连杆轴瓦组
6—机油尺
7—机油尺导管
8—衬套
9—离合器壳体衬套
10—气缸体　　11—孔塞
12—间隙　　13—旁通阀
14—连接件
15—机油滤清器
16—机油泵壳体衬垫
17—进水颈口
18—爆震传感器
19—飞轮（M/T）
20—飞轮（A/T）
21—轴封圈
22—曲轴轴承上轴瓦组件
23—曲轴
24—曲轴轴承下轴瓦组件
25—传感器转盘
26—曲轴轴承盖
27—储油盘
28—螺丝套　　29—垫圈
30—储油盘放油塞

汽车的机械部分尤其是运动件的配合出现问题时，可能会出现称为异响的噪声。判别异响需要一定的实践积累，在此将异响的特征列出供参考，如表 2-1 所示。

表 2-1 发动机异响、原因及特点

序　号	噪声部位	原　因	特　点
1	主轴承响	磨损、松旷	声音沉闷，发动机大负荷时，噪声更明显
2	曲轴轴向间隙	曲轴止推片磨损	间断敲击声，声音较大
3	连杆轴承	磨损及损坏	随发动机转速上升而升高
4	活塞销	销孔松旷	较尖的敲击声在怠速及发动机转速突变时出现
5	活塞与缸套	二者间隙过大	金属敲击声

教学内容

一、主轴承噪声的现象与诊断步骤

1．主轴承噪声的现象：

在发动机运转时，损坏或过度磨损的主轴承会发出沉闷的噪声或敲击声。当发动机在高负荷下，这种噪声最明显。例如，曲轴轴向端隙过大，可能会出现尖锐的间断敲击声。

2．主轴承噪声的诊断

(1) 检查机油泵压力是否过低，机油过稀或稀释或机油和滤清器太脏。

(2) 检查主轴承间隙，如果间隙超过 0.026 ~ 0.042 mm (见图 2-2)，更换主轴承。

(3) 检查曲轴端隙，如果端隙超过 0.05 ~ 0.28 mm (见图 2-3)，更换曲轴或者止推轴承。

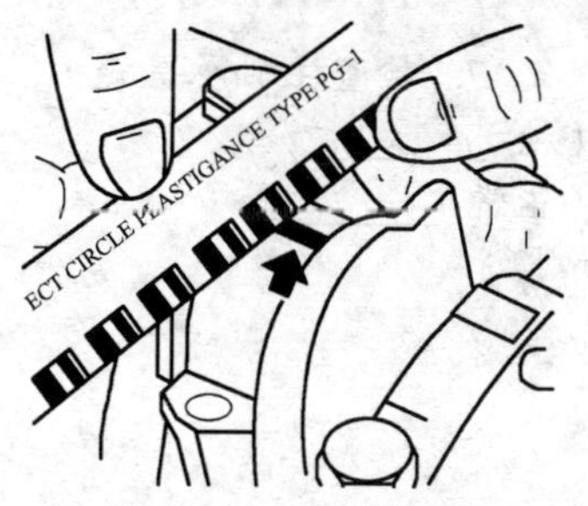

图 2-2　检查主轴承间隙太大

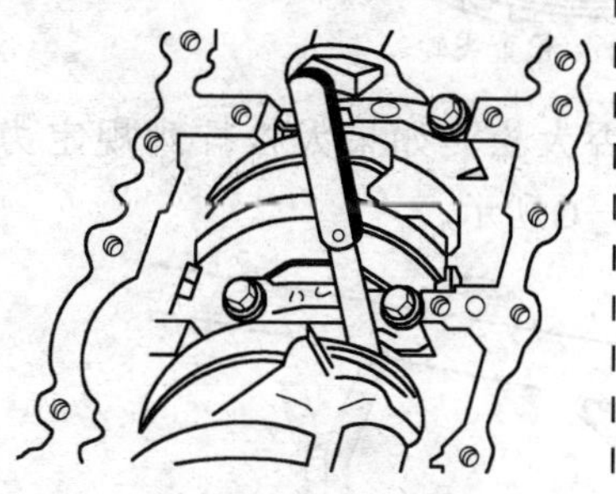

图 2-3　检查曲轴端隙

(4) 检查曲轴轴颈是否失圆，如表 2-2 所示。如果曲轴轴颈失圆，更换。

表 2-2 曲轴主轴颈的主要尺寸

曲轴主轴颈的主要尺寸	
直径（所有轴颈）	54.982 ～ 54.994 mm
锥度（最大）	0.005 mm
圆度（最大）	0.004 mm

实训内容

一、主轴承噪声的诊断

1．记录下听到的声音____________________。

2．测量出主轴承间隙是_______mm。

3．测量出曲轴端隙是_______mm。

4．测量出曲轴主轴颈直径是_______mm；锥度_______mm；圆度_______mm。

(5) 检查传动带张紧力是否太小，曲轴带轮是否太松，如图 2-4 所示。

图 2-4　检查传动带张紧力

5. 检查传动带张紧力是:
(松)________
(正常)________

(6) 检查飞轮螺栓是否松动，如果太松，按技术要求拧到规定力矩对角交叉，第一次拧至 35 N·m。第二次各螺栓拧转 30°。第三次各螺栓再拧转 15°。记做（35 N·m+30°+15°），如图 2-5 所示。

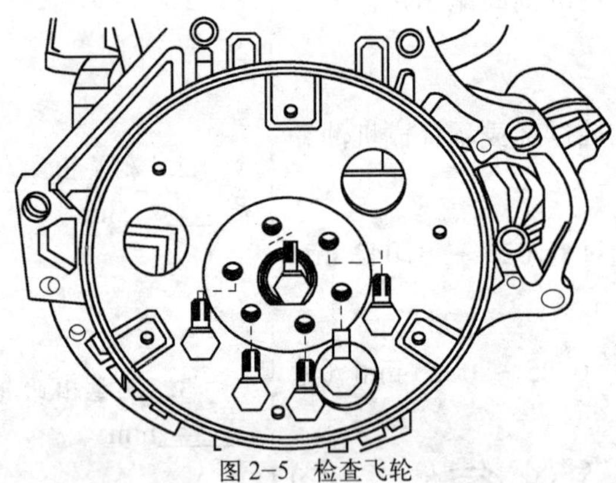
图 2-5　检查飞轮

6. 检查飞轮螺栓是：
(松)________
(正常)________

(7) 检查主轴承盖是否太松，如果太松拧到规定力矩(50 N·m+45°+15°)，如图 2-6 所示。

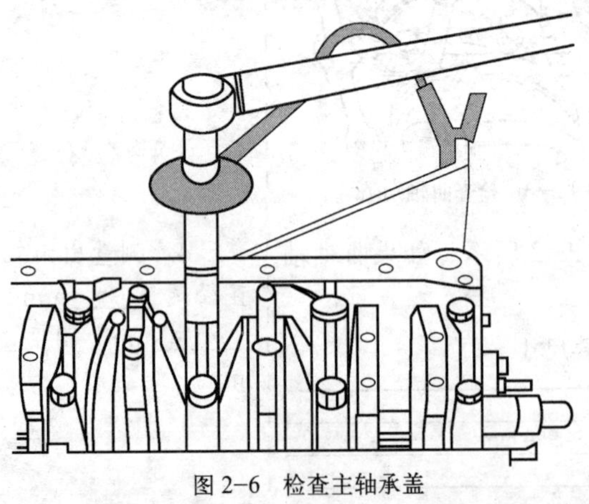
图 2-6　检查主轴承盖

7. 检查主轴承盖是：
(松)________
(正常)________

二、连杆轴承噪声的现象与诊断步骤

1. 连杆轴承噪声的现象：

损坏或磨损的连杆轴承在任何车速将产生敲击声。在早期磨损阶段，连杆噪声容易与活塞敲缸或活塞销太松混淆。连杆敲击噪声随发动机速度的提高而升高。

2. 连杆轴承噪声的诊断步骤：

(1) 检查机油是否太稀或稀释或机油和滤清器太脏。

(2) 检查机油压力是否太低。

(3) 检查连杆是否安装错位。

(4) 检查曲轴连杆轴颈磨损或者曲轴连杆轴颈失圆，如表 2–3 所示。

表 2-3 曲轴连杆轴颈的主要尺寸

曲轴连杆轴颈的主要尺寸	
直径（所有轴颈）	42.971 ～ 42.987 mm
锥度（最大）	0.005 mm
圆度（最大）	0.004 mm

(5) 检查连杆轴承间隙是否太大，如图 2–7 所示。标准值为 0.019 ~ 0.071 mm。

(6) 检查连杆螺母紧固扭矩是否正确，如图 2–8 所示。正常拧紧力矩为 25 N·m+ 30°+15°。

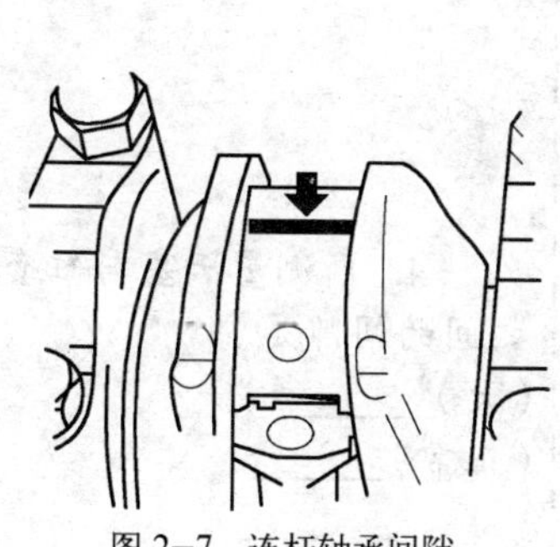

图 2–7 连杆轴承间隙

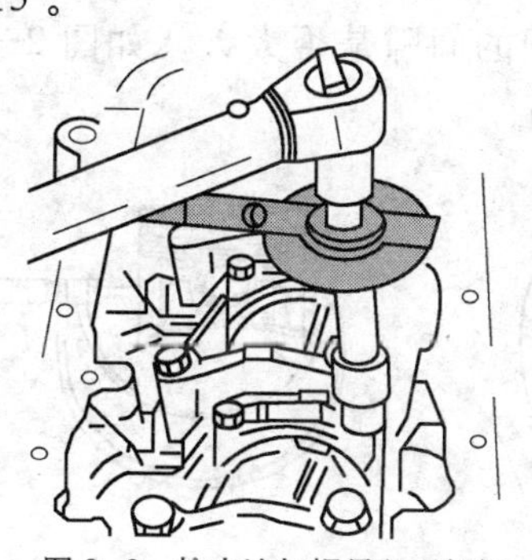

图 2–8 检查连杆螺母紧固扭矩

(7) 检查连杆轴瓦是否安装正确是否存在如轴瓦错位等问题。

三、活塞噪声的现象与诊断步骤

1. 活塞噪声的现象：活塞销、活塞和连杆噪声很难分辨，一般有 3 种声响。

(1) 活塞销太松，可导致产生较尖敲击声，通常在发动

二、连杆轴承噪声的诊断

1. 如果你听到了连杆轴承的噪声，会检查________________。

2. 检查机油的结果是：
(脏、稀)______
(正常)______

3. 检查机油压力的结果是：
(低)______
(正常)______

4. 检查连杆的结果是：
(错位)______
(正常)______

5. 测量出曲轴连杆轴颈直径是_______ mm；锥度_______ mm；圆度_______ mm。

6. 检查连杆轴承间隙是：
(大)______
(正常)______

7. 检查连杆轴承盖是：
(松)______
(正常)______

8. 检查连杆轴瓦是：
(错位)______
(正常)______

机怠速、突然加速随后减速时能听到。

（2）装配不当的活塞销，会产生轻微滴答声，在发动机没有负荷时便能听到。

（3）活塞与缸套之间的间隙太大，会使活塞产生敲缸声。这种噪声类似于金属敲击声。

2．活塞噪声的诊断步骤：

（1）检查活塞销是否磨损或在销孔中间隙过大。

（2）检查活塞销装配是否不当，如图 2–9 所示。例如，活塞销卡簧没有安装到位等。

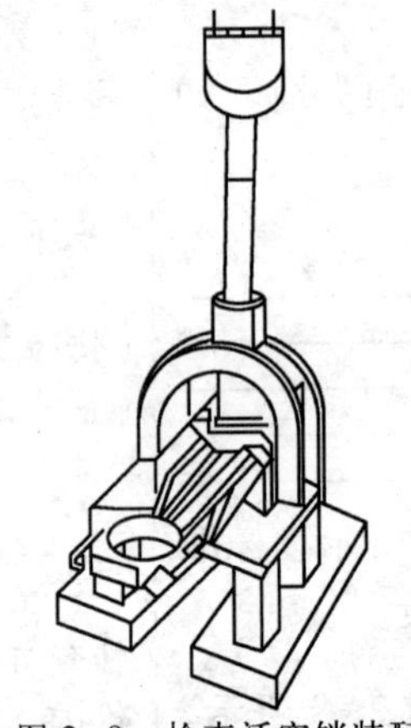

图 2–9　检查活塞销装配

（3）检查活塞与缸套之间的间隙是否太大，如图 2–10 所示。正常的间隙是 0.03 mm。

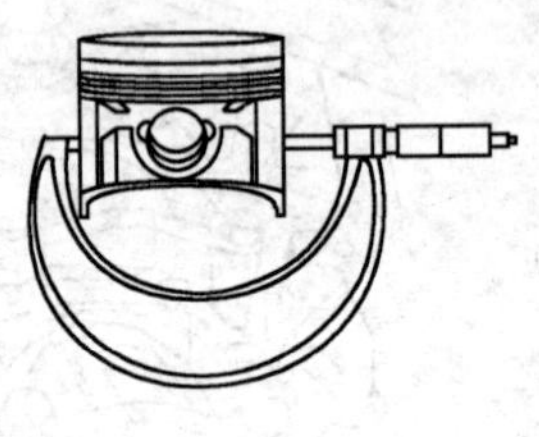

图 2–10　检查活塞与缸套之间的间隙

（4）检查活塞顶是否有积碳撞击气缸盖。

（5）检查活塞环槽是否磨损或断裂。

（6）检查活塞是否有裂纹。

（7）检查连杆是否安装错位，即连杆与活塞的相对位置及其所在缸数。

三、活塞噪声的诊断

1．记录下你听到的声音_______。

2．检查活塞销是：
（太松、磨损）_______
（正常）_______

3．检查活塞销装配是：
（不当）_______
（正常）_______

4．所测量活塞与缸套之间的间隙是
（大）_______
（正常）_______

5．检查活塞顶是否有积碳：
（有）_______
（没有）_______

（8）检查活塞环槽岸间隙是否太大，如图 2-11 所示。活塞环槽岸正常间隙为：

第一道环：0.016 mm；

第二道环：0.066 mm。

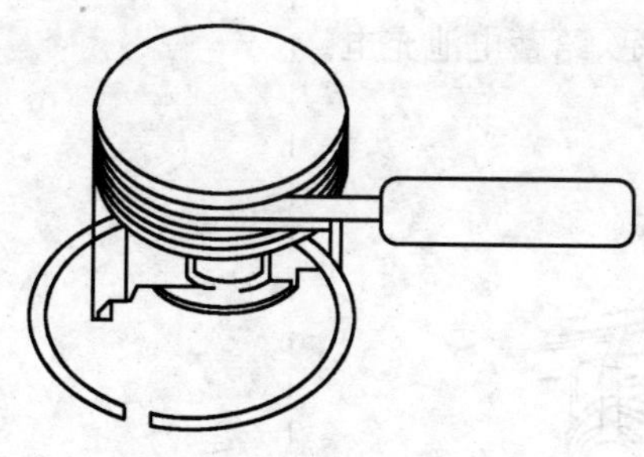

图 2-11　检查活塞槽岸间隙

（9）检查活塞环端隙是否正确。如图 2-12 所示。活塞槽岸正常间隙为：

第一道环：0.2 ~ 0.3 mm；

第二道环：0.5 ~ 0.6 mm。

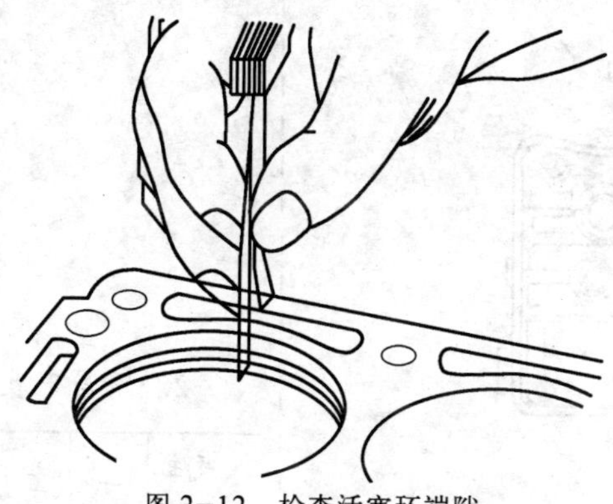

图 2-12　检查活塞环端隙

（10）检查活塞是否错位 180°。

四、发动机气缸漏气的原因和检查步骤

1．发动机气缸漏气的原因：

（1）活塞环泄漏：气缸压力偏低。向燃烧室添加机油时，气缸压力大幅度提高。

（2）气门泄漏：气缸压力偏低。向燃烧室添加机油时，压力不会提高太多。

6. 检查活塞环岸槽是：

（磨损或折断）______

（正常）______

7. 检查活塞的结果是：

（断裂）______

（完好）______

8. 检查连杆安装的结果是：

（错位）______

（正常）______

9. 检查活塞槽岸间隙是：

（太大）______

（正常）______

10. 检查活塞环端隙是：

（太大）______

（正常）______

四、发动机气缸漏气的检查

1. 通过检查，你认为是______泄漏。

（3）气缸盖衬垫泄漏：如果相邻两气缸的压力低于正常水平并且喷射机油进气缸不能增加压力，可能原因是气缸间的气缸盖衬垫泄漏。

2．发动机气缸压力检查：

(1)检查蓄电池电压。如果蓄电池电压不足，给蓄电池充电。

（2）切断点火系统。

（3）切断燃油喷射系统，如图 2-13 所示。

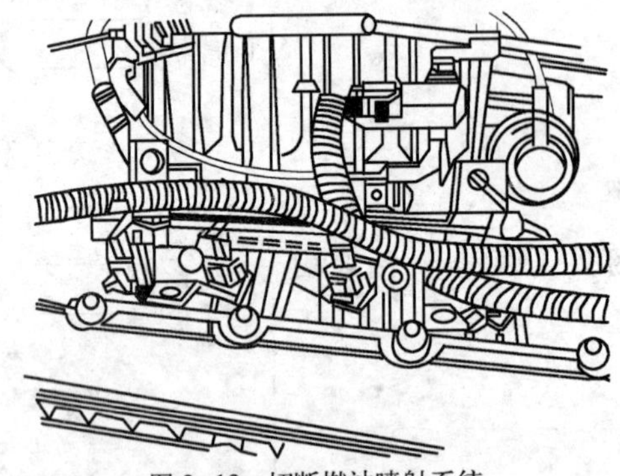

图 2-13　切断燃油喷射系统

（4）拆卸全部火花塞，如图 2-14 所示。

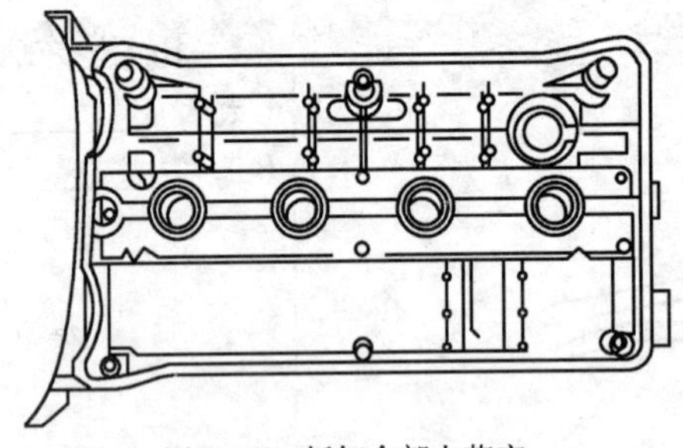

图 2-14　拆卸全部火花塞

（5）旋转点火开关到打开 (ON) 位置。

（6）踩下油门踏板让节气门板完全打开。

（7）压力表在零位时开始，摇动发动机两圈。

（8）检查每个气缸的压力，记录读数。

（9）如果有一气缸压力太低，通过火花塞孔向该缸注入燃烧室大约 15 mL 机油，再次检查压力并记录读数。

（10）缸中的最小压力不应低于最大压力的 70%。任何气缸压力读数不应低于 690 kPa。例如，如果任何一缸的最高压力为 1 035 kPa 则其他缸的最低允许压力为 725 kPa(1 035 × 70% =724.5)。

2．填写下表。

气缸 / 压力	一缸	二缸	三缸	四缸
气缸压力				

3．填写添加机油后的气缸压力。

气缸 / 压力	一缸	二缸	三缸	四缸
气缸压力				

活动二　配气机构的故障诊断

学习目标

知识目标	能力目标
学会配气机构噪声故障的诊断方法。	配气机构噪声故障的诊断方法。

知识链接

配气机构由气门组与气门传动组组成。气门组由气门、气门弹簧、气门锁片、气门导管和气门弹簧座等组成。气门传动组由曲轴正时齿轮、凸轮轴正时齿轮、正时传动带、凸轮轴和液力挺杆等组成，如图 2-15 所示。

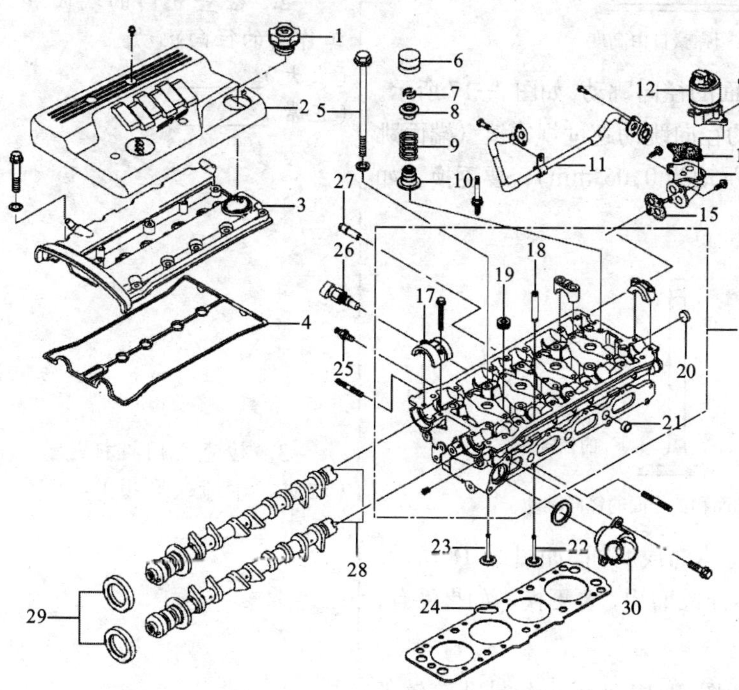

图 2-15　配气机构

根据图 2-15，在凯越发动机上找出带下画线的零件。

1—机油加注口盖
2—发动机罩
3—凸轮轴罩
4—凸轮轴罩垫片
5—凸轮轴罩螺栓
6—<u>液压挺柱</u>
7—<u>气门锁片</u>
8—气门弹簧帽
9—<u>气门弹簧</u>
10—气门杆密封
11—排气再循环真空软管
12—排气再循环阀
13—排气再循环阀衬垫
14—排气再循环阀转换接头
15—排气再循环阀转换接头垫片
16—<u>气缸盖</u>
17—<u>前凸轮轴盖</u>
18—<u>气门导管</u>　19—孔塞
20—防冻塞
21—机油油道盖
22—<u>进气门</u>　23—<u>排气门</u>
24—气缸盖衬垫
25—发动机冷却液温度传感器
26—冷却液温度传感器
27—热输出管　28—<u>凸轮轴</u>
29—凸轮轴密封
30—节温器

教学内容

配气机构噪声故障的诊断步骤

1．是否听到发动机缸盖处有轻击声？如果有进行下一步检查。

2．检查气门弹簧自由高度，如图 2–16 所示。气门弹簧自由高度为 41.2 mm。检查弹簧是否过软或断裂，如果是，更换气门弹簧；如果没有，进行下一步检查。

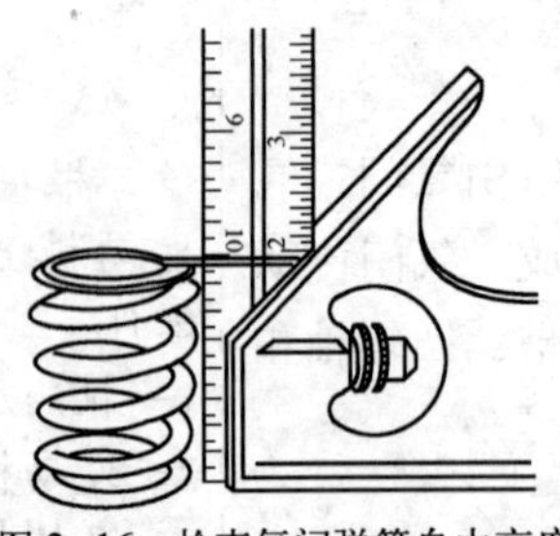

图 2–16　检查气门弹簧自由高度

3．检查气门的端面和工作面的径向跳动，如图 2–17 所示。如果发现气门的端面和工作面的径向跳动超过规定值（端面跳动量为 0.03 mm，工作面径向跳动为 0.05 mm），要更换。如果没有，进行下一步检查。

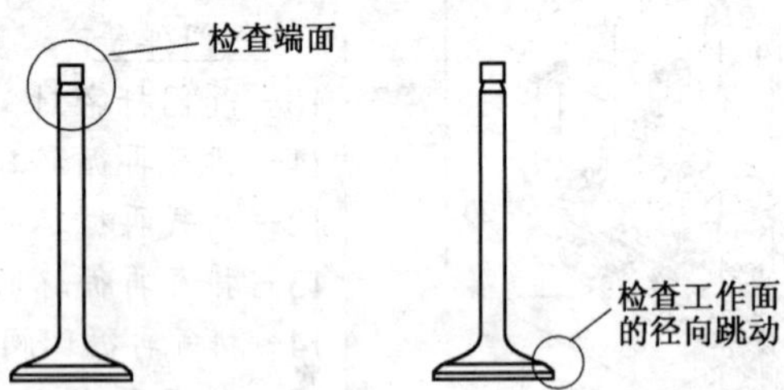

图 2–17　检查气门的端面和工作面的径向跳动

4．检查气门挺杆是否过脏、卡滞或磨损，如图 2–18 所示。如果发现气门挺杆出现过脏、卡滞或磨损，要更换。如果没有，进行下一步检查。

5．检查凸轮轴工作面，如图 2–19 所示。如果凸轮轴工作面有损伤，更换凸轮轴。如果没有，进行下一步检查。

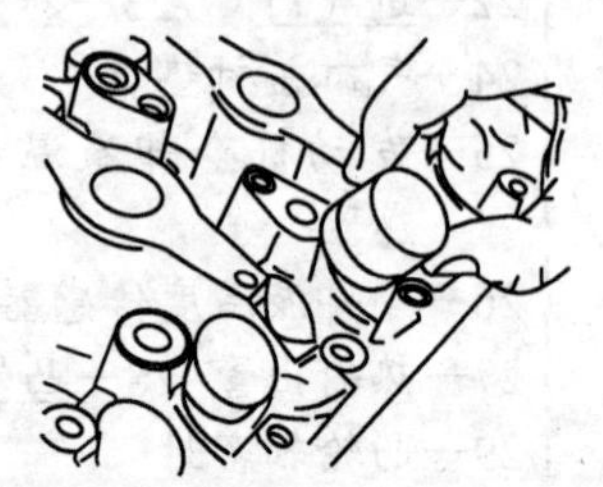

图 2–18　检查气门挺杆是否过脏、卡滞或磨损

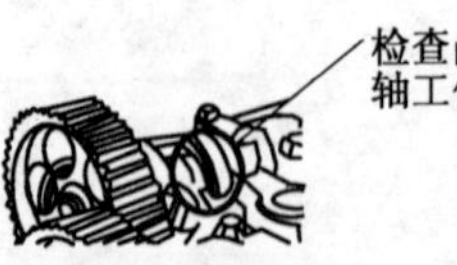

图 2–19　检查凸轮轴工作面

实训内容

配气机构噪声故障的诊断

1. 检查气门弹簧自由高度是________mm。

检查的气门弹簧是：
（断裂）________
（正常）________

2. 检查气门的端面和工作面的径向跳动。
（太大）________
（正常）________

3. 检查气门挺杆是：
（过脏、卡滞或磨损）________
（正常）________

4. 检查凸轮轴工作面是：
（损伤）________
（正常）________

6．检查气门组的供油。如果供油不足，疏通供油管路。如果没有，进行下一步检查。

7．测量气门导管（正常值为 6.00 ~ 6.02 mm），如图 2-20 所示。如果气门导管磨损，则更换气门导管。

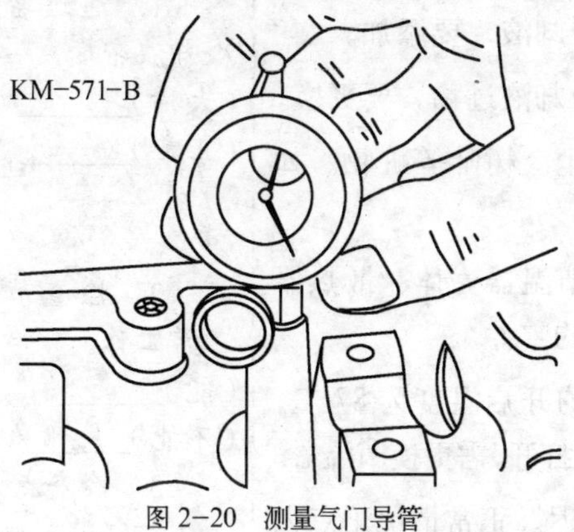

图 2-20　测量气门导管

5．检查气门导管是：

（磨损）________

（正常）________

活动三　冷却系故障诊断

学习目标

知识目标

- 掌握发动机水温过高的故障诊断基本方法。
- 掌握发动机水温过低的故障诊断基本方法。
- 掌握发动机冷却液泄漏的故障诊断基本方法。

能力目标

- 发动机水温过高的故障诊断。
- 发动机水温过低的故障诊断。
- 发动机泄漏的故障诊断。

知识链接

水冷系由散热器、水泵、风扇、冷却水套和节温器装置等组成，如图 2-21 所示。

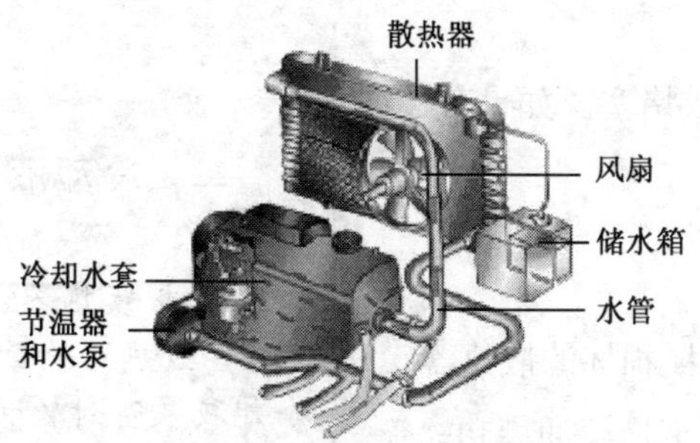

图 2-21　水冷系统的结构

根据图 2-21，在凯越发动机上找出散热器、水泵、风扇、冷却水套和节温器。

教学内容

一、发动机水温过高的故障诊断步骤

若水温表显示发动机水温过高：

1. 检查冷却液是否缺少。如果缺少冷却液，要添加。

2. 检查冷却液密度是否过稀。如果冷却液过稀，要更换。

3. 检查散热器前部散热片是否有灰尘、树叶等赃物。如果有，需清洗散热器前部。

4. 检查软管、冷却液泵、加热器、节温器壳体、散热器和缸垫是否泄漏，如果有泄漏，更换泄漏的零件。

5. 检查节温器是否有故障。节温器的开启温度为 87 ℃，全开温度为 102 ℃。如果不是在这些温度下打开，需更换节温器。

6. 利用 tech–2 检查点火正时是否过迟。正常情况下点火提前角是 5°。

7. 利用 tech–2 的特殊功能，检查电动冷却风扇的工作是否不正常。如果不正常，更换风扇。

8. 拆下水泵，检查水泵壳体是否开裂和泄漏或者检查水泵轴承是否有间隙或异常噪声。如果不正常，要更换。

9. 检查缓冲罐盖是否有故障，如图 2–22 所示。给缓冲罐盖加压至 90 ~ 120 kPa。等候 10 s，然后检查缓冲罐盖检测器保持的压力。如果冷却系统压力检测器保持的压力下降到 80 kPa 以下，需更换缓冲罐盖。

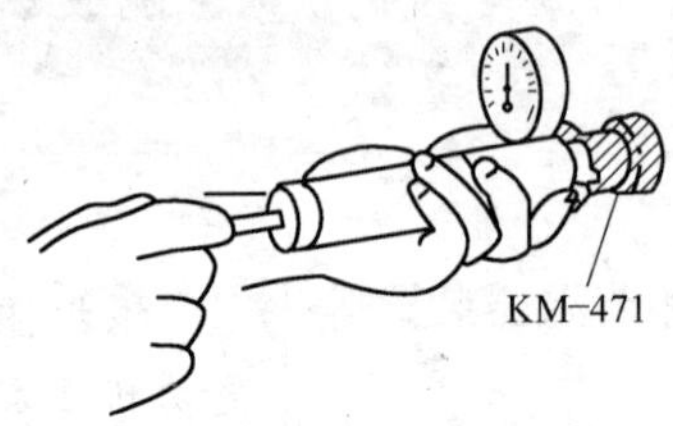

图 2–22　检查缓冲罐盖

10. 检查缸盖和发动机缸体是否开裂或堵塞。如果有这种情况，需进行修理。

二、冷却液泄漏故障诊断步骤

1. 检查散热器是否泄漏。如泄漏，更换损坏的散热器。

2. 检查缓冲罐、软管是否泄漏。如泄漏，更换缓冲罐和软管。

3. 检查散热器软管、加热器软管和接头是否松动或损坏。如果是，重新安装软管，或者更换软管或卡箍。

实训内容

一、发动机水温过高的故障诊断

1. 通过密度计，检查冷却液密度。

（太稀）________

（正常）________

2. 检查节温器是否能正常工作。

（能）________

（不能）________

3. 检查点火提前角是：________。

4. 检查风扇是否正常。

（不正常）________

（正常）________

5. 检查水泵是否正常。

（不正常）________

（正常）________

6. 检查缓冲罐盖是否正常。

（不正常）________

（正常）________

二、冷却液泄漏故障诊断

检查散热器、缓冲罐、软管、散热器软管、加热器、冷却液泵密封软管、进气歧管、气缸盖衬垫、气缸体螺塞和散热器泄放塞等部件哪里存在泄漏。

4. 检查冷却液泵密封是否泄漏。如泄漏，更换冷却液泵密封。

5. 检查缸盖扭矩是否合适。紧固气缸盖螺栓至规定扭矩值。

6. 检查进气歧管、气缸盖衬垫、气缸体螺塞和散热器泄放塞是否泄漏。更换相关故障件。

三、发动机达不到正常工作温度的诊断步骤

1. 检查确定节温器是否卡在打开位置。如果是，更换新的节温器。

2. 检查冷却液面是否低于缓冲罐的 MIN（最低）标记。如果是，添加足够的冷却液，使液面达到缓冲罐规定标记。

四、冷却系统的泄漏测试步骤

1. 连接 J24460−01 压力表并施加正常的系统工作压力，切勿超过 138 kPa，如图 2−23 所示。

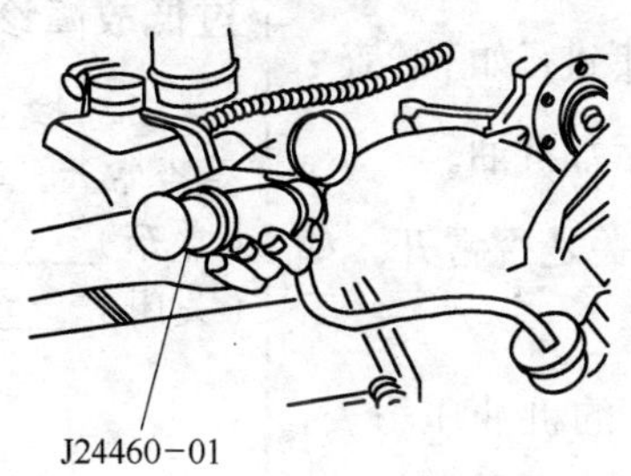

图 2−23　冷却系统加压

2. 观察压力表指针，看是否有泄漏迹象。检查散热器和其他冷却系统零件是否出现冷却液渗出迹象。

三、发动机达不到正常工作温诊断

检查冷却液面是否在规定值的范围内。

（是）______

（不是）______

四、冷却系统的泄漏测试

检查散热器和其他冷却系统零件是否出现冷却液渗出迹象。如果是，泄漏的部位在______。

活动四　润滑系故障诊断

学习目标

知识目标

- 掌握发动机机油压力过低故障的原因。
- 掌握发动机机油泄漏故障的原因。

能力目标

- 学会检查发动机机油压力过低故障的基本方法。
- 学会检查发动机机油泄漏故障的基本方法。
- 学会发动机机油压力测试的基本方法。

知识链接

发动机润滑系一般由集滤器、机油泵、机油滤清器、限压阀和机油油道等组成，如图 2-24 所示。

图 2-24　集滤器、机油泵、机油滤清器的安装位置

在发动机上找出集滤器、机油泵、机油滤清

教学内容

一、发动机机油压力过低故障诊断步骤

如果仪表盘上的机油压力表显示机油油压过低进行如下检查：

1．检查机油液位是否太低。如果太低，添加机油。

2．如果机油液位正常，检查机油压力开关是否常开。如果机油压力开关常开，更换机油压力开关。

3．如果机油压力开关工作正常，更换新的机油压力表，如果此时机油压力正常 说明原来机油压力表工作不正常。

4．如果机油压力表工作正常，检查机油黏度。如果机油黏度过低或机油被稀释，更换机油。

5．如果机油黏度正常，检查机油泵是否磨损或太脏。如果机油泵被磨损或太脏，更换机油泵或清洗。

6．如果机油泵工作正常，检查集滤器滤网是否太松或堵塞。如果集滤器滤网太松，紧固滤网；如果滤网堵塞，更换滤网。

7．如果集滤器滤网良好，检查集滤器管上是否有漏洞。如果集滤器管上有漏洞，更换集滤器管。

8．如果集滤器管良好，检查主轴承间隙是否太大。如果主轴承间隙太大，更换主轴承。

9．如果主轴承间隙正常，检查机油油道是否开裂、有泄漏或堵塞。如果机油油道开裂、有泄漏或堵塞，更换气缸体。

10．如果机油油道并无开裂、泄漏或堵塞等问题，检查压力调节阀是否卡滞。如果压力调节阀卡滞，更换压力调节阀。

实训内容

一、发动机机油压力过低故障诊断

1. 检查机油压力开关是否常开。

（常开）_______

（关闭）_______

2. 检查机油黏度是否正常。

（正常）_______

（不正常）_______

3. 检查集滤器滤网是否太松或堵塞。

（太松或堵塞）_______

（正常）_______

4. 测量出的主轴承间隙是_______ mm。

5. 检查压力调节阀是否卡滞。

（卡滞）_______

（正常）_______

11．如果压力调节阀正常，目视检查凸轮轴是否磨损。如果凸轮轴磨损，更换凸轮轴。

二、发动机机油泄漏故障诊断步骤

如果发动机机油油耗持续过大，应检查是否存在泄漏。

1．使汽车处于正常的工作温度。

2．将车辆停驻在铺有一大张纸的或清洁的地表面上。

3．等待数分钟，然后检查纸面或地面是否有液体滴漏。

4．识别滴液的种类和泄漏的大概部位。

5．可用一个小镜子观察可疑的部位。

6．检查密封面、接头或有裂纹或损坏的部件是否泄漏。

7．如果不能确定泄漏的部位，则按如下步骤继续：

（1）彻底清洗整个发动机和周围部件。

（2）在正常温度下用不同速度驱车数千米。

（3）将车辆驻于铺有一大张纸的或清洁的场地上。

（4）等待数分钟，然后检查车下有无滴液。

（5）识别滴液的种类和并通过机体油迹判断泄漏的大概部位。

（6）可用一个小镜子观察可疑的部位。

三、发动机机油压力测试步骤

1．拆卸右前轮轮槽储油盘刮板。

2．断开机油压力开关连接器，如图 2–25 所示。

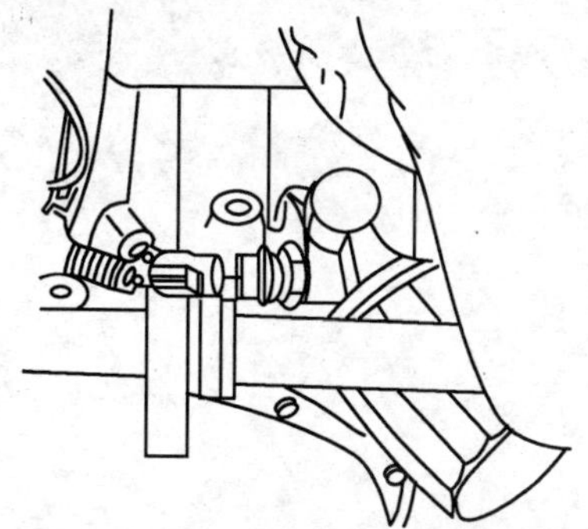

图 2–25　断开机油压力开关连接器

3．将转换接头 KM–135 安装到机油压力开关位置。

6. 检查凸轮轴是否磨损.

（磨损）_______

（正常）_______

二、发动机机油泄漏故障诊断

检查出机油泄漏的部位在_______。

4．将压力表 KM−498−B 连接到转换接头上，如图 2−26 所示。

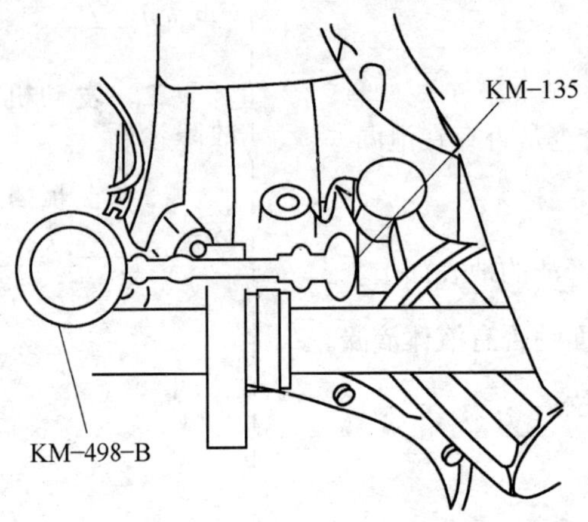

图 2−26　将压力表 KM−498−B 连接到转换接头上

5．起动发动机并在怠速和 80 ℃发动机温度下，检查机油压力。最低机油压力应达到 30 kPa。

6．熄灭发动机，拆卸压力表 KM−498−B 和转换接头 KM−135。

三、发动机机油压力测试

测量出的机油压力是________kPa。

发动机电气系统故障诊断

检修汽车电气系统应具备两大基本能力：

1．会使用各种相关的检测仪。

2．能识读汽车电路图。通过电路图了解生产厂家所提供的该车各电器的线路，能通过识图准确地分析各系统的电流走向、通断，从而了解其工作原理，判断故障的原因。

其次，除原理图外各说明书还会配有电器定位图和线束图等。

要正确识读电路图一般要注意做到以下几点：

1．根据说明书上附有电器符号的图表，了解该车型电路图中各电器符号所表达的电器。

2．了解该车型电路图中各电器符号的标注含义。例如，G107 指 107 号搭铁点。从电路原理图上可以知道该搭铁线的功能。从定位图上，可以知道其在车上的安装位置。

3．了解电路图中导线的标注。例如，在导线的边上一般会用英语缩略语标注导线的颜色，用数字标注导线的直径及线路的代码。在更换导线时应尽量使用原色，原型号的导线。

4．电路图通过连接器将各导线接到各用电器上，现代汽车上有的连接器甚至接有上百根导线。例如，C8 表示连接器 8 号接口，M59 表示模块 59 号接口。这些脚的具体位置可以参考说明书上连接器脚的排列图。

5．注意现代汽车电子控制系统的一大特点是电路图中电控模块中的电流走向难以凭图判断。而装备有网络控制系统的汽车，其特点是电路图中会有接到 DLC（即数据链传输线路连接器）的线路。由于相关系统信息共享，有可能出现故障发生在转向系，但根源却是发动机电控信号有问题。对此类故障的判断必须具备专业知识，并掌握各类检测仪的使用。

利用电路图排故要注意：

1．电路中导线、熔断器更换要与原件一致。许多厂熔断器的规格与颜色一致。

2．现代汽车电路图中最难理解的往往是控制电路一个电器工作时受到哪些信号的影响。某个信号又影响了哪些执行机构，这单靠电路图是看不出的，所以必须结合相应的文字。

3．注意电路图中所提示的符号。例如，通用公司用黑三角的图案表示予以注意的内容。

活动一　点火系故障诊断

学习目标

知识目标

- 掌握别克凯越发动机点火系的基本组成。
- 掌握别克发动机点火系统故障诊断的基本思路。

能力目标

- 掌握别克发动机点火系统故障诊断的基本步骤。

知识链接

别克凯越发动机点火系由 ECU、曲轴位置传感器、点火线圈、高压线和火花塞组成，如图 3-1 所示。

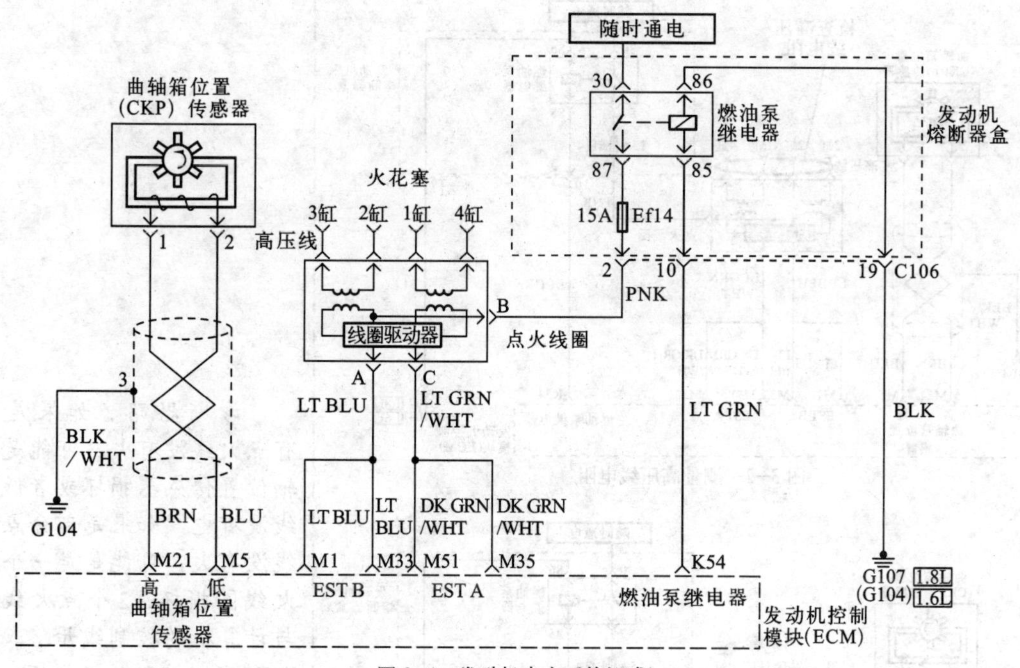

图 3-1　发动机点火系的组成

教学内容

点火系统的检查步骤：

当扫描仪显示发动机缺火时，进行如下检查。

1．拆卸火花塞，检查火花塞是否有潮湿、开裂、磨损、跳火间隙不正确、电极烧损或积碳严重等现象。如果有，更换火花塞。如果没有，进行下一步检查。

2．转动发动机并检查所有点火线与缸体间是否有火花。如果都有火花，说明点火线路正常，否则进行下一步检查。

3．测量高压线电阻，如图 3-2 所示。如果电阻值为 30 kΩ，说明系统正常。如果电阻值不是 30 kΩ，进行下一步检查。

4．检查所有点火线是否有火花。如果至少一条点火线有火花，但不是所有点火线都有火花，进行下一步检查，否则检查第 9 步。

5．关闭点火开关，断开电子点火系统点火线圈连接器。在转动发动机的同时，测量电子点火系统的点火线圈连接器端子 C 上的电压，如图 3-3 所示。如果电压在 0.2 ~ 2.0 V 之间波动，进行下一步检查，否则检查电子点火系统点火线圈连接器端子 C 至发动机控制模块连接器端子 M35 或者 M51 之间的导线是否开路。如果是，进行修理，如图 3-4 所示。

根据图 3-1，找出凯越发动机上的 ECU、曲轴位置传感器、点火线圈、高压线和火花塞等零件。

实训内容

点火系统的检查

1．检查的火花塞是否有潮湿、开裂、磨损、跳火间隙不正确、电极烧损或积碳严重等现象？

(有)_______

(无)_______

2．检查的高压线电阻值是否都正常？

(正常)_______

(不正常)_______

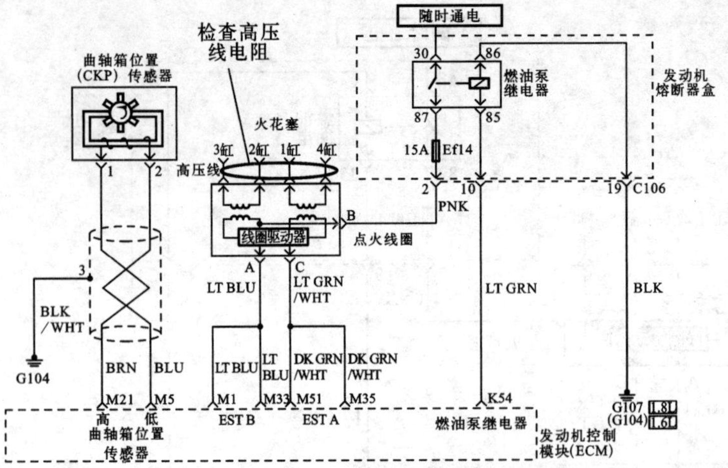

图 3–2 测量高压线电阻

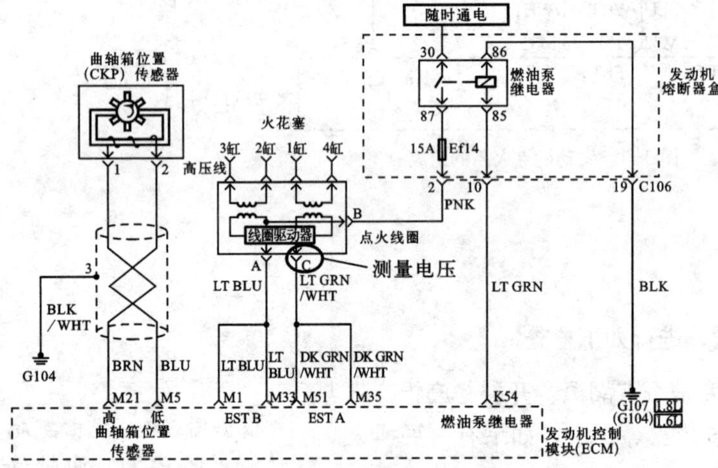

图 3–3 测量端子 C 上的电压

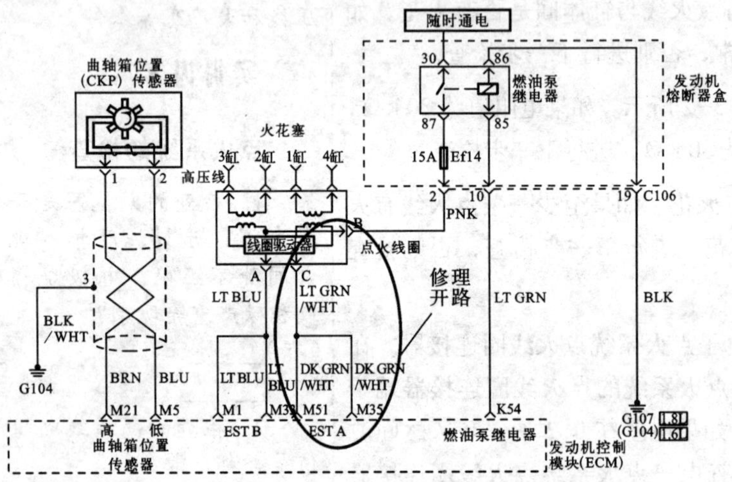

图 3–4 检查端子 C 至端子 M35 或者 M51 之间的导线

诊断思路：如果是所有点火线没有火，可能是曲轴位置传感器损坏或者低压线没有电。如果是部分点火线没有火，可能是是一个点火线圈损坏、2 个点火线圈与计算机的控制线开路或者 ECU 所对应的接口损坏。

3. 测量电子点火系统的点火线圈连接器端子 C 上的电压是______V。

6. 在转动发动机的同时，测量电子点火系统点火线圈连接器端子 A 上的电压，如图 3-5 所示。如果电压在 0.2 ~ 2.0 V 之间波动，检查下一步，否则，检查第 8 步。

4. 测量电子点火系统的点火线圈连接器端子 A 上的电压是______V。

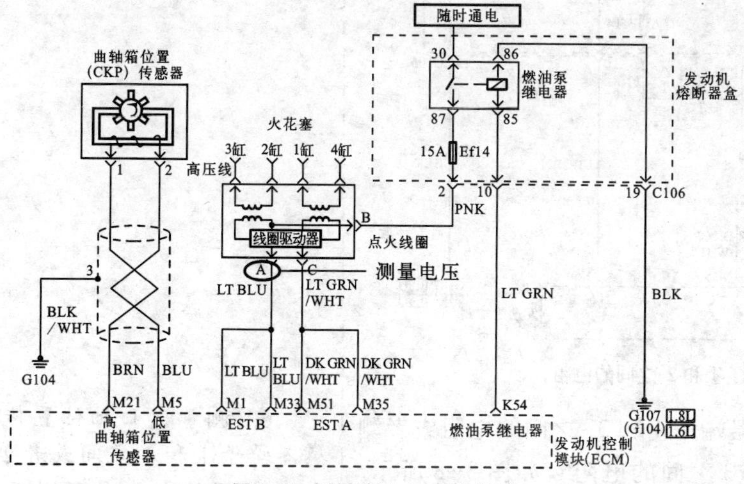

图 3-5 测量端子 A 上的电压

7. 关闭点火开关，更换电子点火系统点火线圈，连接电子点火系统点火线圈连接器，必须检查所有点火线是否有火花。如果是，说明系统正常。

8. 检查电子点火系统点火线圈连接器端子 A 至发动机控制模块连接器端子 M1 或者 M33 之间的导线是否开路，如图 3-6 所示。如果是，进行维修；如果不是，更换 ECU。

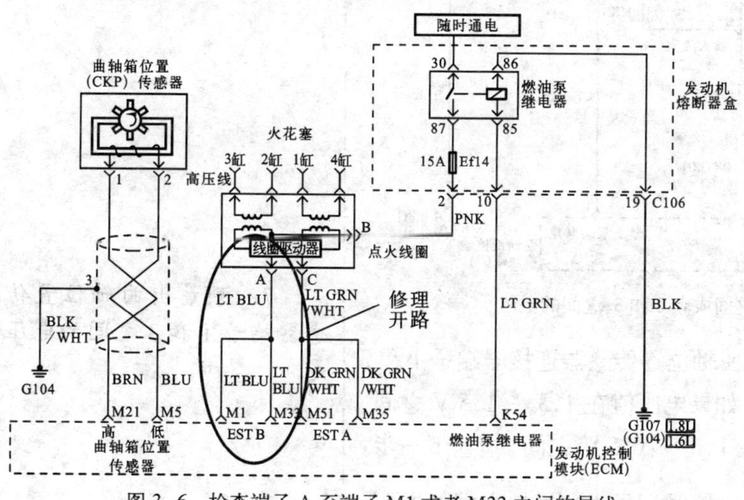

图 3-6 检查端子 A 至端子 M1 或者 M33 之间的导线

9. 关闭点火开关，断开曲轴箱位置传感器连接器，测量曲轴箱位置传感器端子 1 和 2 之间的电阻，如图 3-7 所示。电阻值在 400 ~ 600 Ω 之间，检查下一步；电阻值不在 400 ~ 600 Ω 之间，更换曲轴箱位置传感器。

5. 测量出曲轴箱位置传感器端子 1 和 2 之间的电阻是______Ω。

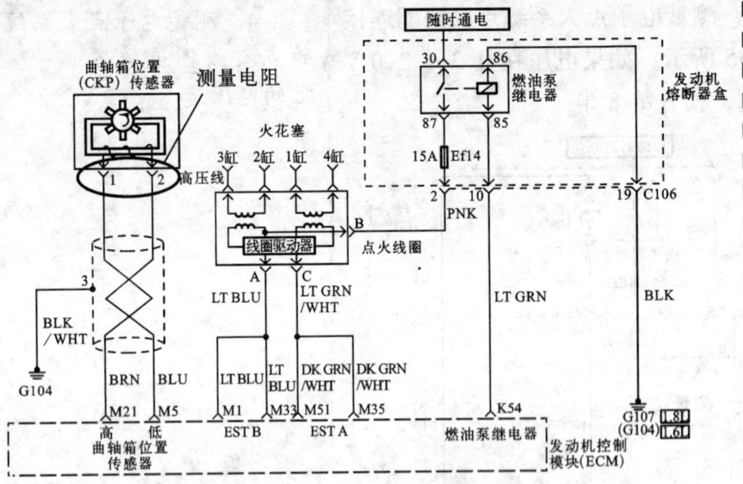

图 3–7　测量端子 1 和 2 之间的电阻

10．测量曲轴位置传感器端子 1 和 3 之间的电阻或者测量曲轴位置传感器端子 2 和 3 之间的电阻，如图 3–8 所示。如果电阻值是无穷大，检查下一步；如果电阻值不是无穷大，更换曲轴箱位置传感器。

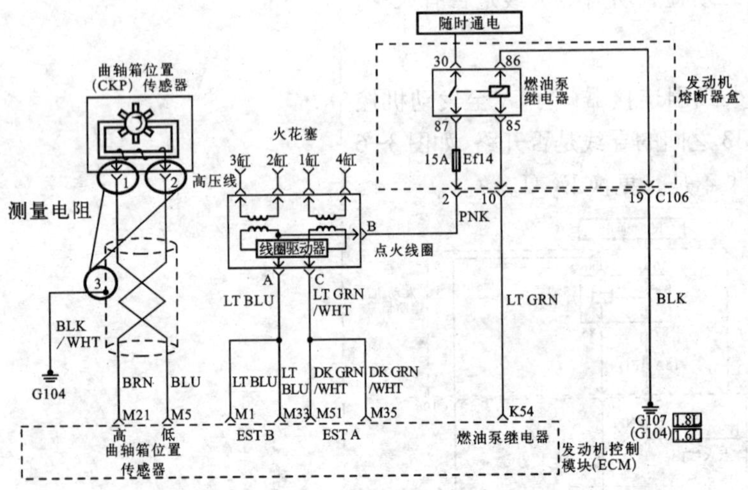

图 3–8　测量 1 和 3 之间或者 2 和 3 之间的电阻

11．接通点火开关，测量曲轴位置传感器连接器端子 1 和 3 之间的电压，如图 3–9 所示。如果电压值在 1.3 ~ 1.5 V 之间，检查第 15 步；如果电压值不在 1.3 ~ 1.5 V 之间，检查下一步。

12．测量曲轴位置传感器连接器端子 1 和搭铁之间的电压，如图 3–10 所示。如果电压值是 1.3 ~ 1.5 V 之间，检查第 14 步；如果电压值不在 1.3 ~ 1.5 V 之间，检查下一步。

13．检查曲轴位置传感器连接器端子 1 和发动机控制模块

6．测量出曲轴位置传感器端子 1 和 3 之间或者 2 和 3 之间的电阻是否是无穷大。

(是)________

(不是)________

提示：无穷大为正常

7．测量出曲轴位置传感器端子 1 和 3 之间的电压是________V。

8．测量曲轴位置传感器连接器端子 1 和搭铁之间的电压是________V。

连接器端子 M21 之间的导线是否开路或短路，如图 3-11 所示。如果有故障，要进行维修。

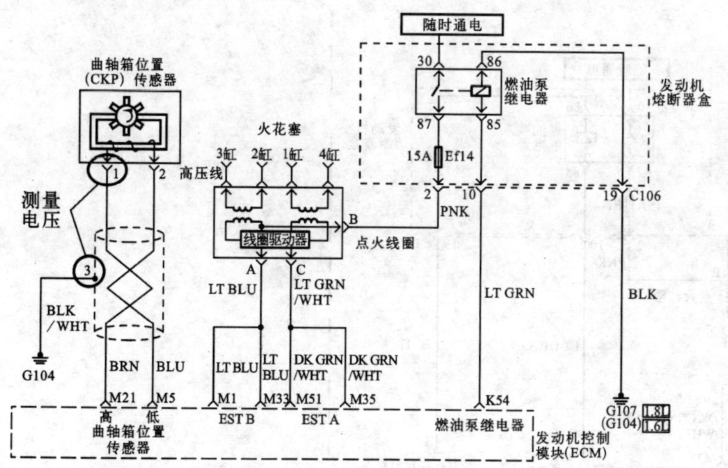

图 3-9　测量曲轴位置传感器端子 1 和端子 3 之间的电压

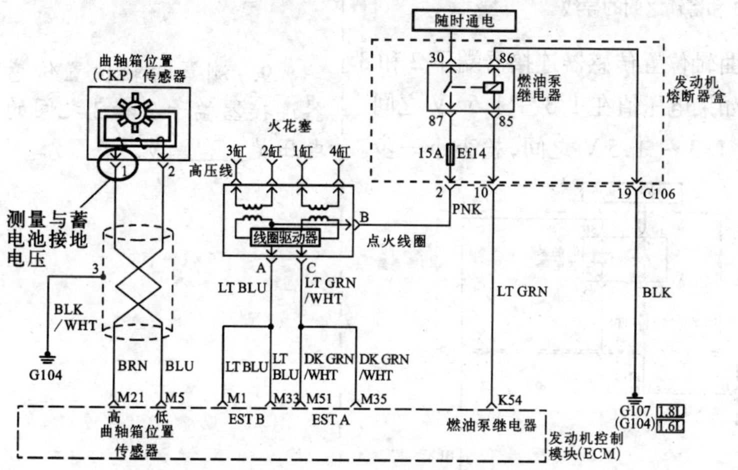

图 3-10　测量端子 1 和搭铁之间的电压

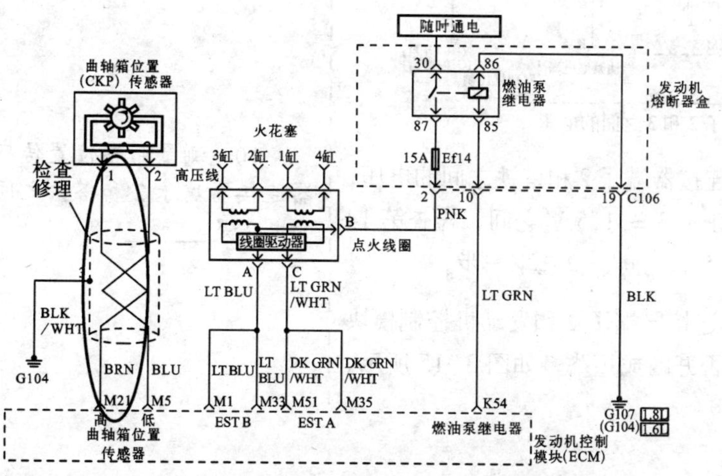

图 3-11　检查端子 1 和端子 M21 之间的导线

14．检查曲轴位置传感器连接器端子 3 和搭铁之间的导线是否开路或短路，如图 3-12 所示。如果有故障，要进行维修。

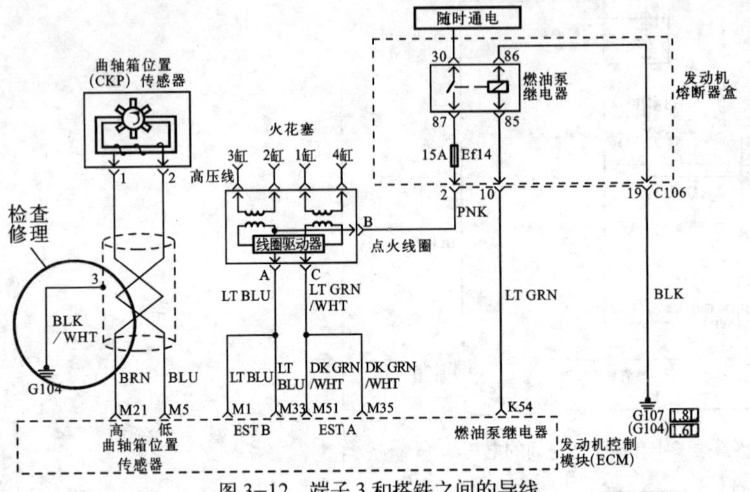

图 3-12 端子 3 和搭铁之间的导线

15．接通点火开关，测量曲轴位置传感器连接器端子 2 和 3 之间的电压，如图 3-13 所示。如果电压值在 1.3 ~ 1.5 V 之间，检查第 18 步；如果电压值不在 1.3 ~ 1.5 V 之间，检查下一步。

9．测量曲轴位置传感器连接器端子 2 和 3 之间的电压是_______V。

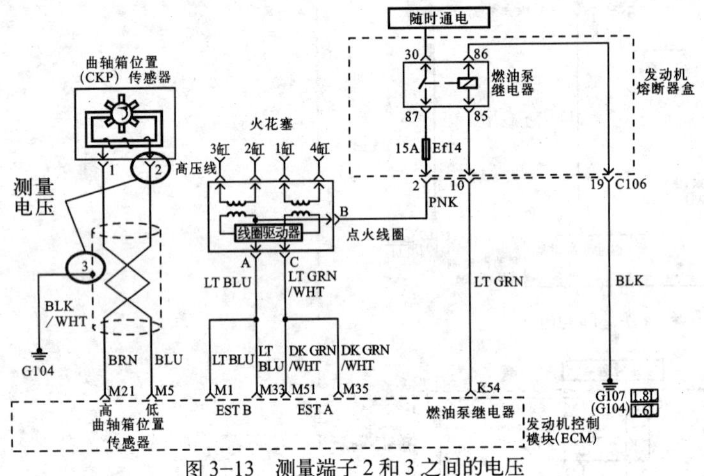

图 3-13 测量端子 2 和 3 之间的电压

16．测量曲轴位置传感器连接器端子 2 和搭铁之间的电压，如图 3-14 所示。如果电压值在 1.3 ~ 1.5 V 之间，检查第 14 步；如果电压值不在 1.3 ~ 1.5 V 之间，检查下一步。

10．测量曲轴位置传感器连接器端子 2 和搭铁之间的电压是_______V。

17．检查曲轴位置传感器连接器端子 2 和发动机控制模块连接器端子 M5 之间的导线是否开路或短路，如图 3-15 所示。如果有故障，要进行维修。

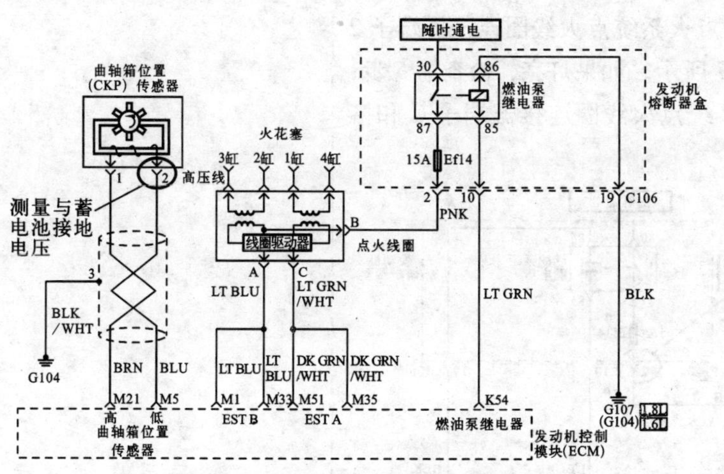

图 3-14 测量端子 2 和搭铁之间的电压

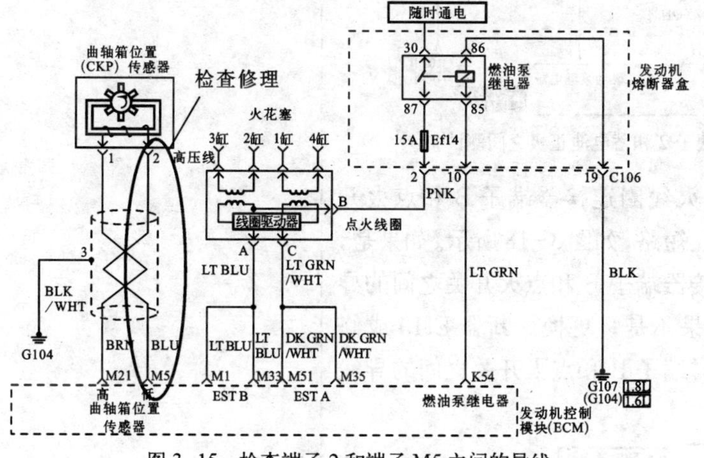

图 3-15 检查端子 2 和端子 M5 之间的导线

18．关闭点火开关，将测试灯连接到电子点火系统点火线圈连接器端子 2 和搭铁之间，如图 3-16 所示。接通点火开关，如果灯亮，检查下一步；如果灯不亮，检查第 20 步。

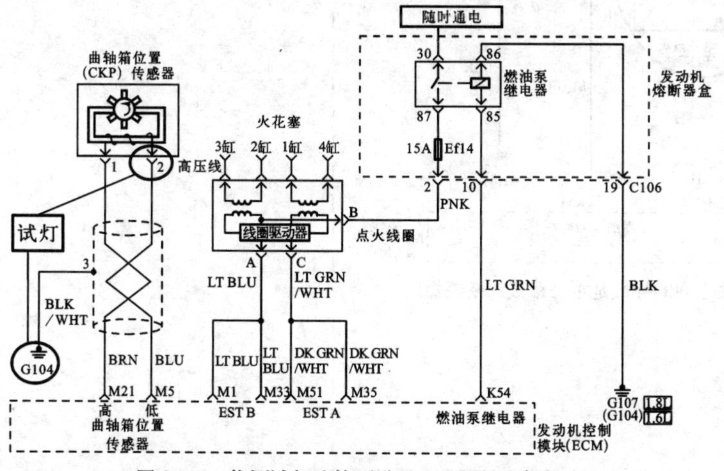

图 3-16 将测试灯连接到端子 2 和搭铁之间检查

11．测试灯是否亮？

（亮）______

（不亮）______

提示：灯亮是正常的。

19．将测试灯连接到电子点火系统点火线圈连接器端子 2 和蓄电池正极之间，如图 3-17 所示。如果灯亮，检查第 5 步；如果灯不亮，修理电子点火系统点火线圈连接器端子 C 和搭铁之间的导线。

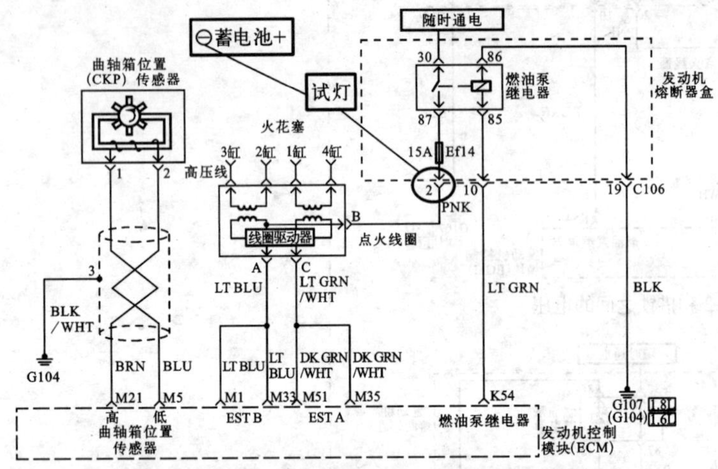

图 3-17 测试灯连接 3 到端子 2 和蓄电池正极之间测试

20．检查电子点火系统点火线圈连接器端子 B 和点火开关之间的导线是否开路或对搭铁短路，如图 3-18 所示。如果是，修理电子点火系统点火线圈连接器端子 B 和点火开关之间的导线是否开路或对搭铁短路。如果不是，更换熔断器 Ef14 或修理电子点火系统点火线圈连接器端子 B 和点火开关之间的导线开路故障。

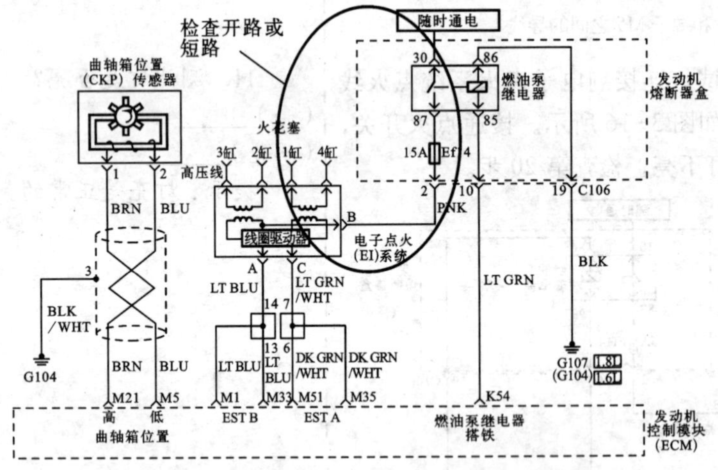

图 3-18 检查端子 B 和点火开关之间的导线是否开路或对搭铁短路

活动二 起动系和充电系故障诊断

学习目标

知识目标

- 掌握别克凯越发动机起动系统和充电系的基本组成。
- 掌握别克发动机起动系和充电系故障诊断的基本思路。

能力目标

- 掌握别克发动机起动系统和充电系故障诊断的基本步骤。

知识链接

别克凯越发动机起动系统和充电器由蓄电池、点火开关、起动机、发电机组成，如图3-19所示。点火开关有2、3、5号3个接口。起动机有B+、ST和接地3个接口。发电机有BAT、L、F和接地4个接口。

在发动机上找出蓄电池、点火开关、起动机、发电机，并且找出点火开关、起动机、发电机各接口。

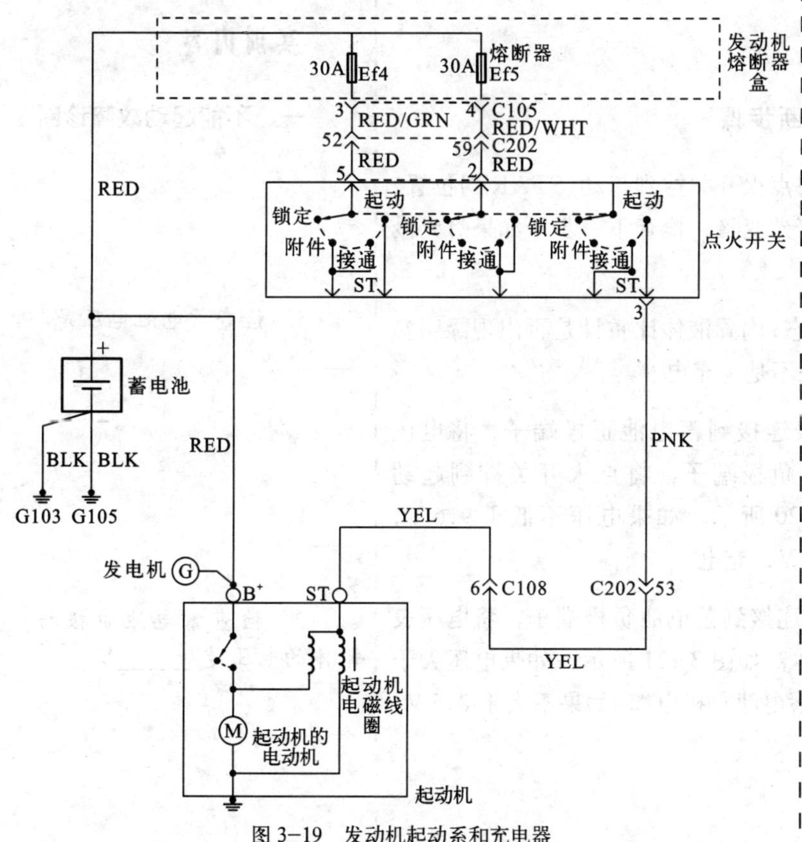

图3-19 发动机起动系和充电器

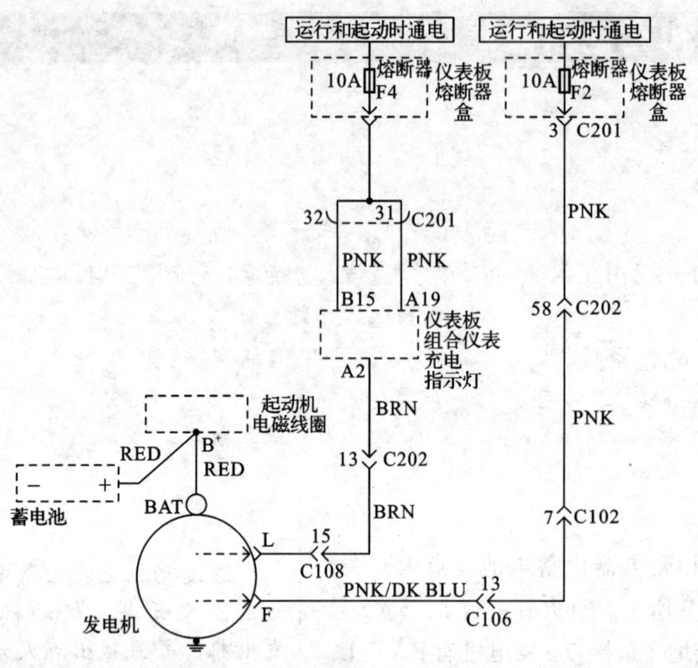

图 3–19　发动机起动系和充电器（续）

教学内容

一、不能起动故障诊断步骤

1. 打开前照灯、顶灯，将点火开关拧到起动(START)位置，检查灯光是否变暗。如果灯光变暗，检查下一步；如果灯光没有变暗，检查第 6 步。

2. 检查蓄电池充电状态，内置液体比重计是否出现绿眼？如果是，检查下一步；如果不是，充电。

3. 将电压表正极引线连接到蓄电池正极端子，将电压表负极引线连接到蓄电池负极端子，将点火开关拧到起动(START) 位置，如图 3–20 所示。如果电压不低于 9.6 V，检查下一步；如果低于 9.6 V，充电。

4. 将电压表负极引线连接到蓄电池负极端子，将电压表正极引线连接到发动机缸体，如图 3–21 所示。如果电压大于 0.5 V，清理、紧固或更换蓄电池负极电缆；如果不大于 0.5 V，检查下一步。

实训内容

一、不能起动故障诊断

1. 检查蓄电池电压是______V。

2. 检查蓄电池负极与缸体的电压是______V。

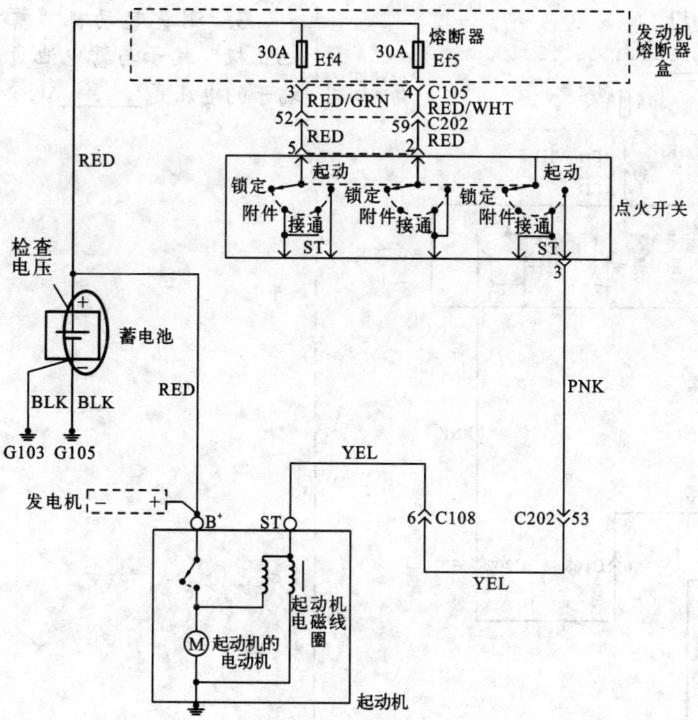

图 3-20　检查蓄电池电压

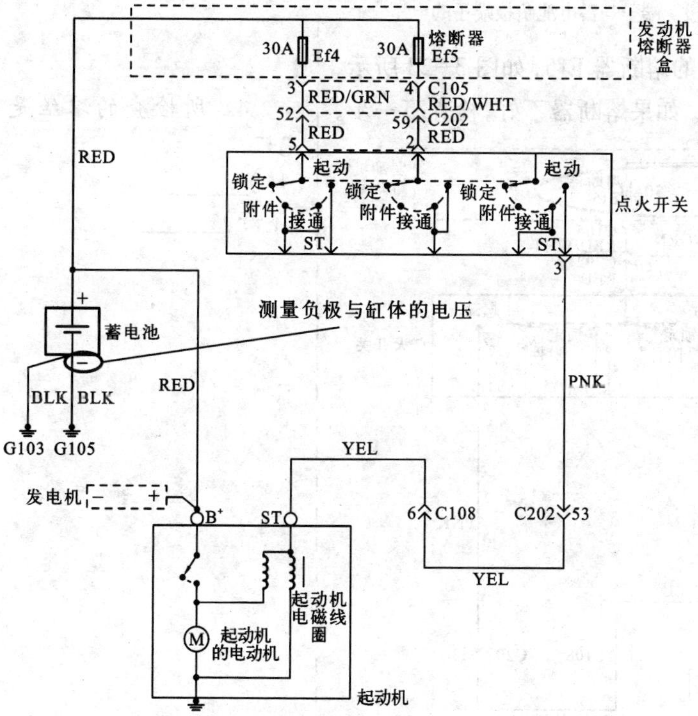

图 3-21　检查的蓄电池负极与缸体的电压

5．将电压表正极引线连接到起动机“蓄电池正极”端子。将电压表负极引线连接到蓄电池负极端子，如图 3-22 所示。如果电压小于 9 V，清理、紧固或更换蓄电池正极电缆；如果电压不小于 9 V，修理或替换起动机。

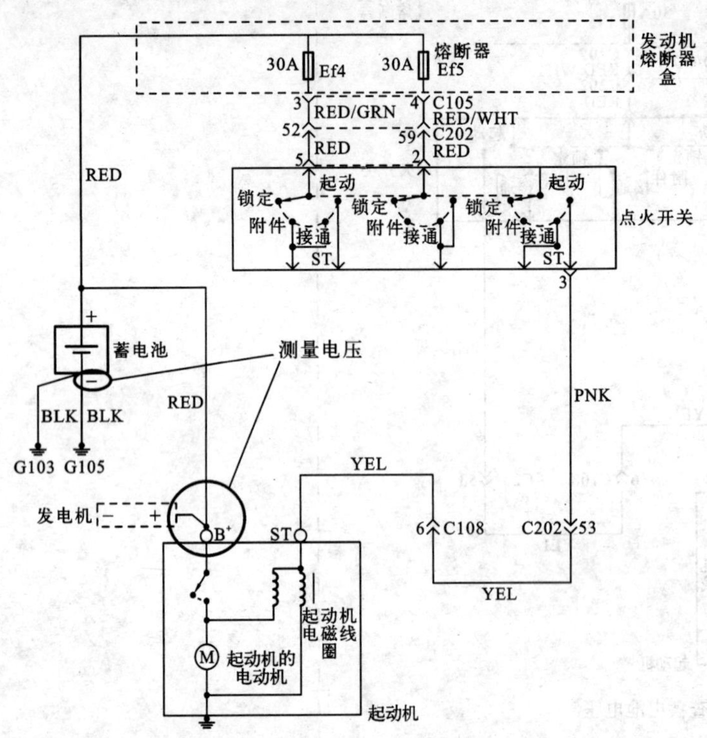

图 3-22　测量起动机“蓄电池正极”端子与蓄电池负极端子的电压

3. 测量起动机“蓄电池正极”端子与蓄电池负极端子的电压是________V。

6. 检查发动机熔断器盒中的熔断器 Ef5，如图 3-23 所示。如果熔断器是好的，检查第 8 步。如果熔断器不好，检查下一步。

4. 所检查的熔丝是否完好？

（好）________

（不好）________

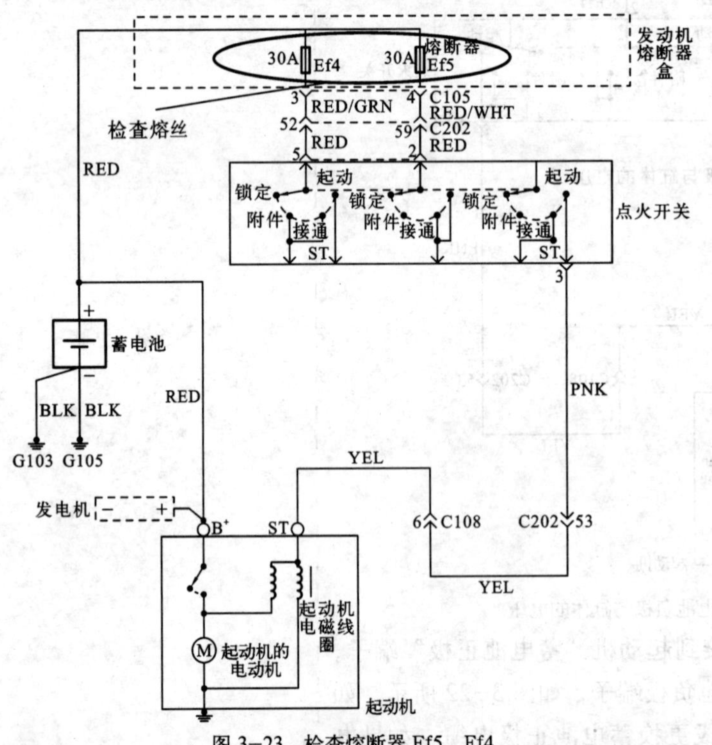

图 3-23　检查熔断器 Ef5、Ef4

7．检查发动机熔断器盒中的熔断器 Ef4，如图 3-23 所示。如果熔断器不好，进行修理。

8．检查起动机 ST 端子连接是否正常。如果连接正常，检查下一步；如果连接不正常，清理或紧固接头。

9．将电压表正极引线连接到起动机 ST 端子上，将电压表负极引线连接到蓄电池负极端子上，如图 3-24 所示。将点火开关拧到起动（START）位置，如果电压低于 7 V，修理或替换起动机；如果电压不低于 7 V，检查下一步。

5．测量起动机 ST 端子与蓄电池负极端子的电压是______V。

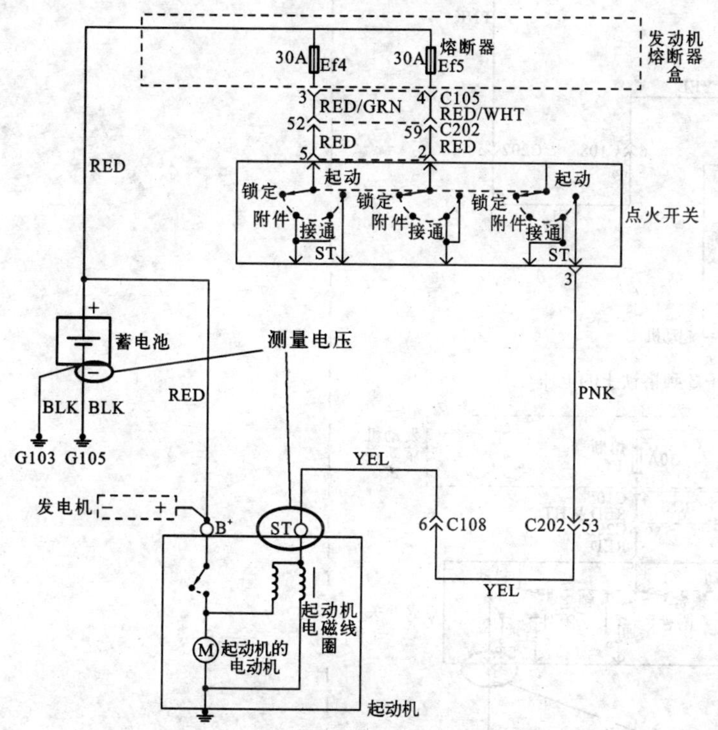

图 3-24 测量起动机 ST 端子与蓄电池负极端子的电压

10．将电压表正极引线连接到点火开关连接器端子 3 上，从背面探测连接器。将电压表负极引线连接到搭铁上，如图 3-25 所示。如果电压在 11 ~ 14 V 之间，修理发动机缸体熔断器 Ef5 和点火开关连接器端子 2 之间的开路故障；如果电压不在 11 ~ 14 V 之间，检查下一步。

6．测量端子 3 到搭铁上的电压是______V。

11．将电压表正极引线连接到点火开关连接器端子 3 上，从背面探测连接器，将电压表负极引线连接到搭铁上，如图 3-26 所示。将点火开关拧到起动（START）位置，如果电压在 11 ~ 14 V 之间，检查下一步；如果电压不在 11 ~ 14 V 之间，更换点火开关。

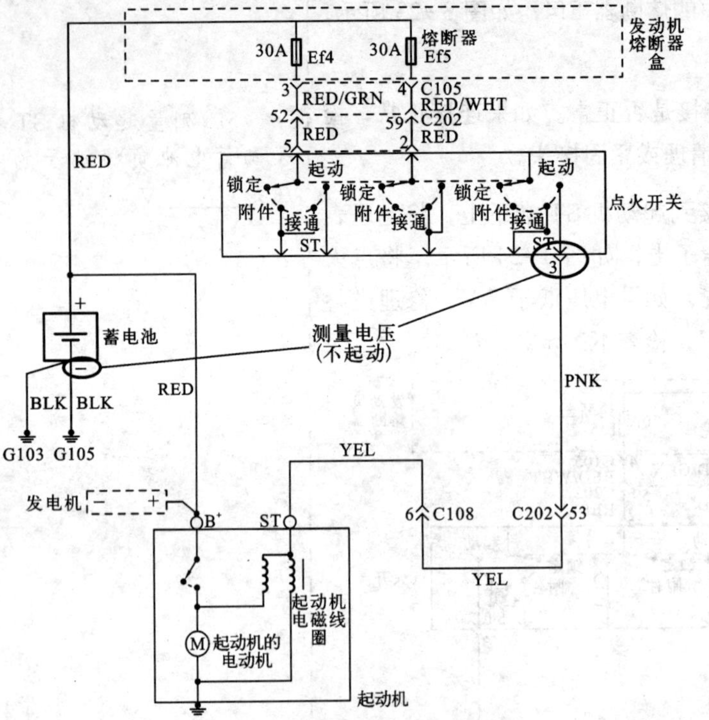

图 3-25　测量端子 3 到搭铁上的电压

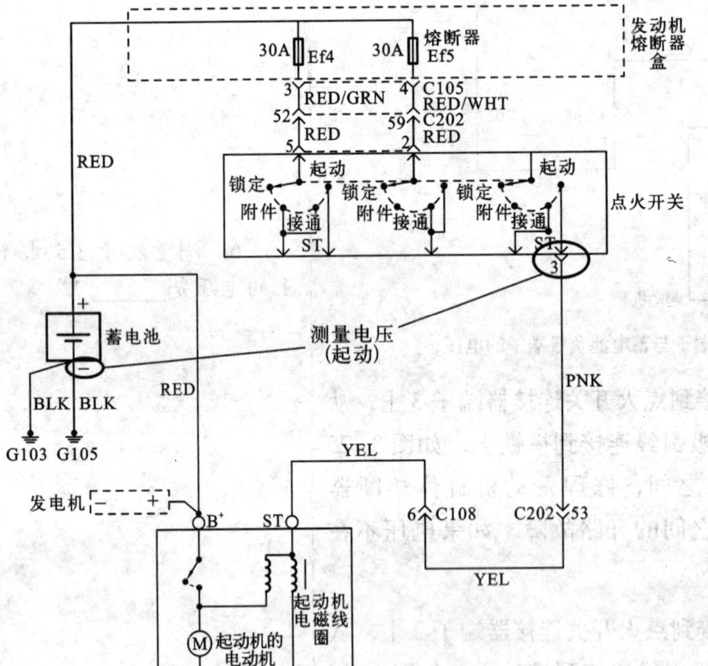

图 3-26　将点火开关拧到起动（START）位置，测量端子 3 到搭铁上的电压

12．将电压表正极引线连接到点火开关连接器端子 3 上检

7．将点火开关拧到起动（START）位置，测量端子 3 到搭铁上的电压是______V。

查，将电压表负极引线连接到搭铁上。如果电压在 11 ~ 14 V 之间，修理发动机缸体熔断器 Ef5 和点火开关连接器端子 3 之间的开路故障；如果电压不在 11 ~ 14 V，检查下一步。

13. 将电压表正极引线连接到点火开关连接器端子 3 上检查，将电压表负极引线连接到搭铁上，将点火开关拧到起动（START）位置。如果电压在 11 ~ 14 V 之间，修理点火开关连接器端子 3 和起动机 ST 端子之间的开路故障；如果电压不在 11 ~ 14 V 之间，更换点火开关。

二、起动机噪声诊断步骤

1. 在发动机正常运转之前，启动时有较大的噪声，检查起动机和飞轮之间啮合间隙是否太大。

2. 在发动机起动后，松开点火钥匙时，有较大的噪声，飞轮和起动机之间间隙太小，以至起动机小齿轮不能回位。

3. 起动机仍啮合并发出很大的噪声，检查起动机单向离合器是否损坏，如图 3-27 所示。如果损坏，进行更换。

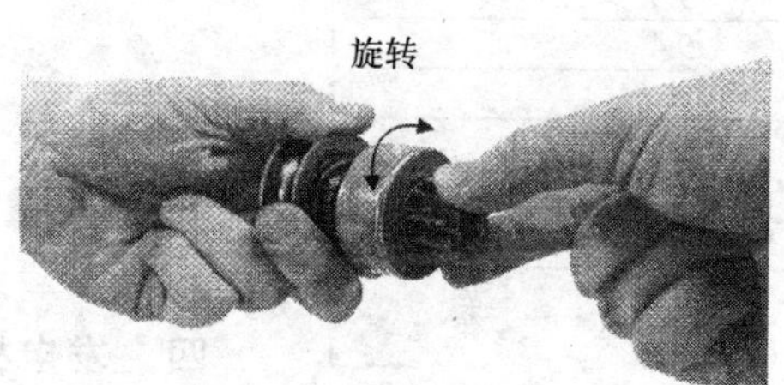

图 3-27　检查起动机单向离合器

4. 当发动机起动后起动机渐渐停下来时，有噪声，有可能是起动机电枢弯曲造成的，检查电枢（见图 3-28），并根据需要更换。百分表的跳动量一般不大于 0.05 mm。

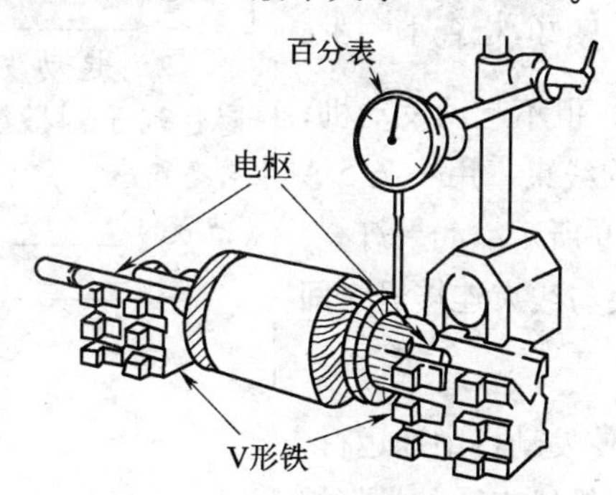

图 3-28　检查电枢弯曲

二、起动机噪音诊断

1. 听到的噪声是在发动机启动之前还是之后？

（之前）______

（之后）______

2. 检查起动机单向离合器是否损坏。

（损坏）______

（正常）______

3. 检查百分表的跳动量是______mm。

三、蓄电池加载测试步骤

1．检查蓄电池是否明显损坏，如壳体或盖板开裂或折断，导致电解液流失。如果损坏明显，更换蓄电池。

如果液体比重计呈透明或淡黄色，禁止给蓄电池充电，而应该更换蓄电池。如果蓄电池发烫或通过排气孔喷出刺激气体或渗出，应停止充电或减少充电电流，以免伤人。

2．检查液体比重计。如果能看到绿点，则开始加载试验程序。如果指示器黑暗，看不到绿色，给蓄电池充电。

3．将电压表和蓄电池负载测试器连接在蓄电池电极之间，施加 300 A 负载 15 s，消除蓄电池表面电荷，断开负载，等候 15 s，让蓄电池恢复，再加 270 A 负载。

4．如果电压未降到表 3-1 中最低值以下，则蓄电池完好。如果电压低于表中的最低值，更换蓄电池。

表 3-1　蓄电池在各温度下测出电压

温　度（℃）	最 低 电 压（V）
21	9.6
20	9.4
0	9.1
−10	8.8
−18	8.5
低于 −18	8.0

三、蓄电池加载测试

1．检查的蓄电池外壳是否有损坏？

（损坏）________

（正常）________

2．将电压表和蓄电池负载测试器连接在蓄电池电极之间，根据要求测量出来的电压是________V。

四、发电机系统检查步骤

正常操作时，发电机指示灯在将点火开关拧到 ON（接通）位置时启亮，在发动机起动时熄灭。否则，要按如下程序诊断发电机 ：

1．目视检查皮带和导线是否良好。如果良好，检查下一步。

2．将点火开关拧到 ON（接通）位置，但不起动发动机，充电指示灯应启亮。否则，断开发电机上的线束，用一条 5 A 跨接线将线束中的 L 端子到搭铁，如图 3-29 所示。如果灯亮，更换发电机。如果灯不启亮，寻找点火开关与线束连接器之间的开路故障或者指示灯灯泡可能烧坏。

3．将点火开关拧到 ON（接通）位置，使发动机中速运行，充电指示灯应熄灭。否则，断开发电机上的导线束。如果灯熄灭，更换发电机。如果灯不熄灭，检查连接器和指示灯之间的线束是否对搭铁短路。

四、发电机系统检查

1．不起动发动机，你测量 L 端子到搭铁的试灯是否点亮？

（点亮）________

（不亮）________

2．起动发动机，你测量 L 端子到搭铁的试灯是否点亮？

（点亮）________

（不亮）________

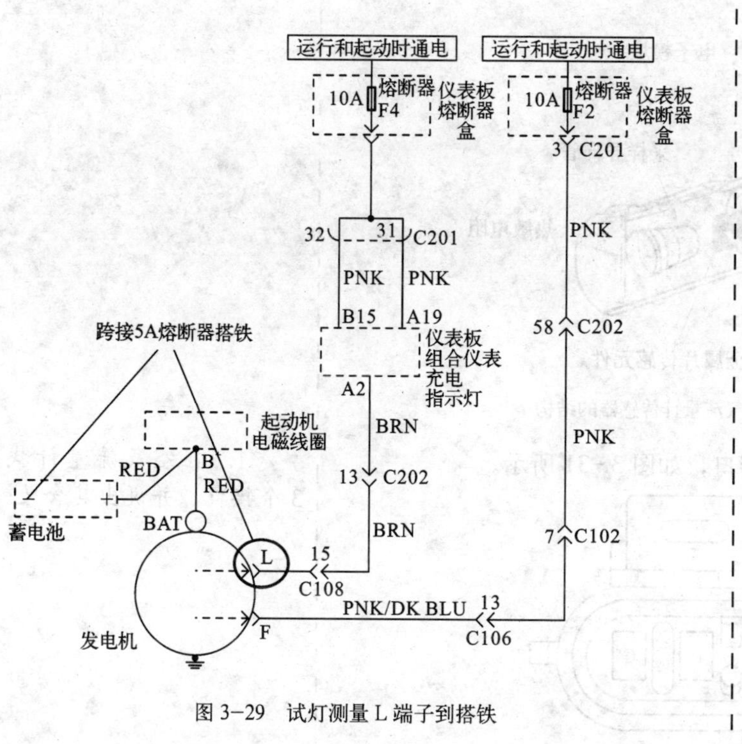

图 3-29 试灯测量 L 端子到搭铁

活动三 空气流量计、进气压力传感器和节气门位置传感器的故障诊断

学习目标

知识目标

空气流量计、进气压力传感器和节气门位置传感器故障诊断的思路。

能力目标

能熟练掌握空气流量计、进气压力传感器和节气门位置传感器故障诊断的操作步骤。

知识链接

1．热线和热膜式空气流量计传感器的结构与工作原理。

一根铂丝或一个加热膜片作为传感元件，在传感器的内部有根直径很小的采样通道，直接将空气引入热敏电阻和加热元件，如图 3-30 所示。控制模块控制流过加热元件的电流。

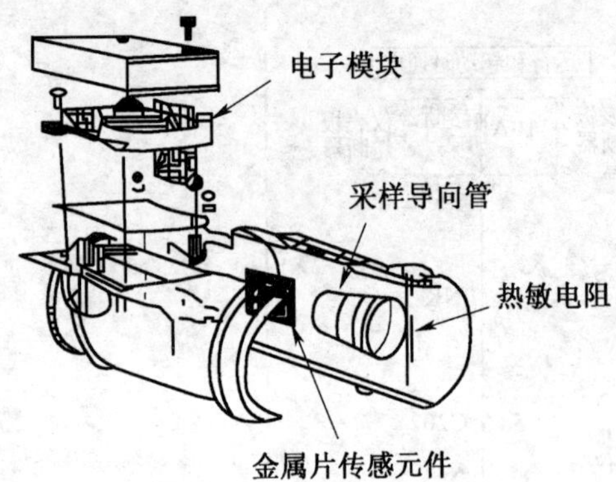

图 3-30　空气流量计传感器的结构

空气流量计共有 3 个接口，如图 3-31 所示。

1. 在空气流量计找出 3 个接口，并说出其含义。

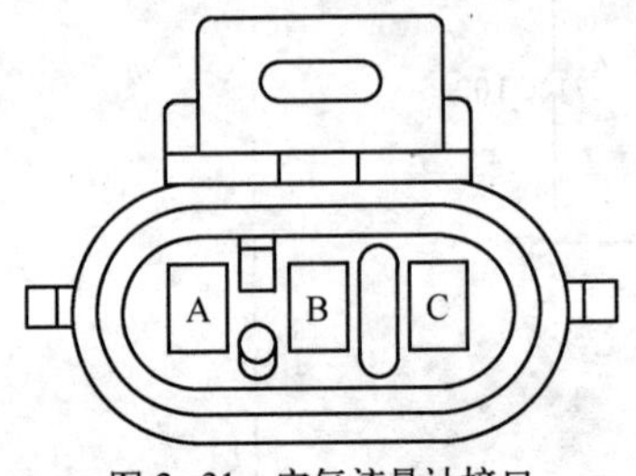

图 3-31　空气流量计接口

A—传感器的信号线　B—传感器搭铁线　C—12 V 点火线

空气流量计安装在进气管的节气门前，如图 3-32 所示。当没有空气流过热线或热膜时，加热元件的电阻值和其他电阻的电阻值相等，电桥平衡。当空气通过加热元件后，流过的空气流量越大，热量损失的越多，空气温度越低，热量损失的越多，热线或热膜变冷，就改变了电阻值的大小，造成电桥不平衡，二个输出端有一个电压差产生，反馈控制通过导线的电流，使导线温度升高，保持它原先设定的温度。

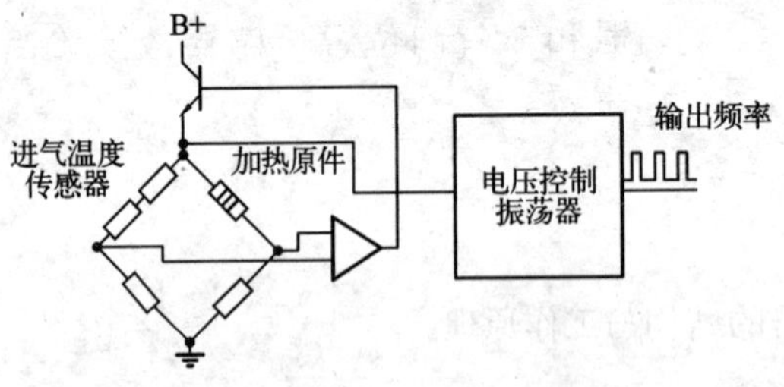

图 3-32　空气流量计工作原理

2. 压敏电阻式进气管压力传感器的结构与工作原理。

半导体薄片覆盖在腔体上，半导体分散在内，连接着 4 个串联、并联的电阻，像惠斯通电桥一样，如图 3-33 所示。

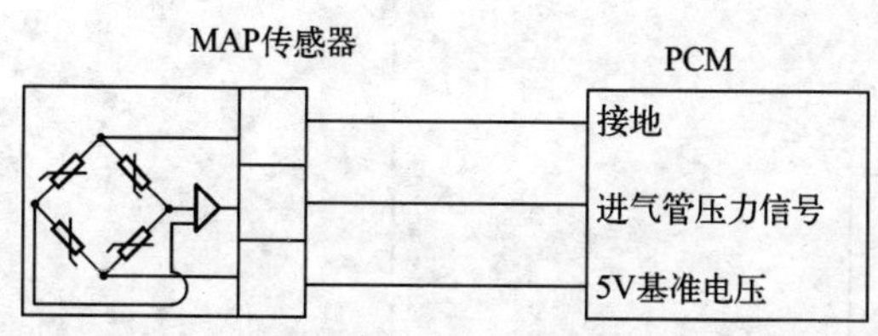

图 3-33 进气管压力传感器的结构

进气管压力传感器共有 3 个接口，如图 3-34 所示。

2. 在进气管压力传感器找出 3 个接口，并说出其含义。

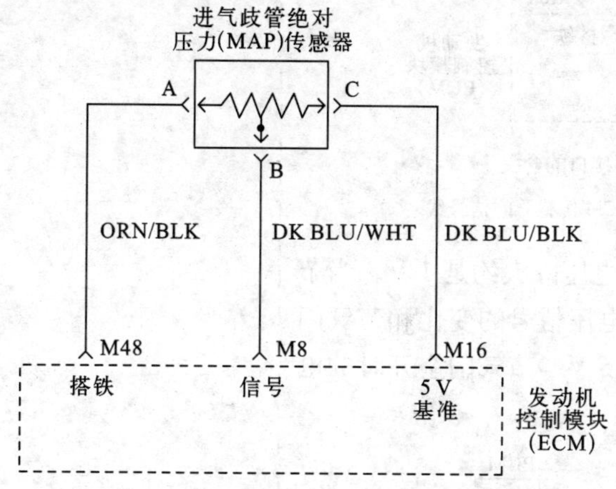

图 3-34 进气管压力传感器的接口

A—传感器搭铁线 B—传感器的信号线 C—5 V 基准电压线

参考电压和接地极在传感器膜片的输入端内，其余 2 个端口输出电压差。膜片的弯曲将造成电阻变化，引起电桥不平衡，输出端有电位差产生。

3．可变电阻式节气门位置传感器的结构与工作原理。

电位器式传感器，电位器位于节气门体上，它的运动依靠节气门阀轴，如图 3-35 所示。

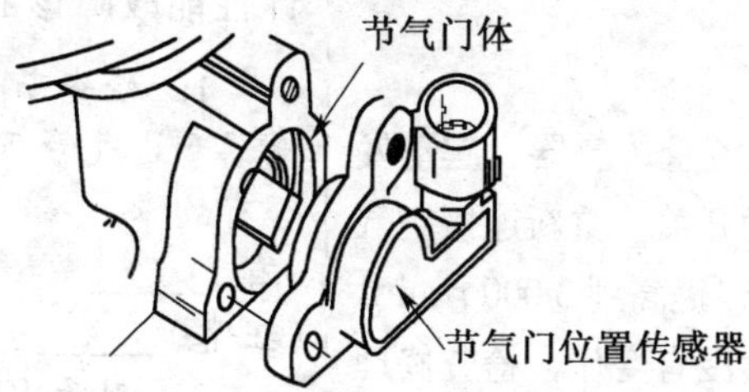

图 3-35 可变电阻式节气门位置传感器的结构

节气门位置传感器 3 个接口如图 3-36 所示。

3. 在节气门位置传感器找出 3 个接口，并说出其含义。

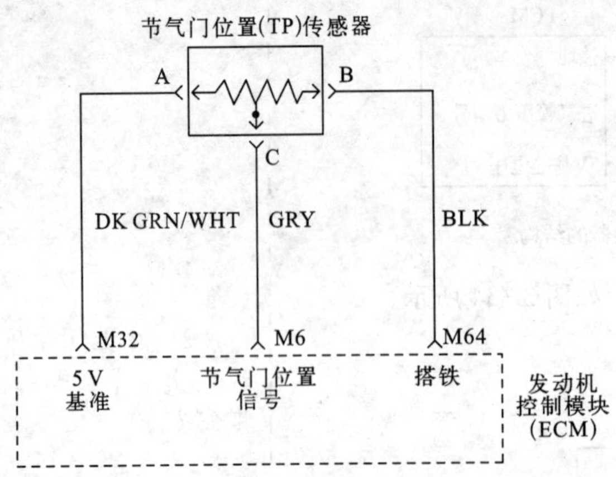

图 3–36　节气门位置传感器接口的含义

A—5V 信号线　B—传感器搭铁线　C—传感器的信号线

当节气门关闭时，通过传感器的电压降大约是 1 V。当节气门全开时，电压降大约是 4.5 V。电压信号的变化和节气门的位置有关，怠速位置电压大约是 0.5 V，节气门全开时的电压大约是 4.5 V，如图 3–37 所示。

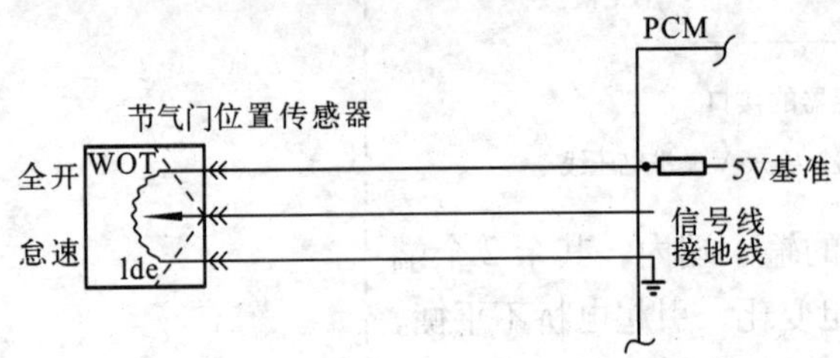

图 3–37　节气门位置传感器的工作示意图

教学内容

一、P0101 空气流量计性能故障诊断步骤

1．当扫描仪读取故障码 P0101。

2．不要清除诊断故障代码，断开空气流量传感器，起动发动机。如果发动机能够起动，断开点火起动开关，重新连接空气流量传感器，起动发动机，将发动机转速缓慢提高到 3 000 r/min，检查进气歧管压力传感器的参数，如果参数没有变化，检查修理进气歧管压力传感器。如果参数有变化，关闭节气门，打开点火开关。用扫描仪观察节气门角度参数，如果节气门传感器显示不等于 0 ℃，检查修理节气门传感器。

3．如果不能起动或者节气门显示等于 0 ℃，关闭点火起动开关，断开空气流量传感器 (MAF) 接头。将点火开关开到

实训内容

一、P0101 空气流量计性能故障诊断

1. 检查节气门位置传感器和进气管压力传感器是否有故障。

(有)________

(正常)________

2. 测量出空气流量传感器信号电路与电源接地之间电压的是________V。

提示：测量出 5V，说明 ECU 的 5V 接口和与之相关的线束是正常的。

ON 挡。用数字式万用表连接到空气流量传感器信号电路与电源接地之间，如图 3-38 所示。如果电压等于 5 V，检查下一步，如果电压不等于 5 V，检查第 7 步。

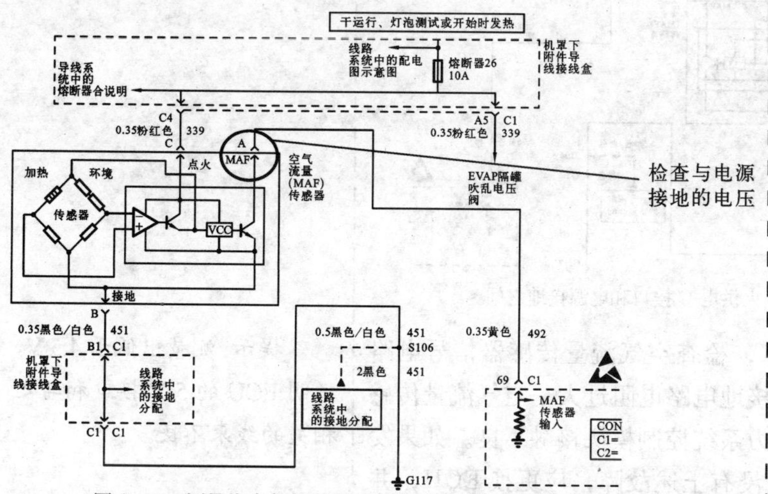

图 3-38　测量出空气流量传感器信号电路与电源接地之间电压

4．如果电压等于 5 V，将测试灯连接空气流量传感器点火供电 C 接口和接地电路 B 接口之间，如图 3-39 所示。测试灯是否启亮？

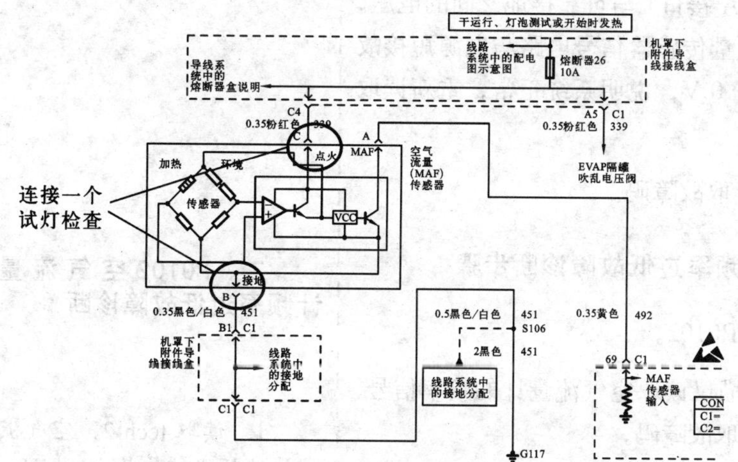

图 3-39　用测试灯检查点火供电 C 接口和接地电路 B 接口之间是否良好

5．如果灯能够亮，检查空气流量传感器是否接触不良。如果接触不良，维修；如果没有接触不良，更换传感器。

6．如果灯不能亮，测试灯连接在空气流量传感器点火供电电路 C 和可靠接地之间，如图 3-40 所示。如果灯亮，检修空气流量传感器接地电路电阻过大或开路故障；如果灯不亮，检修空气流量传感器点火供电电路电阻过大或开路故障。

7．如果电压不等于 5 V，再观察是否低于 4.5 V。

3．用测试灯检查点火供电 C 接口和接地电路 B 接口之间。

灯（点亮）______

（不亮）______。

提示：灯亮，说明点火供电 C 接口和接地电路 B 是正常的。

4．用测试灯检查点火供电 C 接口和电源接地之间。

灯（点亮）______

（不亮）______

提示：灯亮，说明点火供电（C）是正常的。

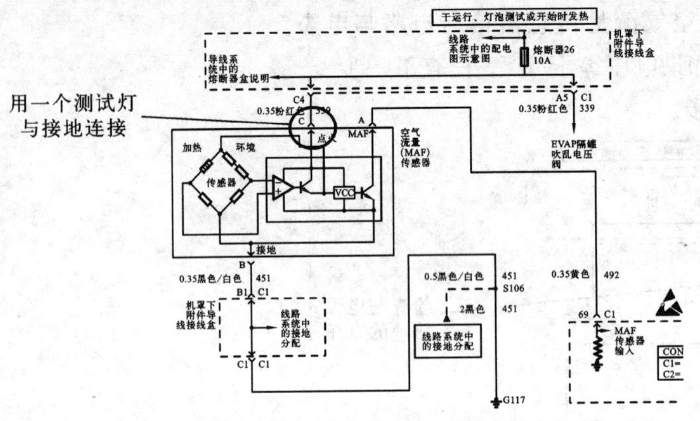

图 3-40　测试灯检查点火供电 C 接口和电源接地之间

8．如果电压低于 4.5 V，检查空气流量传感器信号电路电阻过大；空气流量传感器接地电路电阻过大；空气流量传感器信号电路对接地短路；动力系统控制模块接触不良。如果发现上述问题检查修理；如果没有上述故障，应更换 ECU，并且重新编程。

提示：测量出低于 4.5 V，说明 ECU 的 5 V 接口和与之相关的线束不良。

9．如果电压不低于 4.5 V，关闭点火起动开关，断开动力系统控制模块（ECU）接头，将点火开关开到 ON 挡，测量空气流量传感器信号接口（A 接口）与可靠接地之间的电压。如果电压不等于 0 V，空气流量传感器信号电路与电源短接故障，排除故障；如果电压等于 0 V，说明系统正常，重新读取故障码。

10．清除故障码，重新读取故障码。

二、P0102 空气流量计频率过低故障诊断步骤

1．当扫描仪读取故障码 P0102。

2．起动发动机，利用扫描仪读取空气流量计的频率信号，如果不低于 1 200 Hz，重新读取故障码。

3．如果低于 1 200 Hz，检查物体阻塞空气流量传感器进口滤网；进气歧管周围真空泄漏；节气门体真空泄漏；废气再循环阀法兰和管真管泄漏；曲轴箱通风阀泄漏、缺损。如果有上述故障需检修。

4．如果没有上述故障，关闭点火起动开关，断开空气流量传感器接头。将点火开关开到 ON 挡。用数字式万用表连接到空气流量传感器信号电路与电源接地之间，如图 3-41 所示。

二、P0102 空气流量计频率过低故障诊断

1. 读取 tech-2，空气流量计的频率信号是______Hz。

2. 检查后，是否有泄漏？泄漏点是______。

3. 测量出空气流量传感器信号电路与电源接地之间电压的是______V。

如果电压等于 5 V，检查下一步，如果电压不等于 5 V，检查第 8 步。

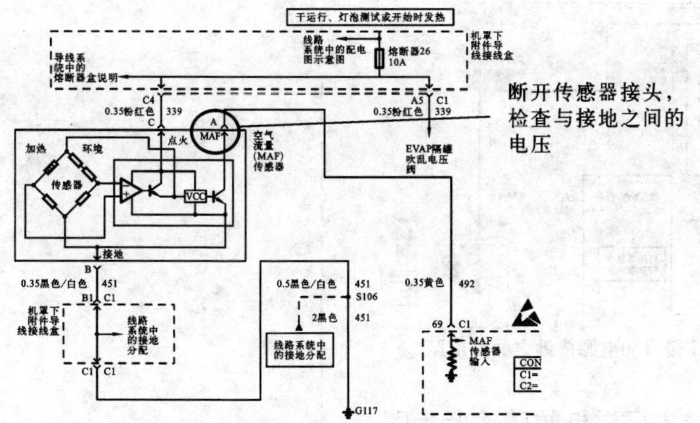

图 3-41　测量空气流量传感器信号电路与电源接地之间的电压

5．如果电压等于 5 V，将测试灯连接空气流量传感器点火供电 C 接口和接地电路 B 接口之间，如图 3-42 所示。测试灯是否启亮？

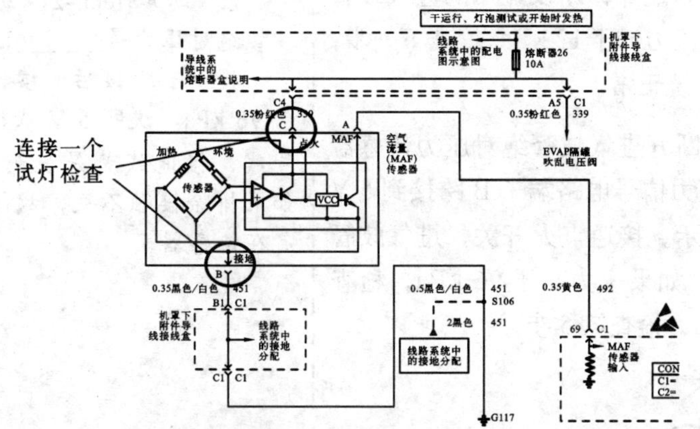

图 3-42　测试灯检查点火供电 C 接口和接地电路 B 接口之间的电路

6．如果灯能够启亮，检查空气流量传感器是否接触不良。如果接触不良，维修；如果没有接触不良，更换传感器。

7．如果灯不能启亮，测试灯连接在空气流量传感器点火供电电路 C 和可靠接地之间，如图 3-43 所示。如果灯亮，检修空气流量传感器接地电路开路故障；如果灯不亮，检修空气流量传感器点火供电电路开路故障。

8．如果电压不等于 5 V，检查信号线是否有短路、开路故障。如果有，应检修；如果没有，检查与 ECU 的连接是否有接触不良。如果没有，应更换 ECU，并且重新编程。

9．清除故障码，重新读取故障码。

4．用测试灯检查点火供电（C）接口和接地电路（B）接口之间的电路：

灯（点亮）______

（不亮）______

5．用测试灯检查点火供电 C 接口和电源接地之间的电路：

灯（点亮）______

（不亮）______

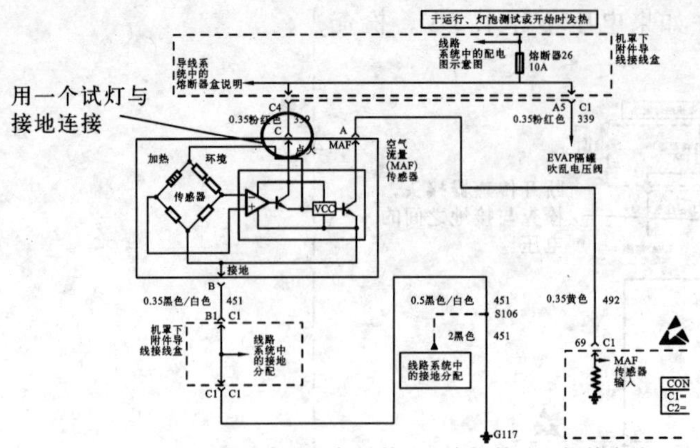

图 3-43　测试灯检查点火供电 C 接口和电源接地之间的电路

三、P0107 进气压力传感器电压过低故障诊断步骤

1．利用扫描仪读取故障码 P0107。

2．将故障诊断仪安装到数据链接插头（DLC）上，起动发动机。读取进气歧管绝对压力，故障诊断仪显示的进气歧管绝对压力是否低于规定值？如果压力低于 12 kPa，检查下一步；如果压力不低于 12 kPa，说明系统正常。

3．将点火开关转到 OFF，断开进气歧管绝对压力传感器电气连接器，将进气歧管绝对压力信号电路端子 B 跨接到 5 V 基准电路端子 C，如图 3-44 所示。接通点火开关，进气歧管绝对压力读数是否超过规定值？如果压力高于 96 kPa，检查下一步；如果压力不高于 96 kPa，检查第 5 步。

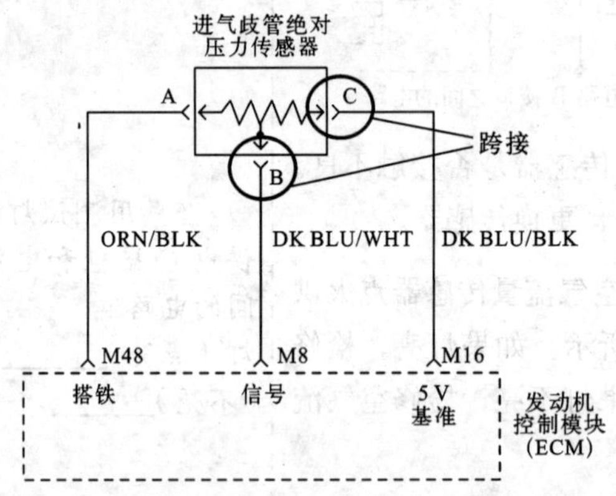

图 3-44　将端子 B 跨接到端子 C 跨接，读取进气管压力

4．检查进气歧管绝对压力传感器线束连接器端子是否存在如接触不良、接触不当、端子与导线接触不良等情况。如果有，进行修理；如果没有，更换传感器。

三、P0107 进气压力传感器电压过低故障诊断

1．读取 tech-2，进气歧管绝对压力是______kPa。

2．读取 tech-2，进气歧管绝对压力是______kPa。

提示：跨接后，读出大于 96 kPa，说明 5 V 线、信号线、接地线都是良好的。如果排除接触不良，故障一定在传感器。

3．读取 tech-2，进气歧管绝对压力是______kPa。

提示：与电压正极连接，读出大于 90 kPa，信号线、接地线都是良好的。故障可能在 5 V 线或者与 5 V 线对应的 ECU 接口。

5. 关闭点火开关，移去跨接线，将测试灯连接到蓄电池正极，探测进气歧管绝对压力传感器信号电路端子 B，如图 3-45 所示。接通点火开关，故障诊断仪读数是否高于规定值？如果压力高于 90 kPa，检查下一步；如果压力低于 90 kPa，检查第 7 步。

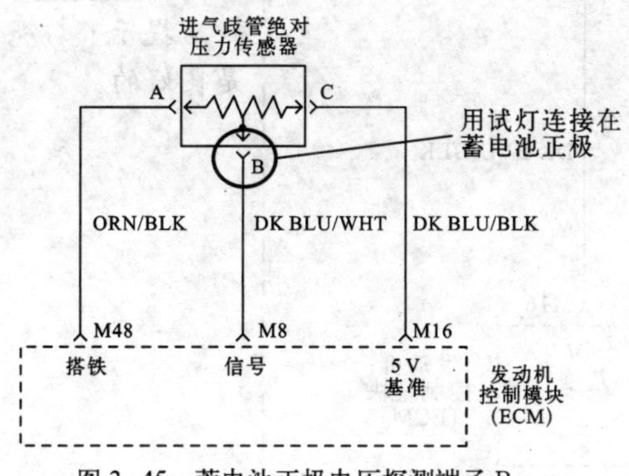

图 3-45　蓄电池正极电压探测端子 B

6. 在端子 C 上检查进气歧管绝对压力传感器 5 V 基准电路是否开路或对搭铁短路，是否发现故障。如果发现故障，修理进气歧管绝对压力传感器 5 V 基准电路；如果没有发现故障，更换发动机控制模块（ECM）。

7. 检查进气歧管绝对压力传感器信号电路是否存在如开路、对搭铁短路、对传感器搭铁短路。如果发现故障，修理进气歧管绝对压力传感器信号电路；如果没有发现故障，更换发动机控制模块（ECM）。

8. 清除故障码。

四、P0108 进气压力传感器电压过高故障诊断步骤

1. 利用扫描仪读取故障码 P0108。

2. 将故障诊断仪安装到数据链接插头（DLC）上，起动发动机。读取进气歧管绝对压力，故障诊断仪显示的进气歧管绝对压力是否高于规定值？如果压力高于 85 kPa，检查下一步；如果压力不高于 85 kPa，说明系统正常。

3. 关闭点火开关，断开进气歧管绝对压力传感器电气连接器，接通点火开关。检查进气歧管绝对压力读数是否小于规定值？如果压力低于 28 kPa，检查下一步；如果压力不低于 28 kPa，检查第 9 步。

4. 将测试灯连接到蓄电池正极，探测进气歧管绝对压力传感器信号搭铁电路端子 A（见图 3-46），检查测试灯是否启亮？

四、P0108 进气压力传感器电压过高故障诊断

1. 读取 tech-2，进气歧管绝对压力是______kPa。

2. 读取 tech-2，进气歧管绝对压力是______kPa。

提示：断开后，读出小于 28 kPa，说明 5 V 线、信号线、接地线都是良好的。读出大于 28 kPa，故障一定在 ECU 和与之相关的线束上。

如果灯亮，检查下一步；如果灯不亮，检查第 8 步。

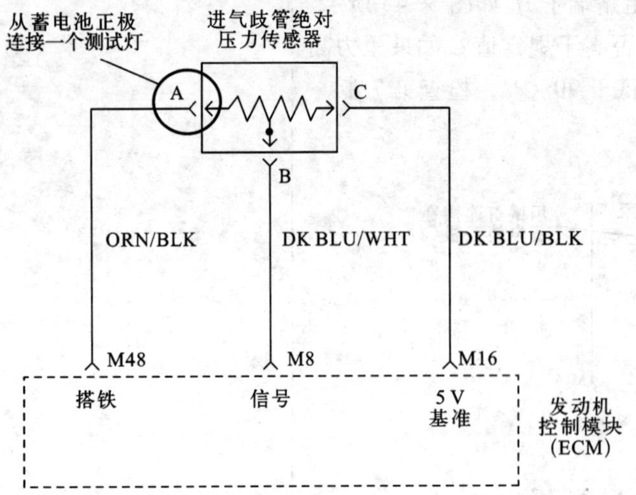

图 3–46　将测试灯连接到蓄电池正极，探测搭铁电路端子 A

5．探测 5 V 基准电路端子 M16，如图 3–47 所示。如果等于 5 V，检查进气歧管绝对压力传感器真空源是否堵塞或泄漏，检查下一步；如果不等于 5 V，检查第 7 步。

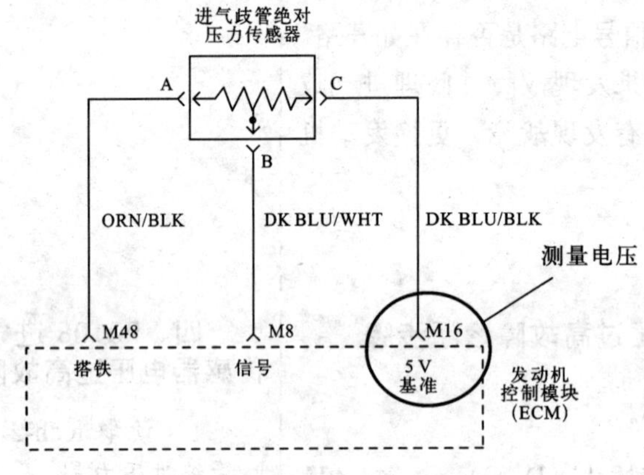

图 3–47　5 V 基准电路端子 M16 电压

6．检查进气歧管绝对压力传感器真空源是否堵塞或泄漏。如果是，进行修理。如果没有，更换进气压力传感器。

7．在端子 M16 上，检查 5 V 基准电路是否对电压短路。如是，进行修理。如果不是，更换发动机控制模块（ECM）。

8．端子 C 上检查进气歧管绝对压力搭铁电路是否开路。如果是，进行修理。如果不是，更换发动机控制模块（ECM）。

9．在发动机控制模块端子 M8 上，检查进气歧管绝对压力传感器信号电路是否对电压短路。如果是，进行修理；如果

3．将测试灯连接到蓄电池正极，探测搭铁电路端子 A。

灯（点亮）________

（不亮）________

提示：灯亮说明接地线是良好的。

4．测量出伏基准电路端子 M16 电压的是______V。

提示：测量出 5 V 电压，说明 ECU 的 5 V 接口是良好的。

不是，更换发动机控制模块（ECM）。

10．清除故障码。

五、P0122 节气门位置传感器电压过低故障的诊断步骤

1．利用扫描仪读取故障码 P0122。

2．将点火开关开到 ON 挡，使用扫描工具观察节气门位置传感器的电压。如果电压不低于 0.16 V，检查下一步；如果电压低于 0.16 V，检查第 4 步。

3．重新读取故障码，检查 P0122 是否还存在？如果故障码不存在了，检查线束是否有松脱；如果故障码还存在，检查下一步。

4．关闭点火开关，用一根带 3A 熔断器的跨接线连接在传感器 5 V 和信号线之间，如图 3-48 所示。将点火开关开到 ON 挡，不起动发动机，用扫描仪检查电压。如果电压不等于 5 V，检查下一步；如果电压等于 5 V，检查第 8 步。

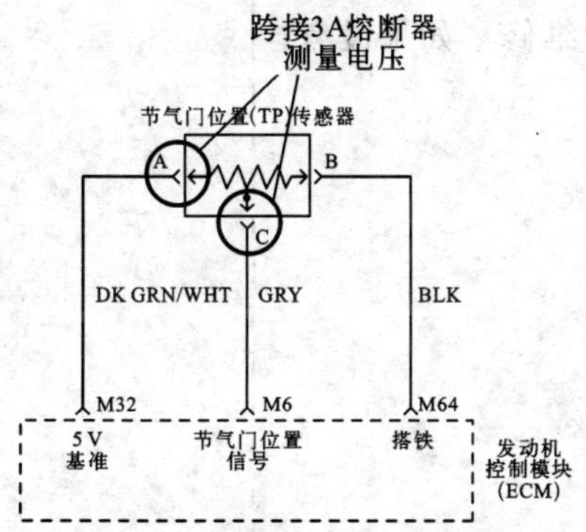

图 3-48　用一根带 3A 熔断器的跨接线连接在传感器 5V 和信号线之间

5．断开跨接导线，用万用表检查 5 V 线与接地线之间的电压，如图 3-49 所示。如果电压等于 5 V，检查下一步；如果不等于 5 V，检查第 7 步。

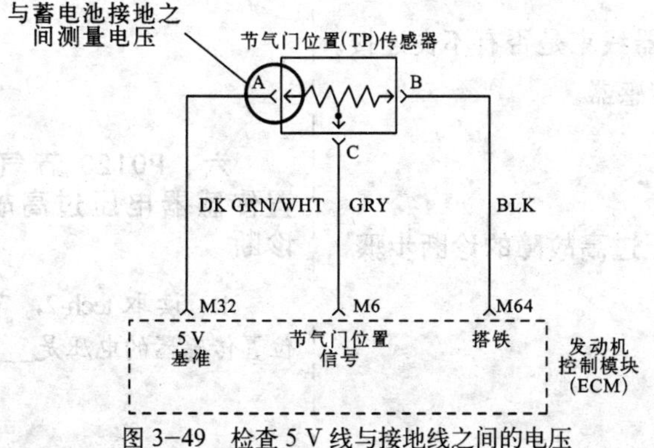

图 3-49　检查 5 V 线与接地线之间的电压

五、P0122 节气门位置传感器电压过低故障的诊断

1. 读取 tech-2，节气门位置传感器的电压是_____V。

2. 测量传感器 5 V 和信号线之间的电压是_____V。

提示：跨接后，读出 5 V，说明 5 V 线、信号线、接地线都是良好的。排除接触不良，故障一定在传感器。

3. 测量 5V 线与接地线之间的电压是______V。

6．如果电压等于 5 V，检查 5 V 线是否有开路或者短路到接地，如图 3-50 所示。如果有，进行维修；如果没有，检查 ECU 接头是否有不良连接。如果有，进行维修；如果没有，更换 ECU，并且编程。

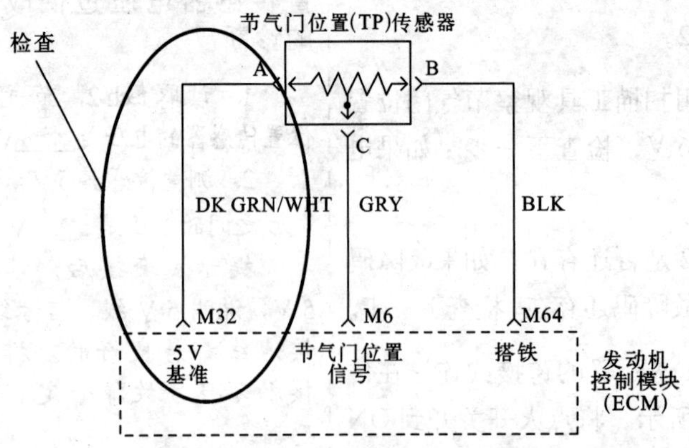

图 3-50　检查 5V 线是否有开路或者短路到接地

7．如果电压不等于 5 V，检查信号线是否有开路或者短路到接地，如图 3-51 所示。如果有，进行维修；如果没有，更换 ECU，并且编程。

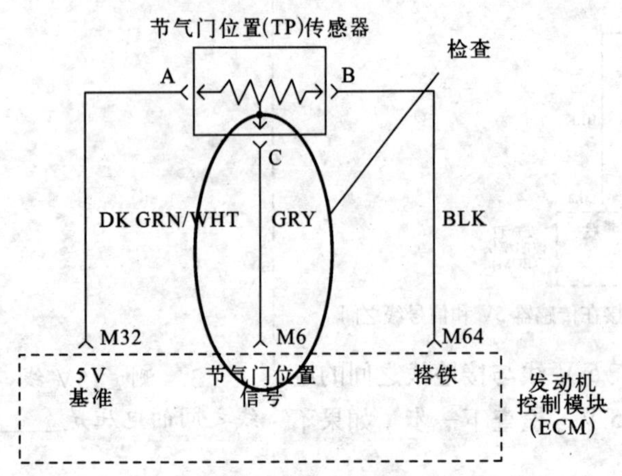

图 3-51　检查信号线是否有开路或者短路到接地

8．如果电压等于 5 V，检查传感器线束是否有不良连接。如果有，进行维修；如果没有，更换传感器。

9．清除故障码，重新读取故障码。

六、P0123 节气门位置传感器电压过高故障的诊断步骤

1．利用扫描仪读取故障码 P0123。

六、P0123 节气门位置传感器电压过高故障的诊断

1. 读取 tech-2，节气门位置传感器的电压是＿＿＿＿V。

2．打开点火开关，关闭节气门，使用扫描工具观察节气门位置传感器的电压。如果电压不高于 4.7 V，检查下一步；如果电压高于 4.7 V，检查第 4 步。

3．重新读取故障码，检查 P0123 是否还存在。如果故障码不存在了，检查线束是否有松脱；如果故障码还存在，检查下一步。

4．关闭点火开关，拆下传感器线束接头，将点火开关开到 ON 挡，使用扫描工具观察节气门位置传感器的电压。如果电压等于 0 V，检查下一步；如果不等于 0 V 线，检查第 8 步。

5．使用万用表检查 5 V 电压线和可靠接地电路的电压。如果电压等于 5 V，检查下一步，如果不等于 5 V 线，检查第 7 步。

6．将一个试灯连接到电源上，检查传感器的接地电路，如图 3-52 所示。灯亮，检查传感器接头是否有不良的连接，如果有，进行维修；如果没有，更换传感器。灯不亮，关闭点火开关，拆下 ECU 线束接头，检查传感器接地电路是否有开路。如果有，进行维修；如果没有，检查 ECU 线束是否有不良连接。如果有，进行维修；如果没有，更换 ECU，并且编程。

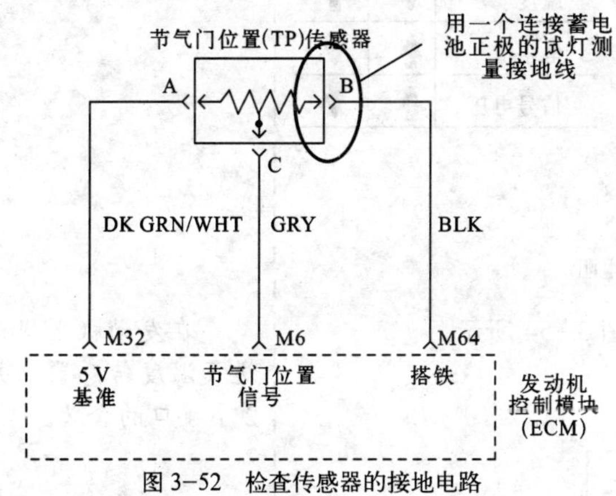

图 3-52　检查传感器的接地电路

7．如果不等于 5 V 线，检查 5 V 线是否与电源线路有短路故障。如果有，进行维修；如果没有，更换 ECU，并且编程。

8．如果不等于 0 V 线，检查信号线是否与电源线路有短路故障。如果有，进行维修；如果没有，更换 ECU，并且编程。

9．清除故障码，重新读取故障码。

2．测量传感器电压是________V。

提示：测量出 0 V，说明信号线是好的。

3．测量 5 V 电压线和可靠接地电路的电压是_____V。

提示：测量出 5 V，说明 5 V 电压线是好的。

4．将一个试灯连接到电源上，检查传感器的接地电路。

灯（点亮）________

（不亮）________

提示：灯亮，说明接地线是好的。

活动四　发动机温度传感器故障诊断

知识目标	能力目标
发动机温度传感器故障诊断的思路。	能熟练掌握发动机温度传感器故障诊断的操作步骤。

知识链接

汽车使用的温度传感器通常是一个热敏电阻，能根据温度的变化来改变电阻值，它也有可能只是某个零件的一个部分。热敏电阻可能随着温度的升高，增加或减少电阻值。随着温度的升高而电阻值升高的热敏电阻称为PTC热敏电阻；随着温度的升高而电阻值降低的热敏电阻称为NTC热敏电阻，如图3-53所示。

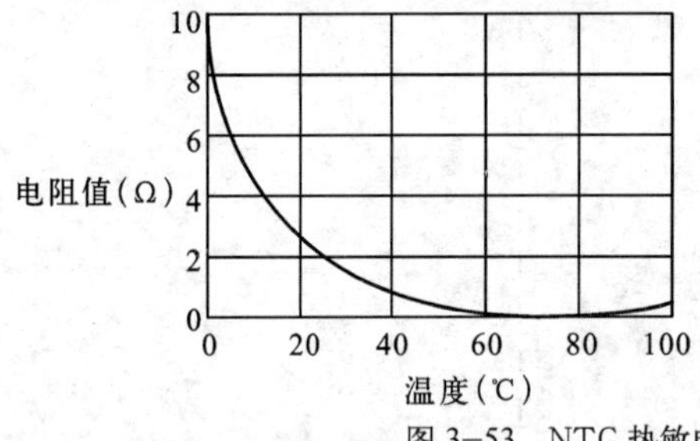

温度	↓	↑
电阻值	↑	↓
信号电压	↑	↓

图3-53　NTC热敏电阻

发动机进气温度传感器的接口如图3-54所示。

在发动机上找出发动机进气温度传感器，并且说明2个接口的含义。

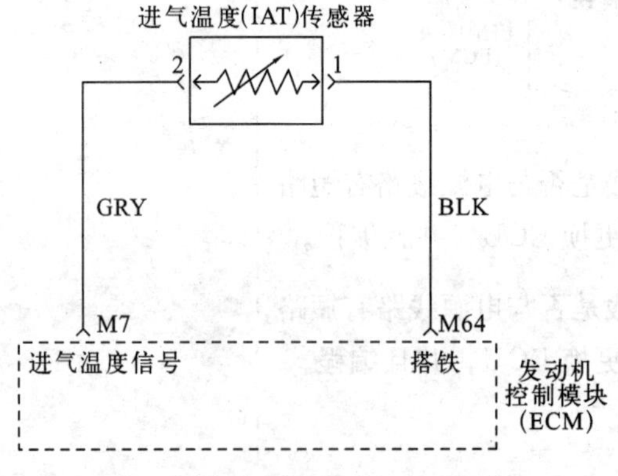

图3-54　发动机进气温度传感器的接口

1—接地线　　2—信号线

发动机水温传感器接口，如图 3–55 所示。

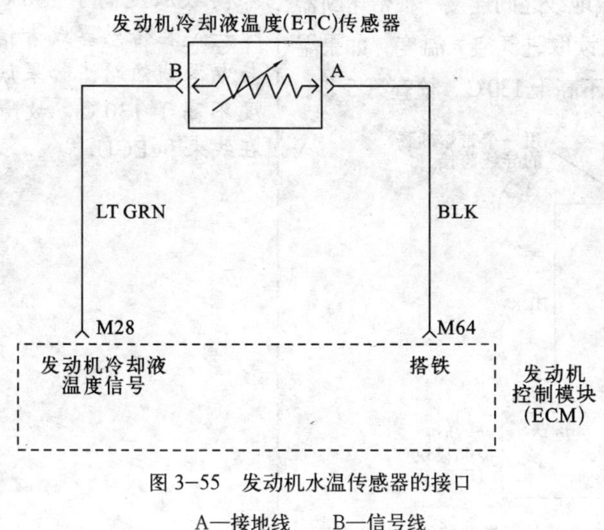

图 3–55　发动机水温传感器的接口

A—接地线　　B—信号线

在发动机上找出发动机水温传感器，并说明 2 个接口的含义。

教学内容

一、P0112 进气温度传感器电压过低故障诊断步骤

1．利用扫描仪读取故障码 P0112。

2．将点火开关转到 ON 挡，不起动发动机，使用扫描工具观察的参数。如果温度不高于 128℃，重新读取故障码。

3．如果温度高于 128℃，关闭点火开关，断开进气温度传感器，将点火开关转到 ON 挡，不起动发动机，使用扫描工具观察进气温度传感器温度参数。

4．如果温度低于 −30℃，更换进气温度传感器。

5．如果温度不低于 −30℃，关闭点火开关，检查进气温度传感器信号电路 B 与接地是否短路。如果短路，应进行检修；如果没有短路，更换 ECU，并且重新编程。

6．清除故障码，重新读取故障码。

二、P0113 进气温度传感器电压过高故障诊断步骤

1．当扫描仪读取故障码 P0113。

2．将点火开关转到 ON 挡，不起动发动机，使用扫描工具观察进气温度传感器的参数。如果温度不低于 −30 ℃，重新读取故障码。

实训内容

一、P0112 进气温度传感器电压过低故障诊断

1. 读取 tech-2，进气温度传感器的温度是______℃

提示：进气温度传感器的工作温度范围是 -30℃ ~ 128℃。

2. 读取 tech-2，进气温度传感器的温度是______℃

提示：断开传感器，如果读数低于 -30℃，说明线束和 ECU 是正常的，故障一定在传感器。如果读数不低于 -30℃，故障可能在线束和 ECU。

二、P0113 进气温度传感器电压过高故障诊断

1. 读取 tech-2，进气温度传感器的温度是______℃

3．如果温度低于 −30℃，断开进气温度传感器线束接头，在进气温度传感器线束接头的信号线和接地线之间连接一根带熔断器的跨接线，如图 3−56 所示。用扫描仪读取进气空气温度。如果温度高于 130℃，检查下一步；如果温度不高于 130℃，检查第 5 步。

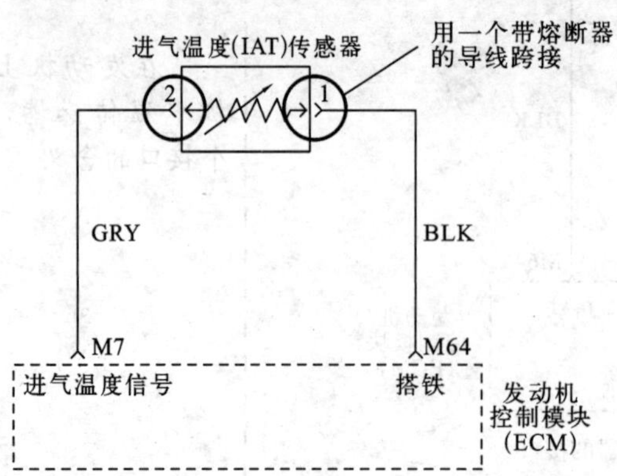

图 3−56 （进气）信号线和接地线之间连接一根带熔断器跨接线，检查温度

4．如果温度高于 130℃，检查进气温度传感器信号线是否对电源短路。如果是，进行修理；如果不是，检查进气温度传感器是否连接可靠。如果不是，进行修理；如果是，更换传感器。

5．在 IAT 传感器线束接头的信号线和电源接地线之间连接一根跨接线，如图 3−57 所示。用扫描仪读取进气空气温度。检查温度是否高于 130℃。如果是，检查下一步；如果不是，检查第 7 步。

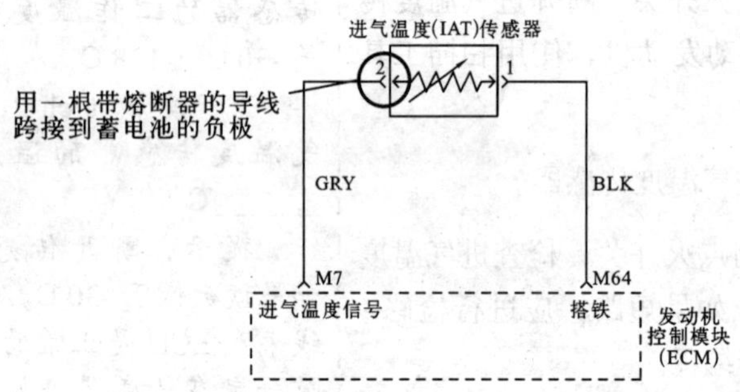

图 3−57 （进气）信号线和电源接地线之间连接一根跨接线，检查温度

6．如果温度高于 130℃，检查进气温度传感器接地电路是否有开路。如果是，进行维修；如果不是，检查 ECU 接口进气温度传感器接地或者信号接口是否有不良连接。如果是，进行维修；如果不是，更换 ECU，并且重新编程。

7．如果温度不高于 130℃，检查信号线是否开路。如果是，进行维修；如果不是，检查 ECU 接口进气温度传感器接地或者信号接口是否有不良连接。如果是，进行维修；如果不是，

提示：跨接传感器，如果读数温度高于 130℃，故障一定在传感器或者信号线与电源线短路。如果读数温度不高于 130℃，故障可能在线束和 ECU。

2．读取 tech-2，进气温度传感器的温度是______℃

更换 ECU，并且重新编程。

8．清除故障码，重新读取故障码。

三、P0117 冷却液温度传感器电压过低故障诊断步骤

1．利用扫描仪读取故障码 P0117。

2．将点火开关转到 ON 挡，不起动发动机，使用扫描工具观察冷却液温度传感器的参数。如果温度不高于 130℃，重新读取故障码。

3．如果温度高于 130℃，关闭点火开关，断开冷却液温度传感器，将点火开关转到 ON 挡，不起动发动机，使用扫描工具观察冷却液温度传感器温度参数。

4．如果温度低于 −30℃，更换冷却液温度传感器。

5．如果温度不低于 −30℃，关闭点火开关，检查冷却液温度传感器信号电路（B）与接地短路。如果短路，应进行检修；如果没有短路，更换 ECU，并且重新编程。

6．清除故障码，重新读取故障码。

四、P0118 冷却液温度传感器电压过高故障诊断步骤

1．利用扫描仪读取故障码 P0118。

2．将点火开关转到 ON 挡，不起动发动机，使用扫描工具观察冷却液温度传感器的参数。如果温度低于 −30℃，重新读取故障码。

3．如果温度不低于 −30 ℃，断开冷却液温度传感器线束接头，在冷却液温度传感器线束接头的信号线和接地线之间连接一根带熔断器的跨接线，如图 3−58 所示。用扫描仪读取冷却液温度。如果温度高于 130 ℃，检查下一步；如果温度不高于 130 ℃，检查 5 步。

4．如果温度高于 130℃，检查冷却液温度传感器信号线是否对电源短路。如果是，进行修理；如果不是，检查冷却液温度传感器是否连接可靠。如果不是，进行修理；如果是，更换传感器。

5．在冷却液温度传感器线束接头的信号线和电源接地线之间连接一根跨接线，如图 3−59 所示。用扫描仪读取冷却液空气温度。检查温度是否高于 130 ℃，如果是，检查下一步；如果不是，检查第 7 步。

三、P0117 冷却液温度传感器电压过低故障诊断

1. 读取 tech-2，冷却液温度传感器的温度是_____℃。

提示：冷却液温度传感器的工作温度范围是 −30℃ ~ 128℃。

2. 读取 tech-2，冷却液温度传感器的温度是_____℃。

提示：断开传感器，如果读数低于 −30℃，说明线束和 ECU 是正常的，故障一定在传感器。如果读数不低于 −30℃，故障可能在线束和 ECU。

四、P0118 冷却液温度传感器电压过高故障诊断

1. 读取 tech-2，冷却液温度传感器的温度是_____℃

提示：跨接传感器，如果读数温度高于 130℃，故障一定在传感器或者信号线与电源线短路。如果读数不温度高于 130℃，故障可能在线束和 ECU。

2. 读取 tech-2，冷却液温度传感器的温度是_____℃

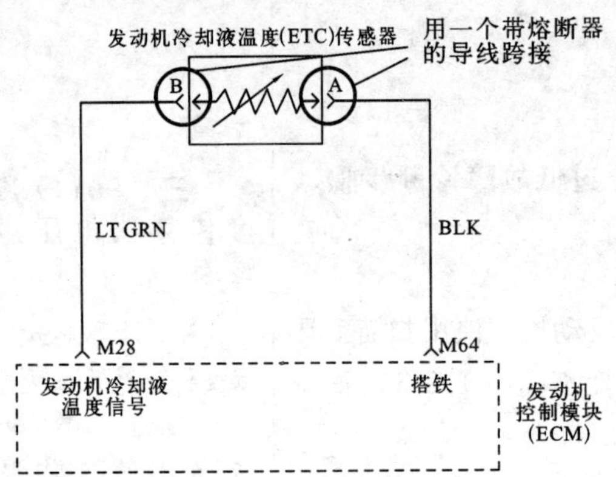

图 3−58 （冷却）信号线和接地线之间连接一根带熔断器跨接线，检查温度

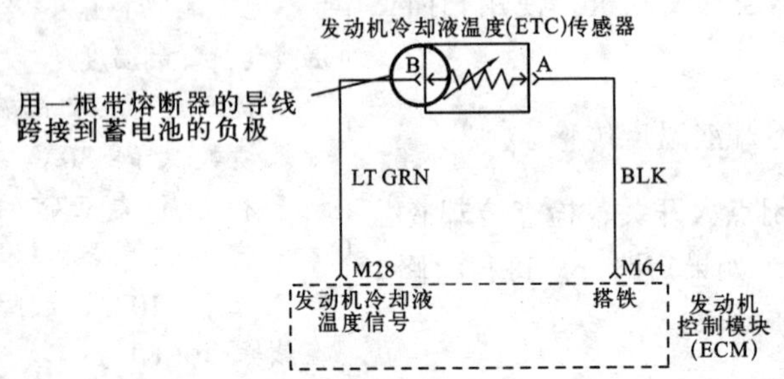

图 3−59 （冷却）信号线和电源接地线之间连接一根跨接线，检查温度

6．如果温度高于 130 ℃，检查进气温度传感器接地电路是否有开路。如果有，进行维修；如果没有，检查 ECU 接口冷却液温度传感器接地或者信号接口是否有不良连接。如果有，进行维修；如果没有，更换 ECU，并且重新编程。

7．如果温度不高于 130 ℃，检查信号线是否开路。如果是，进行维修；如果不是，检查 ECU 接口冷却液温度传感器接地或者信号接口是否有不良连接。如果有，进行维修；如果没有，更换 ECU，并且重新编程。

8．清除故障码，重新读取故障码。

活动五　发动机曲轴位置传感器和凸轮轴位置传感器的故障诊断

学习目标

知识目标

发动机转速传感器和凸轮轴位置传感器故障诊断的思路。

能力目标

能掌握发动机转速传感器和凸轮轴位置传感器故障诊断的规范操作步骤。

知识链接

霍尔原理是当电流通过导体时，通电导体暴露在垂直于电流方向的磁场内，导体的边缘会产生一个电压。霍尔元件是一片很小的半导体金属片，四周有 4 个电线的接头，一个是电源的输入接头，对面是接地接头。这 2 个垂直的接头是 2 个监视霍尔电压的接头，如图 3-60 所示。但实际上，我们看到的霍尔元件为 3 个接头，因为它共用接地线。

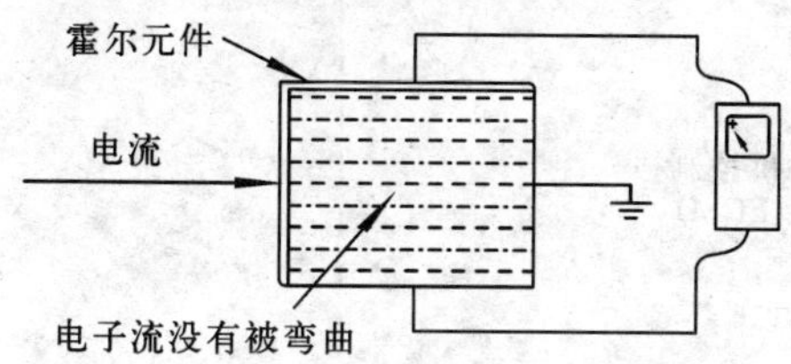

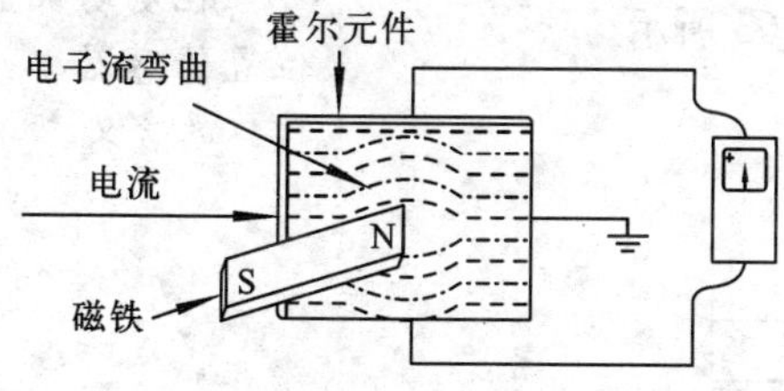

图 3-60 霍尔原理 1

永磁体的磁场接近霍尔元件，为了干扰磁场，在永磁体和霍尔元件之间安装一金属片。当干扰体（金属片）位于永磁体和霍尔元件之间时，磁场被收缩，不干扰霍尔元件，无电压输出。当干扰体不在永磁体和霍尔元件之间时，磁场被扩张，干扰霍尔元件，有电压输出，如图 3-61 所示。

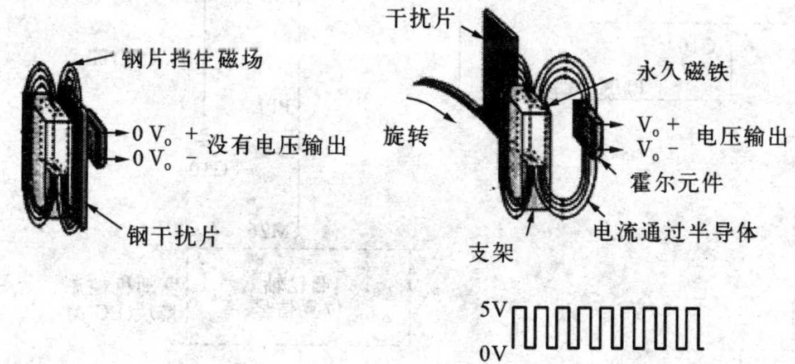

图 3-61 霍尔原理 2

霍尔效应传感器能产生一个很清晰的方波信号或者一个数字信号传给微型处理器。

曲轴位置传感器 3 个接口如图 3-62 所示。

在发动机上找出曲轴位置传感器，并且说明 3 个接口的含义。

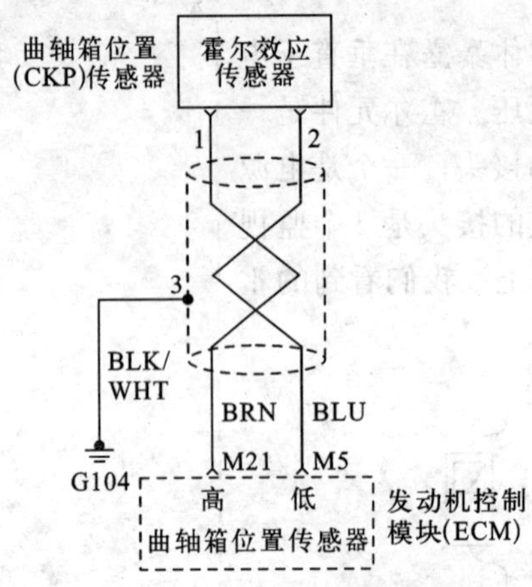

图 3-62　曲轴位置传感器接口

1—12V 线　　2—信号线　　3—接地线

凸轮轴位置传感器 3 个接口，如图 3-63 所示。

在发动机上找出凸轮轴位置传感器，并且说明 3 个接口的含义。

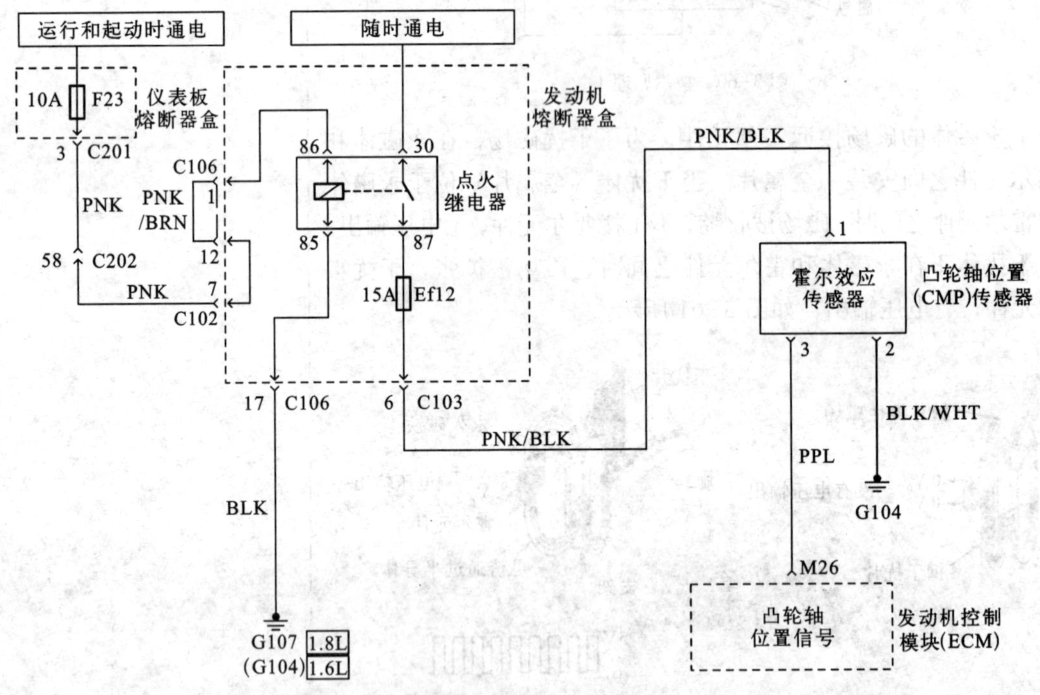

图 3-63　凸轮轴位置传感器接口

1—12V 线　　2—接地线　　3—信号线

一、P0336-58X 曲轴位置传感器无信号故障诊断步骤

1．当扫描仪读取故障码 P0336。

2．起动发动机，是否能起动？如果能够起动，检查下一步；如果发动机不能起动，检查发动机不能起动故障。

3．将点火开关转到 OFF，将故障诊断仪安装到数据链接插头（DLC）上，清除故障诊断码，起动发动机并怠速运行 1 s。检查是否还有 P0336。如果故障码消除，可能是接触不良引起的；如果还存在故障码，检查下一步。

4．将点火开关转到 OFF，断开发动机控制模块（ECM）和曲箱位置（CKP）传感器，检查曲轴位置传感器连接器和发动机控制模块线束连接器之间的 58X 基准电路是否开路或对搭铁短路。如果有，修理。如果没有，检查下一步。

5．重新连接发动机控制模块和曲轴位置传感器。在转动发动机的同时，测量发动机控制模块连接器端子 M21 上的电压，如图 3-64 所示。如果电压在 1.6 V 左右，检查第 7 步；如果电压不在 1.6 V 左右，检查下一步。

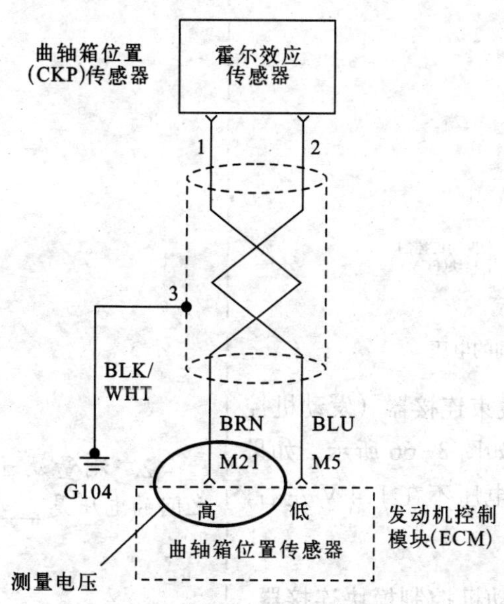

图 3-64 测量端子 M21 上的电压

6．检查曲轴位置传感器接头是否良好。如果不好，修理或更换端子；如果是好的，更换曲轴位置传感器。

7．检查发动机控制模块接线是否良好。如果不好，修理或更换端子；如果是好的，更换更换发动机控制模块。

一、P0336-58X 曲轴位置传感器无信号故障诊断

1．检查曲轴位置传感器连接器是否存在开路或者短路故障。

(有)______

(没有)______

2．测量端子 M21 上的电压是______V。

8．清除故障码，重新读取故障码。

二、P0337-58X 曲轴位置传感器无信号电路故障诊断步骤

1．利用扫描仪读取故障码 P0337。

2．将点火开关转到 OFF，将故障诊断仪安装到数据链接插头（DLC）上，启动发动机，检查是否设置了故障诊断码 P0337。如果故障码存在，检查下一步；如果没有故障码，可能是接触不良引起的。

3．将点火开关转到 OFF，断开曲轴位置传感器连接器，接通点火开关，用电压表检查曲轴位置传感器线束连接器（发动机控制模块侧）端子 1 和搭铁之间的电压，如图 3–65 所示。如果电压在 1.4 V 左右，检查下一步；如果电压在不 1.4 V 左右，检查第 5 步。

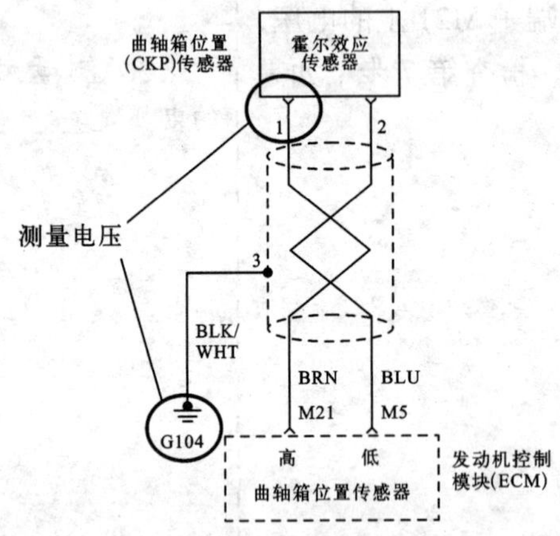

图 3–65　测量端子 1 和搭铁之间的电压

4．用电压表检查曲轴位置传感器线束连接器（发动机控制模块侧）端子 2 和搭铁之间的电压，如图 3–66 所示。如果电压在 1.4 V 左右，检查第 8 步。如果电压不在 1.4 V 左右，检查下一步。

5．将点火开关转到 OFF，断开发动机控制模块连接器，接通点火开关，用电压表检查发动机控制模块端子 M21 和 M5 上的输出电压，如图 3–67 所示。如果电压在 11 ~ 14 V 范围内，检查下一步；如果电压不在 11 ~ 14 V 范围内，检查第 8 步。

二、P0337-58X 曲轴位置传感器无信号电路故障诊断

1．测量端子 1 和搭铁之间的电压是______V。

2．测量端子 2 和搭铁之间的电压是______V。

3．不启动发动机，测量端子 M21 和 M5 之间的电压是______V。

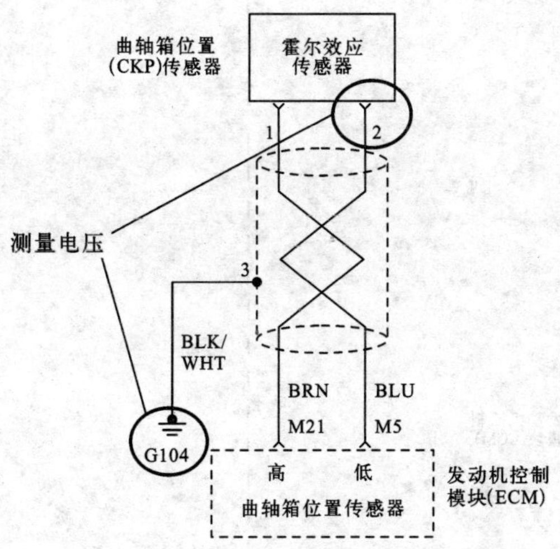

图 3-66　测量端子 2 和搭铁之间的电压

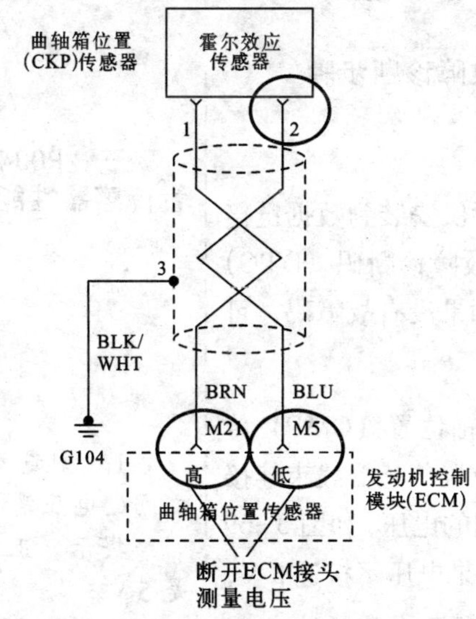

图 3-67　不启动发动机，测量端子 M21 和 M5 之间的电压

6．检查曲轴位置传感器高压和低压电路是否开路、对搭铁短路或对电压短路，并进行修理。

7．将点火开关转到 OFF，更换发动机控制模块。

8．重新连接曲轴位置传感器，在转动发动机的同时，用电压表背部探测发动机控制模块连接器端子 M21 和 M5 上的输出电压，如图 3-68 所示。如果电压在 1.3 ~ 1.6 V 之间波动，说明系统有接触不良的地方；如果电压不在 1.3 ~ 1.6 V 之间波动，更换曲轴箱位置传感器。

9．清除故障码，重新读取故障码。

4. 启动发动机，测量端子 M21 和 M5 之间的电压是______V。

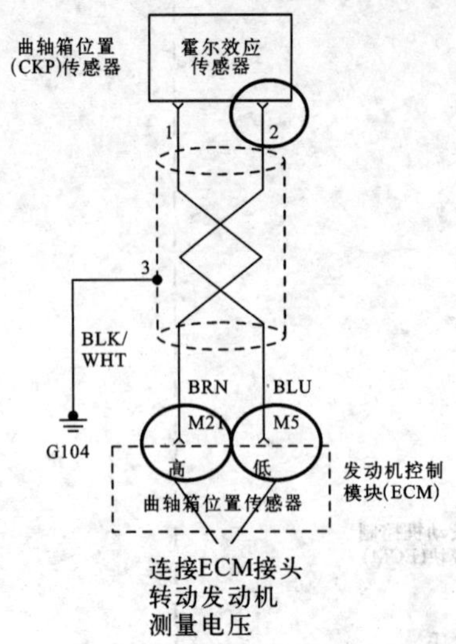

图 3-68　启动发动机，测量端子 M21 和 M5 之间的电压

三、P0341 凸轮轴位置传感器性能故障诊断步骤

1. 利用扫描仪读取故障码 P0341。

2. 将点火开关转到 OFF，将故障诊断仪安装到数据链接插头（DLC）上，启动发动机，是否还有故障诊断码（DTC）P0341？如果故障码存在，检查下一步；如果没有故障码，可能是接触不良引起的。

3. 将点火开关转到 OFF，断开凸轮轴位置（CMP）传感器连接器，接通点火开关。检查凸轮轴位置传感器线束连接器（发动机控制模块侧）端子 3 和搭铁之间的电压，如图 3-69 所示。如果电压接近 5 V，检查下一步；如果电压不接近 5 V，检查第 9 步。

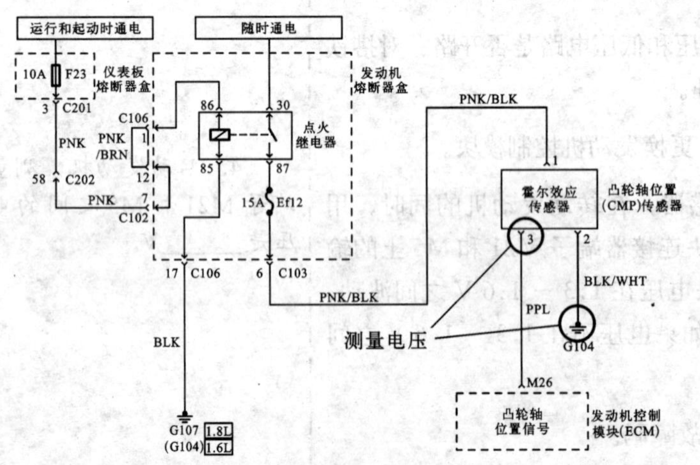

图 3-69　测量端子 3 和搭铁之间的电压

三、P0341 凸轮轴位置传感器性能故障诊断

1. 测量端子 3 和搭铁之间的电压是______V。

提示：正常的电压应该是 5 V。

4．检查凸轮轴位置传感器线束连接器（发动机控制模块侧）端子 1 和搭铁之间的电压，如图 3-70 所示。如果电压高于 10 V，检查下一步；如果电压不高于 10 V，检查第 8 步。

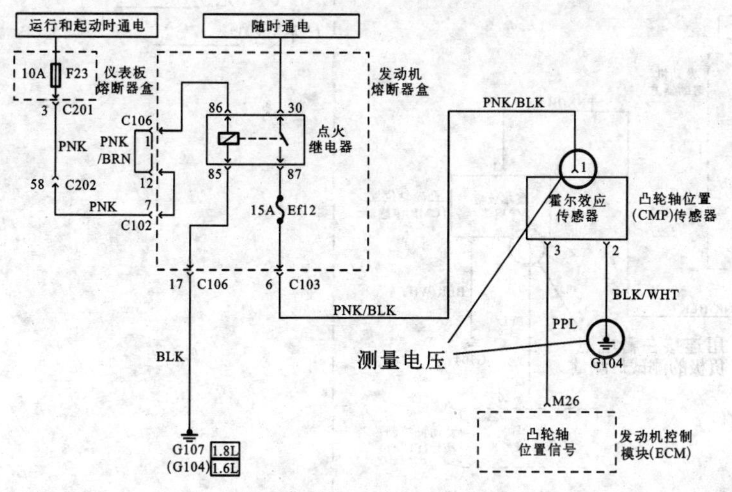

图 3-70　测量端子 1 和搭铁之间的电压

5．将测试灯连接到蓄电池正极，在端子 2 上探测凸轮轴位置传感器线束连接器，如图 3-71 所示。如果灯亮，检查下一步；如果灯不亮，检查第 7 步。

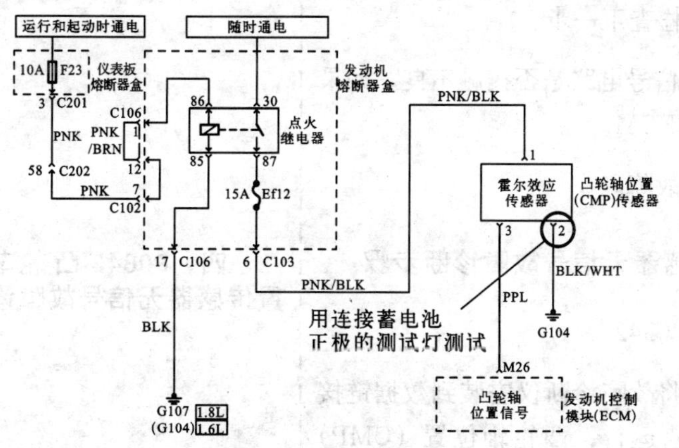

图 3-71　检查传感器的接地电路

6．检查凸轮轴位置传感器电气连接器是否接触不良。如果是，进行修理。如果不是，更换凸轮轴位置传感器。

7．检查凸轮轴位置传感器搭铁电路是否接触不良或开路，并进行修理。

8．检查凸轮轴位置传感器蓄电池正极供电电路是否接触不良或开路，并进行修理。

2．测量端子 1 和搭铁之间的电压是______V。

提示：正常的电压应该是蓄电池电压。

3．将一个测试灯连接到电源正极，检查传感器的端子 2。

灯（点亮）______

（不亮）______

提示：灯亮，说明接地线好的。

9．将测试灯连接到搭铁上，在端子 3 上探测凸轮轴位置传感器线束连接器，如图 3–72 所示。如果灯亮，检查下一步；如果灯不亮，检查第 11 步。

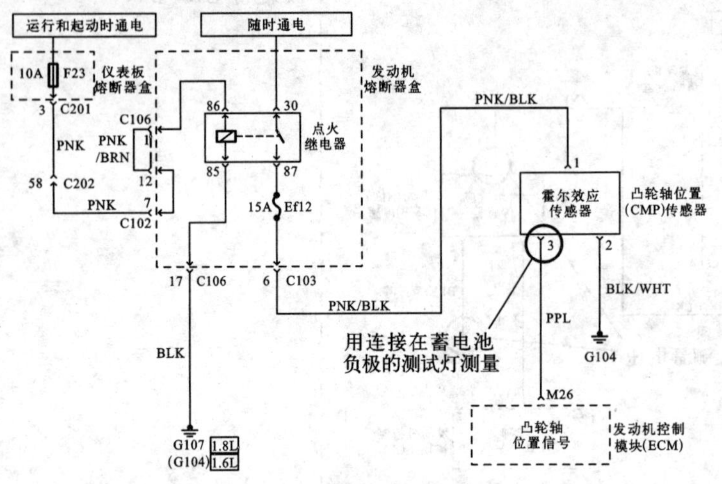

图 3–72　检查传感器的端子 3

10．检查凸轮轴位置传感器信号电路对电压是否有短路故障。如果有，进行修理；如果没有，更换 ECM。

11. 检查凸轮轴位置信号电路是否开路或对搭铁短路故障。如果是，进行修理；如果不是，检查下一步。

12．检查凸轮轴位置传感器信号电路是否接触不良。如果是，进行修理。如果不是，更换 ECM。

13．清除故障码，重新读取故障码。

四、P0342 凸轮轴位置传感器无信号故障诊断步骤

1．利用扫描仪读取故障码 P0342。

2．将点火开关转到 OFF，将故障诊断仪安装到数据链接插头（DLC）上，使发动机怠速运行，凸轮轴位置（CMP）有效计数是否不断递增？如果是，说明系统正常；如果不是，检查第下一步。

3．将点火开关转到 OFF，断开凸轮轴位置传感器插头，接通点火开关，将测试灯连接到搭铁上，在端子 1 上探测凸轮轴位置传感器线束连接器，如图 3–73 所示。如果灯亮，检查下一步；如果灯不亮，检查第 9 步。

4．将测试灯连接到蓄电池正极上，在端子 2 上探测凸轮轴位置传感器线束连接器。如果灯亮，检查下一步；如果灯不

4．将一个测试灯连接到电源负极上，检查传感器的端子 3。
灯（点亮）________
（不亮）________

四、P0342 凸轮轴位置传感器无信号故障诊断

1．将一个测试灯连接到电源负极上，检查传感器的端子 1。
灯（点亮）________
（不亮）________

亮，检查第 8 步。

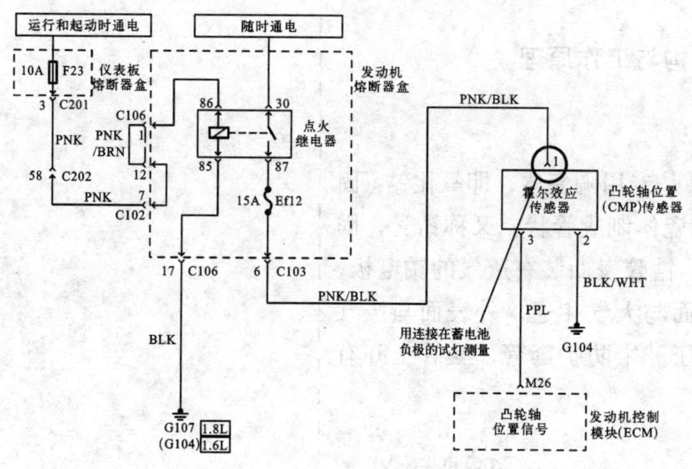

图 3-73　检查传感器的端子 1

5．检查凸轮轴位置传感器线束连接器端子 3 和搭铁之间的电压。如果电压接近 5 V，更换凸轮轴位置传感器；如果电压不接近 5 V，检查下一步。

6．关闭点火开关，断开发动机控制模块（ECM）连接器，检查凸轮轴位置信号电路是否有开路、对搭铁短路或对蓄电池正极短路。如果有，进行修理；如果没有，检查下一步。

7．检查凸轮轴位置信号电路是否有开路或对搭铁短路。如果有，进行修理。如果没有，更换发动机控制模块。

8．检查凸轮轴位置传感器搭铁电路是否有接触不良或开路。如果有，进行修理。

9．检查凸轮轴位置传感器蓄电池正极供电电路是否有接触不良或开路。如果有，进行修理。

10．清除故障码，重新读取故障码。

2．将一个测试灯连接到电源正极上，检查传感器的端子 2。

灯（点亮）________

（不亮）________

3．测量端子 3 和搭铁之间的电压是________V。

活动六　发动机氧传感器和爆震传感器故障诊断

学习目标

知识目标

别克凯越发动机氧传感器和爆震传感器的故障诊断步骤。

能力目标

能熟练掌握发动机氧传感器和爆震传感器故障诊断的操作步骤。

知识链接

一、二氧化锆传感器的结构与工作原理

1．二氧化锆传感器的结构：

氧化锆式传感器的基本元件是专用陶瓷体，即氧化锆（固体电解质，如图 3-74 所示。陶瓷体制成管状，又称锆管，固定在带有安装螺纹的固定套中，锆管表面装有透气的铂电极，并配有护管及电接头，其内表面与大气相通，外表面与废气相通，并且在其外表面还加装了一个防护套管，套管上开有通气槽。

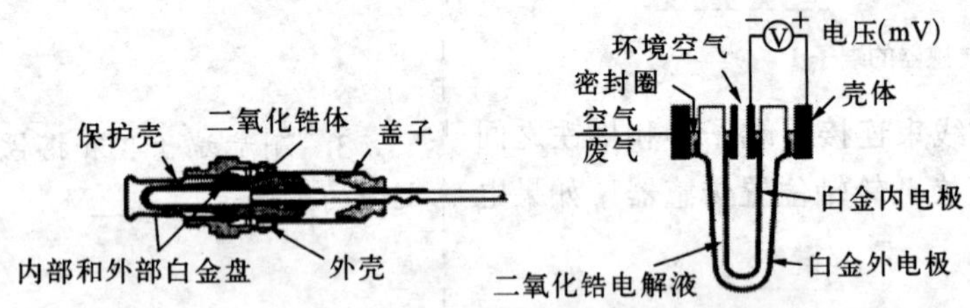

图 3-74　二氧化锆传感器的结构

二氧化锆传感器有 4 个接口，如图 3-75 所示。

在发动机上找出氧传感器，并且说明 4 个接口的含义。

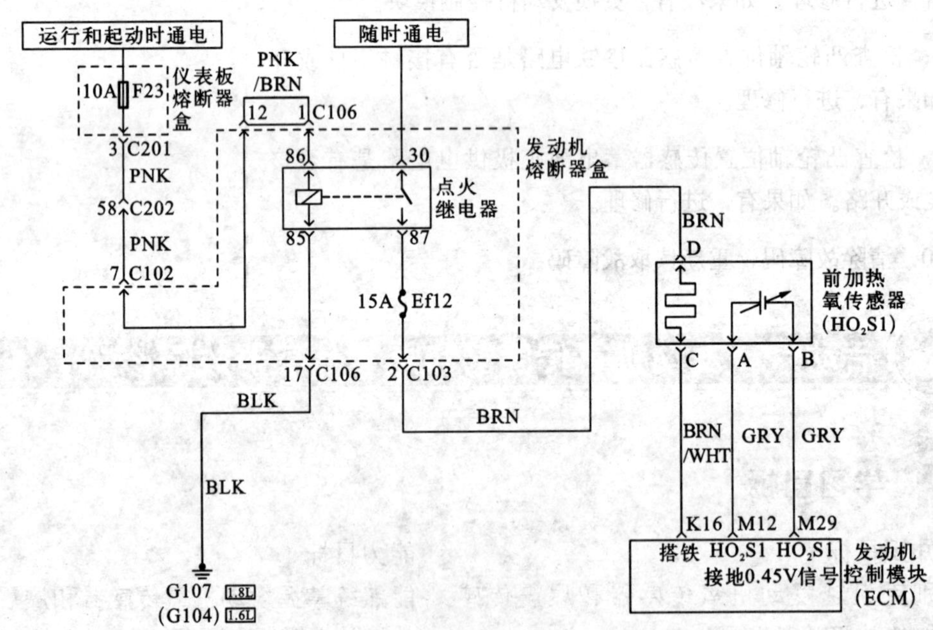

图 3-75　二氧化锆传感器的接口

A—接地　B—0.45 V 基准信号线　C—12 V 搭铁线　D—12 V 线

2. 二氧化锆传感器的工作原理:

当废气中含有2%的氧气时,说明此时空燃比为14.7:1,输出电压为0.55 V。浓的混合气即含氧量少,传感器输出电压大于0.45 V,稀的混合气即含氧量多,传感器输出电压小于0.45 V。因此,ECU根据氧传感器输入的电信号分析汽油的燃烧状况,以便及时修正喷油量,使空燃比处于理想状况,即过量空气系数等于1,如图3-76所示。

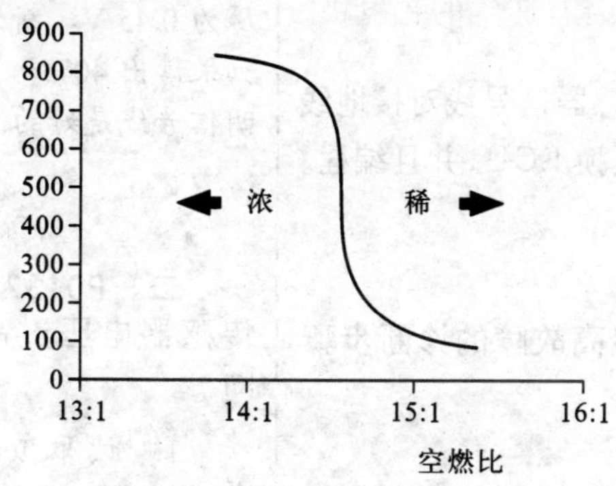

图3-76 二氧化锆传感器的工作原理

为了保证发动机第一次启动时,使传感器能迅速热起来,传感器内有一个电子加热元件。加热元件是一个PTC电阻。当运行的温度增加时,其电阻值也增加,使流过加热元件的电流减少。

二、爆震传感器的结构

爆震传感器有3个接口,如图3-77所示。

在发动机上找出爆震传感器,并且说明3个接口的含义。

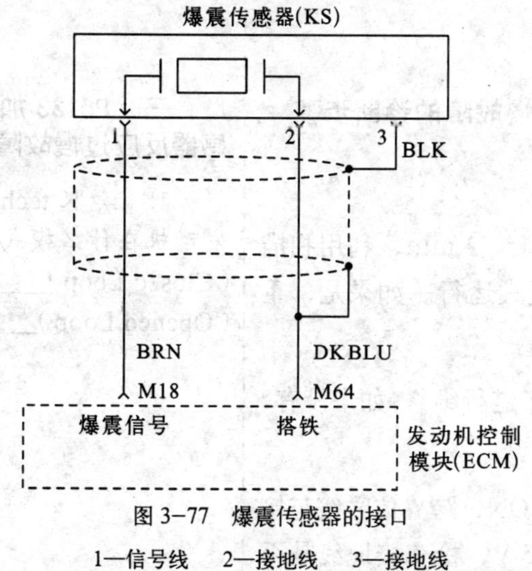

图3-77 爆震传感器的接口

1—信号线 2—接地线 3—接地线

一、P0131 加热型氧传感器电压过低故障的诊断步骤

1．利用扫描仪读取故障码 P0131。

2．起动发动机，使用扫描仪检查氧传感器的读数是否低于 100 mV。如果不低于 100 mV，重新读取故障码。

3．如果低于 100 mV，断开氧传感器，打开点火开关使用扫描仪检查观察氧传感器的读数是否在 407 ~ 509 mV。如果在 407 ~ 509 mV，可能是接触不良。

4．如果在 407 ~ 509 mV，检查氧传感器信号线对接地线是否短路。如果是，进行维修；如没不是，更换 ECU，并且编程。

5．清除故障码，重新读取故障码。

一、P0131 加热型氧传感器电压过低故障的诊断

1．读取 tech-2，氧传感器的读数为______V。

2．读取 tech-2，氧传感器的读数为______V。

提示：氧传感器的读数范围在 0.1 ~ 0.9 V。基准电压为 0.45 V，断开氧传感器，如果读出 407 ~ 509 mV，说明信号线是好的。

二、P0132 加热型氧传感器 1 电压过高故障的诊断步骤

1．利用扫描仪读取故障码 P0132。

2．起动发动机，使用扫描仪检查观察氧传感器的读数是否高于 952 mV。如果不高于 952 mV，重新读取故障码。

3．如果高于 952 mV，关闭点火开关，断开前加热氧传感器连接器，接通点火开关，将发动机控制模块（ECM）侧前加热氧传感器信号电路跨接到搭铁。如果电压在 500 mV，可能是接触不良故障，重新读取故障码。

4．如果不在 500 mV，检查氧传感器信号线对电源是否短路。如果是，进行维修；如没不是，更换 ECU，并且编程。

5．清除故障码，重新读取故障码。

二、P0132 加热型氧传感器电压过高故障的诊断

1．读取 tech-2，氧传感器的读数为______V。

2．读取 tech-2，氧传感器的读数为______V。

三、P0133 加热型氧传感器反应过慢故障的诊断步骤

1．利用扫描仪读取故障码 P0133。

2．将发动机运转在 1 200 r/min，持续 2 min，利用扫描仪读取氧传感器是否在 Closed Loop 模式运行。如果是，重新读取故障码；如果不是，检查下一步。

3．检查排气管是否有泄漏。如果有，进行维修；如果没有，检查下一步。

4．断开氧传感器，将点火开关转到 ON，跨界信号线与接地线，如图 3–78 所示。如果电压是 0.45 V，检查接地线是否对地短路。如果是，进行维修；如果不是，更换 ECU，并且编程。

三、P0133 加热型氧传感器反应过慢故障的诊断

1．读取 tech-2，观察发动机在什么模式下运行。

(Closed Loop)______

(Opened Loop)______

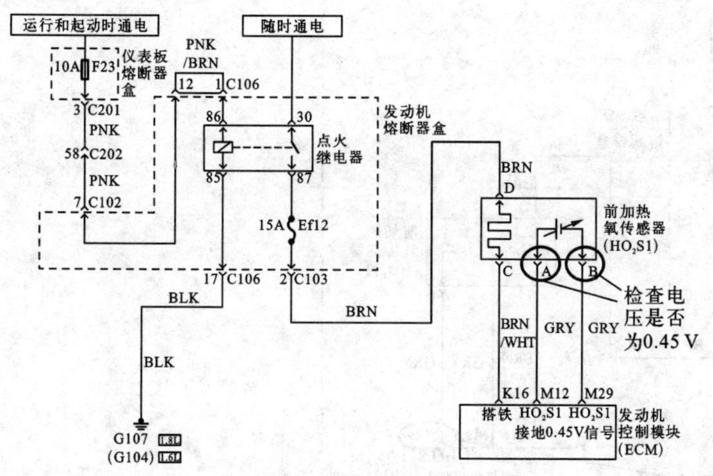

图 3-78 跨界信号线与接地线后测量电压

5．如果不是 0.45 V，拿掉跨接线，用万用表读取传感器信号线与电源接地线之间的电压，如图 3-79 所示。检查电压是否为 0.45 V。如果是 0.45 V，检查下一步；如果不是 0.45 V，检查 7 步。

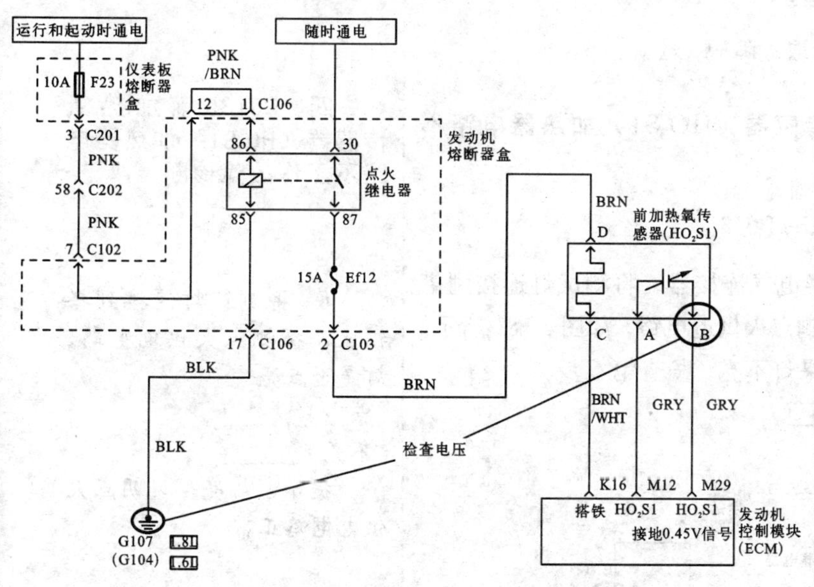

图 3-79 检查传感器信号线与电源接地线之间的电压

6．如果是 0.45 V，用万用表读取 ECU 信号线与电源接地线之间的电压（见图 3-80），检查电压是否为 0.45 V。如果是 0.45 V，检查传感器是否有不良连接。如果有，进行维修；如果没有，更换传感器。如果不是 0.45 V，检查接地线是否有开路。如果有，进行维修；如果没有，检查 ECU 是否有不良连接。如果有，进行维修；如果没有，更换 ECU，并且编程。

2. 检查传感器信号线与电源接地线之间的电压是______V。

3. 检查 ECU 信号线与电源接地线之间的电压是______V。

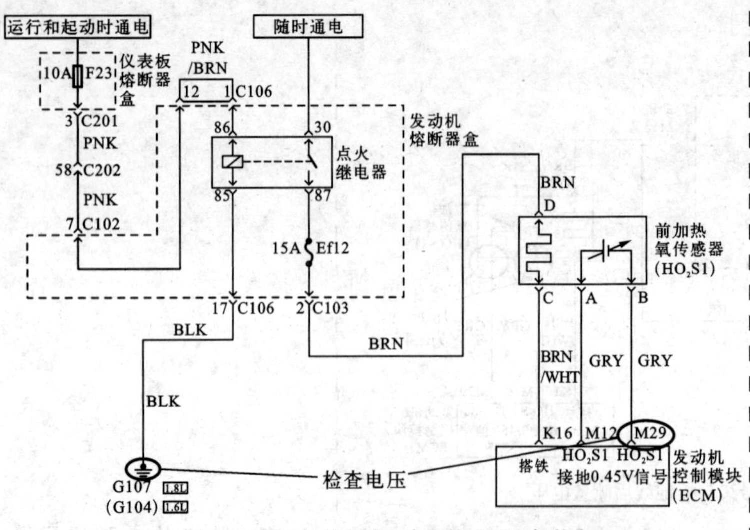

图 3-80　检查 ECU 信号线与电源接地线之间的电压

7．如果不是 0.45 V，检查信号线是否有不良连接。如果有，进行维修；如果没有，检查 ECU 是否有不良连接。如果有，进行维修；如果没有，更换 ECU，并且编程。

8．清除故障码，重新读取故障码。

四、P0135 前加热氧传感器（HO_2S1）加热器电路不工作故障诊断步骤

1．利用扫描仪读取故障码 P0135。

2．断开前加热氧传感器电气连接器。将测试灯连接到搭铁上，在连接器端子 D 上探测点火供电电路，如图 3-81 所示。如果灯亮，检查下一步；如果灯不亮，检查第 6 步。

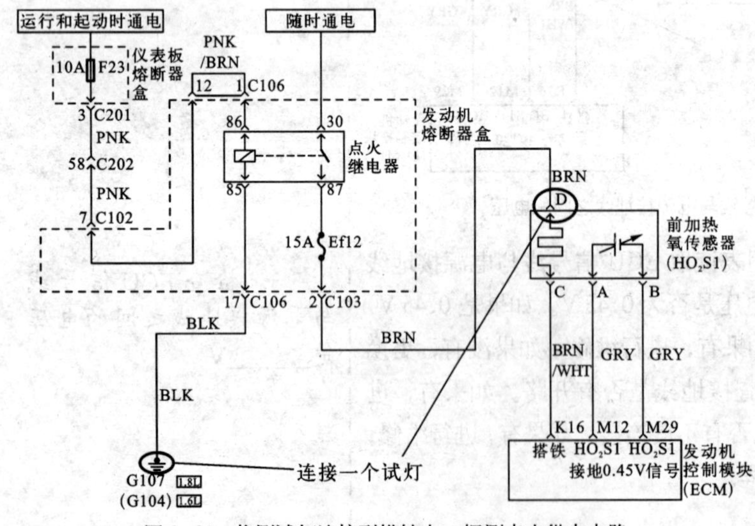

图 3-81　将测试灯连接到搭铁上，探测点火供电电路

四、P0135 前加热氧传感器（HO_2S1）加热器电路不工作故障诊断

1．将测试灯连接到搭铁上，探测点火供电电路，灯是否点亮。

（点亮）________

（不亮）________

提示：灯亮，说明点火供电电路正常。

3．将测试灯连接到点火供电和搭铁电路之间，即连接器端子 D 和 C 之间，如图 3-82 所示。如果灯亮，检查下一步；如果灯不亮，检查第 5 步。

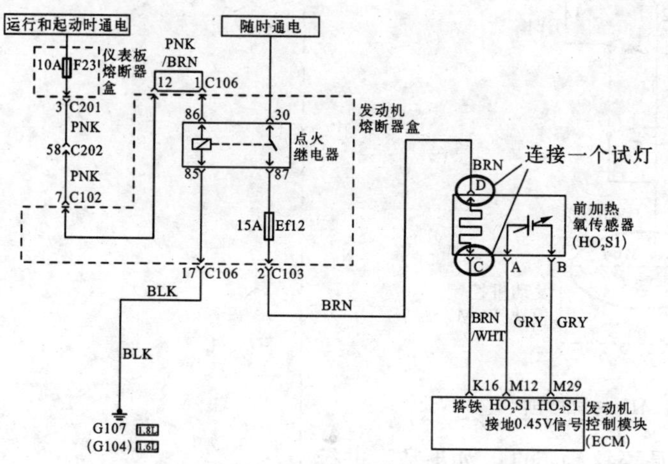

图 3-82　用测试灯连接到点火供电和搭铁电路

4．检查前加热氧传感器连接器端子 D 和 A 是否有故障。如果有故障，进行维修。如果没有故障，更换前加热氧传感器。

5．检查前加热氧传感器连接器端子 C 是否有故障。如果有故障，进行维修。如果没有故障，修理搭铁电路中的开路故障。

6．检查发动机熔断器盒中的熔断器。如果熔断器断开，进行更换。如果熔断器没有断开，检查下一步。

7．检查前加热氧传感器连接器端子 D 是否有故障。如果有故障，进行维修；如果没有故障，修理点火供电电路中的开路故障。

8．清除故障码，重新读取故障码。

2. 用测试灯连接到点火供电和搭铁电路，灯是否点亮？

(点亮)________

(不亮)________

提示：灯亮，说明点火供电电路和接地电路正常。

五、P0327 爆震传感器电路故障的诊断步骤

1．利用扫描仪读取故障码 P0327。

2．检查发动机是否有机械振动。如果有，进行维修；如果没有，检查下一步。

3．如果还有故障码，关闭点火开关，断开发动机控制模块（ECM）连接器，将万用表连接到搭铁 M64 上，通过爆震传感器信号电路端子 M18，测量爆震传感器（KS）电阻，如图 3-83 所示。如果电阻值在 90 ~ 110 Ω 之间，检查下一步；如果电阻值不在 90 ~ 110 Ω 范围内，检查第 5 步。

4．检查发动机控制模块连接器上的爆震传感器信号电路是否连接不良。如果是，进行修理。如果不是，更换发动机控制模块。

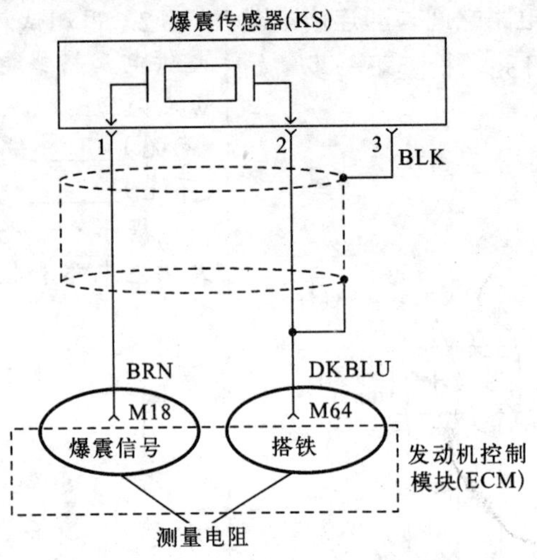

图 3-83　测量 M64 与 M18 之间的电阻值

5．检查爆震传感器连接器是否接触不良。如果是，进行修理。如果不是，检查下一步。

6．检查爆震传感器信号电路是否开路、对搭铁短路或对电压短路。如果是，进行修理。如果不是，更换传感器。

7．清除故障码，重新读取故障码。

活动七　发动机执行机构故障诊断

学习目标

知识目标	能力目标
发动机喷油器、燃油泵继电器、怠速电动机、风扇继电器的故障诊断的思路。	能熟练掌握发动机喷油器、燃油泵继电器、怠速电动机、风扇继电器的故障诊断操作步骤。

知识链接

一、发动机怠速电动机的结构与工作原理

发动机怠速电动机有 4 个接口，如图 3-84 所示。

发动机控制模块（ECM）利用怠速空气控制（IAC）阀控制发动机进气量。为增加怠速转速，发动机控制模块将怠速空气控制阀内的枢轴从节气门壳体座上拉开。从而使更多空气

在发动机上找出怠速马达，并且说明 4 个接口的含义。

绕过节流板。为降低转速，发动机控制模块命令枢轴朝节气门壳体座移动，从而减少了绕过节流板的气流量。故障诊断仪将按计数读取怠速空气控制阀枢轴位置。计数越高，允许绕过节流板的空气量越大。该故障诊断码用于确定是否存在比理想怠速转速低 100 r/min 的低怠速状态。

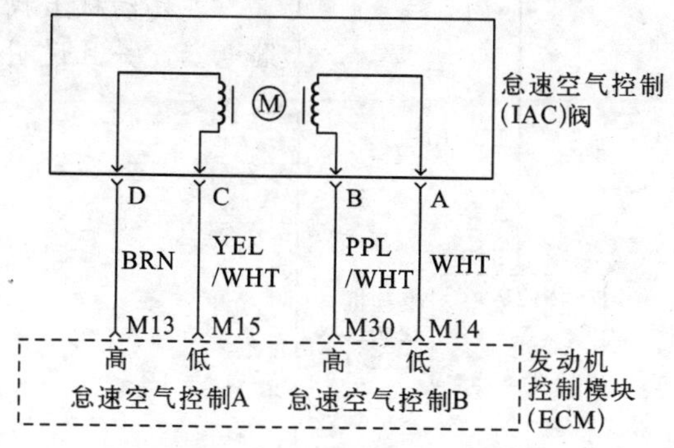

图 3-84 发动机怠速电动机的接口

A—怠速控制 B 低电压 B—怠速控制 B 高电压

C—怠速控制 A 低电压 D—怠速控制 A 高电压

二、发动机喷油器的结构与工作原理

发动机控制模块（ECM）有 4 个独立的喷油器驱动电路，每个驱动电路控制 1 个喷油器。当发动机控制模块使驱动电路搭铁时，喷油器通电。

喷油器有 2 个接口，如图 3-85 所示。

在发动机上找出喷油器，并且说明 2 个接口的含义。

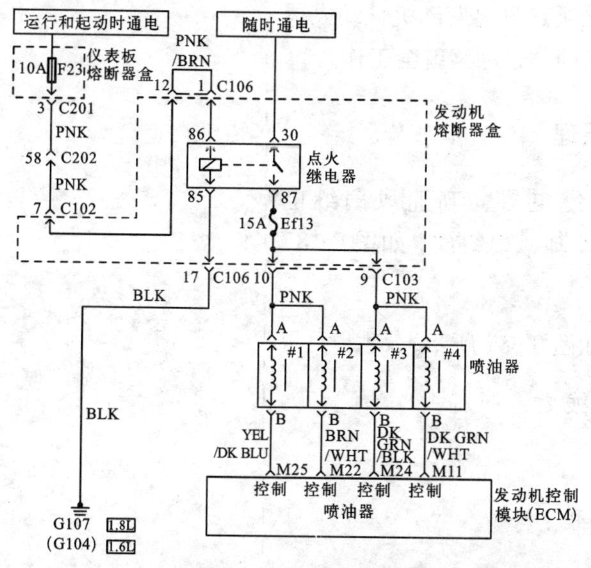

图 3-85 喷油器的接口

A—12V 电源线 B—接地线（控制线）

三、燃油泵继电器的结构与工作原理

燃油泵继电器有 4 个接口，如图 3−86 所示。

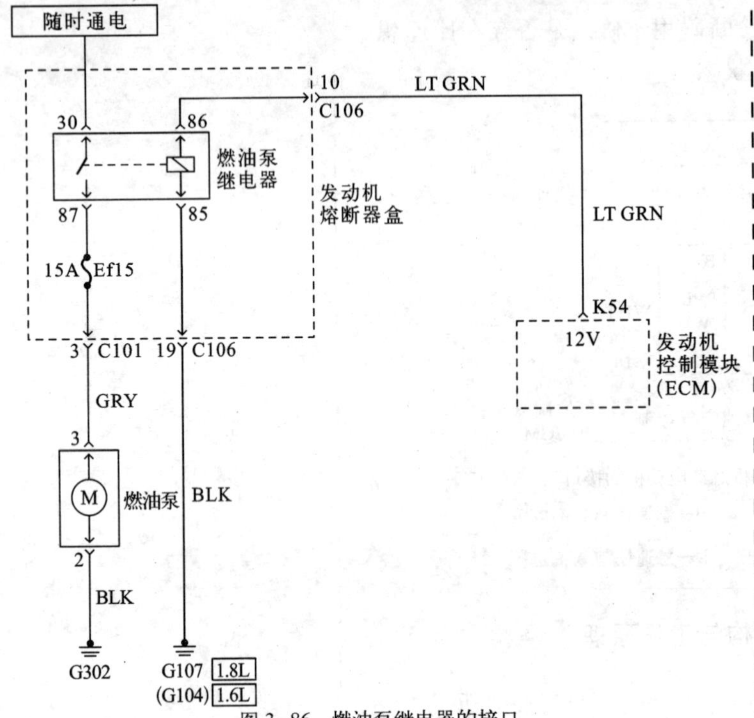

图 3−86 燃油泵继电器的接口

30—燃油泵运行电路 12V 动力线　85—燃油泵控制电路接地线

86—燃油泵控制电路 12V 控制线　87—燃油泵运行电路接地线

在发动机上找出燃油泵继电器，并且说明 4 个接口的含义。

当点火开关接通时，发动机控制模块将提供电压，使燃油泵继电器通电并运转燃油箱内的燃油泵。只要发动机转动或运行且发动机控制模块接收点火基准脉冲，燃油泵就会工作。

四、冷却风扇的结构与工作原理

冷却风扇继电器由低速风扇继电器、高速风扇继电器、控制继电器、主冷却风扇和辅冷却风扇组成，如图 3−87 所示。

低速风扇继电器有 4 个接口，如图 3−87 所示。

30：主风扇运行电路 12 V 动力线；

85：主风扇控制电路接地线；

86：主风扇控制电路 12 V 控制线；

87：主风扇运行电路接地线。

高速风扇继电器有 4 个接口，如图 3-87 所示。

30：辅助风扇运行电路 12 V 动力线；

85：辅助风扇控制电路接地线；

86：辅助风扇控制电路 12 V 控制线；

87：辅助风扇运行电路接地线。

控制继电器有 5 个接口，如图 3-87 所示。

30：主风扇运行电路 12 V 动力线；

85：12 V 控制线；

86：与 K12 接地；

87：控制主风扇直接接地，与辅助风扇并联。

87A：控制辅助风扇与主风扇串联。

水温较低时，发动机控制模块通过使发动机控制模块连接器端子 K28 搭铁，低速继电器工作。电流由 SB3 熔断器（20 A）→低速继电器→主冷却风扇→控制继电器（30 号接口进，87A 接口出）→辅助冷却风扇→接地。由于主冷却风扇和辅助冷却风扇为串联，故两个风扇均按低速运转。

水温较高时，发动机控制模块通过将发动机控制模块内部的连接器端子 K28 和端子 K12 同时搭铁，低速继电器、控制继电器、高速继电器均工作，两风扇处于并联，控制冷却风扇高速运转。

主冷却风扇电流由电流由 SB3 熔断器（20A）→低速继电器→主冷却风扇→控制继电器（30 号接口进，87 接口出）→接地。

辅助冷却风扇电流由电流由 SB3 熔断器（30A）→高速继电器→辅助冷却风扇→接地。

在发动机上找出低速风扇继电器，并且说明 4 个接口的含义。

在发动机上找出高速速风扇继电器，并且说明 4 个接口的含义。

在发动机上找出控制继电器有 5 个接口，并且说明 4 个接口的含义。

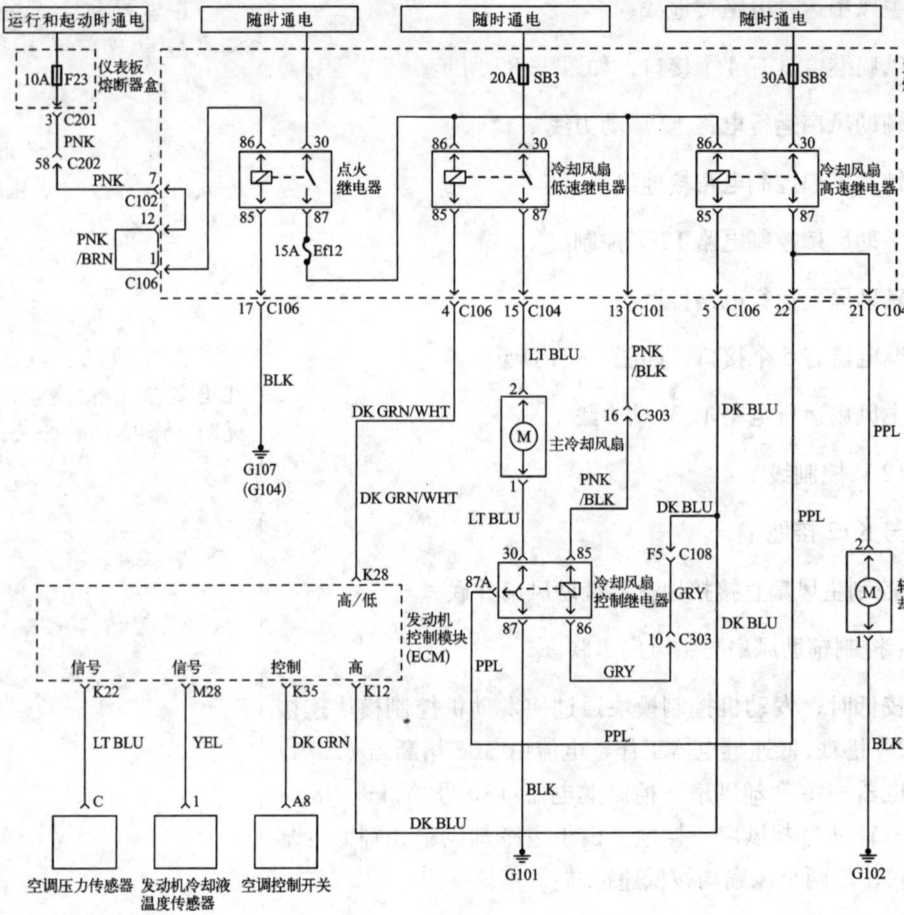

图 3-87　冷却风扇的结构

教学内容

一、（DTC）P0506 怠速转速低于理想怠速故障诊断步骤（怠速转速高于理想怠速故障诊断的诊断思路与此一样，不再复述）

1．利用扫描仪读取故障码 P0506。

2．起动发动机，关闭所有附件，使用扫描仪将怠速电动机提升到 1 200 r/min，然后下降到 900 r/min，再提升到 1 200 r/min。如果怠速电动机根据指令运行，检查下一步；如果不能够根据指令运行，检查第 5 步。

3．关闭点火开关，断开怠速空气控制阀连接器，测量怠速空气控制阀端子 D 和 C 之间的电阻，测量怠速空气阀端子 B 和 A 之间的电阻，如图 3-88 所示。如果电阻值在 40 ~ 80 Ω，检查下一步；如果电阻值不在 40 ~ 80 Ω，更换怠速空气控制阀。

实训内容

一、（DTC）P0506 怠速转速低于理想怠速故障诊断

1．根据步骤 2 的要求在 tech-2 改变发动机转速，观察怠速电动机是否能根据指令运转。

（能）________

（不能）________

2．测量怠速空气控制阀端子 D 和 C 之间、B 和 A 之间的电阻是________Ω。

提示：电阻值在 40 ~ 80 Ω 为正常。

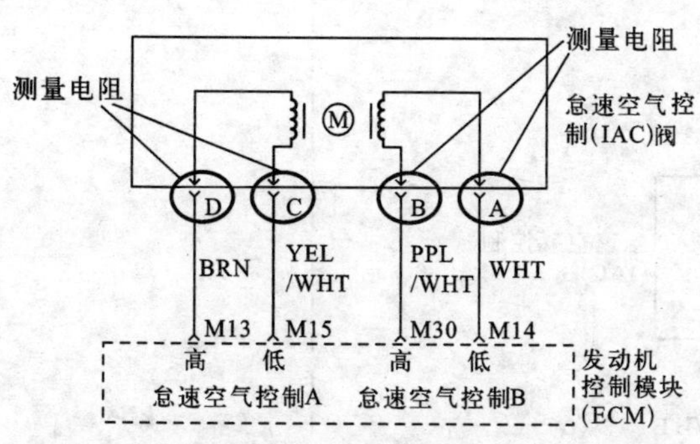

图 3-88 测量端子 D 和 C 之间、B 和 A 之间的电阻

4．测量怠速空气阀端子 C 和 B 之间的电阻和测量怠速空气阀端子 D 和 A 之间的电阻，如图 3-89 所示。如果电阻值为 ∞ Ω，说明系统正常。如果电阻值不是 ∞ Ω，更换怠速空气控制阀。

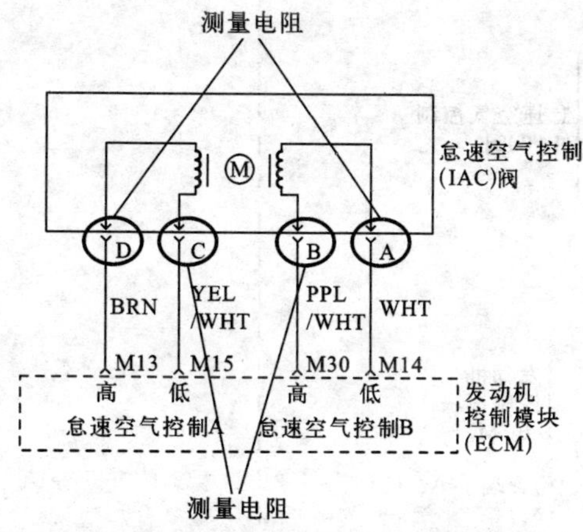

图 3-89 测量端子 C 和 B 之间、D 和 A 之间电阻

5．关闭点火开关，断开怠速空气控制阀连接器，接通点火开关。用连接到搭铁上的测试灯检查怠速空气控制阀连接器端子 B、D，如图 3-90 所示。如果灯亮，检查下一步。如果灯不亮，检查第 10 步。

6．用连接到蓄电池正极上的测试灯，检查端子 A、C，如图 3-91 所示。测试是否在 A、C 端子上启亮。如果灯亮，检查下一步；如果灯不亮，检查第 10 步。

7．使发动机怠速运行，将测试灯连接到搭铁上，检查怠速空气控制阀连接器端子。测试灯是否在所有端子上闪烁。如果闪烁，检查下一步；如果不闪烁，检查第 9 步。

8．检查怠速空气控制阀气道，必要时更换怠速空气控制阀。

3．测量怠速空气控制阀端子 C 和 B 之间、D 和 A 之间电阻是_______Ω。

提示：电阻值为 ∞ Ω 为正常，否则内部搭铁。

4．用连接到搭铁上的测试灯，检查端子 B、D，灯是否点亮？

(亮)_______

(不亮)_______

提示：灯亮，端子 B、D 为正常。

5．用连接到蓄电池正极上的测试灯，检查端子 A、C，灯是否点亮？

(亮)_______

(不亮)_______

提示：灯亮，端子 B、D 为正常。

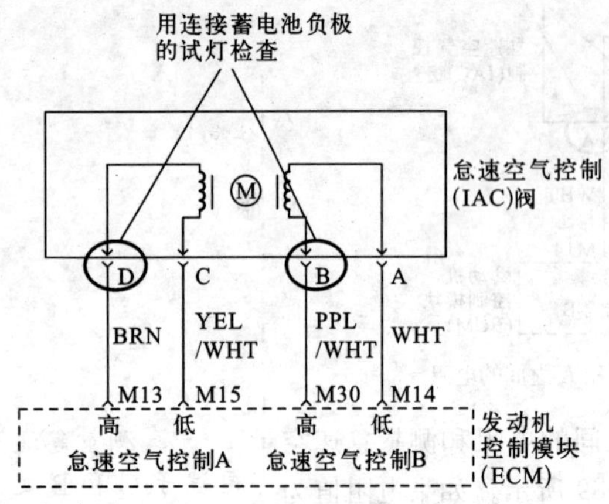

图 3-90 用连接到搭铁上的测试灯，检查端子 B、D

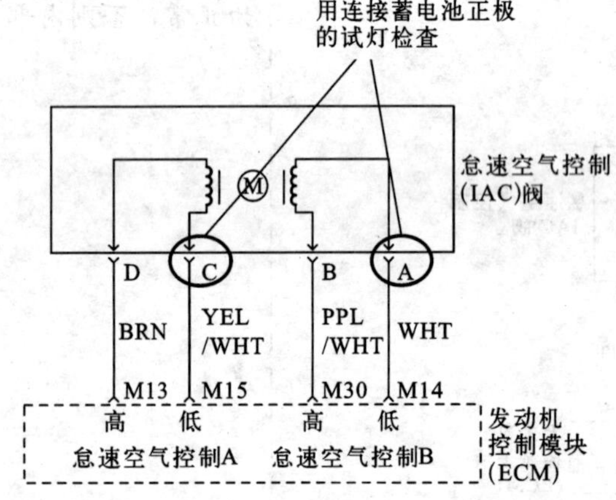

图 3-91 用连接到蓄电池正极上的测试灯，检查端子 A、C

9．检查测试灯。在测试灯不闪烁的端子上，测试灯是否持续启亮？如果测试灯常亮，检查下一步；如果试灯不常亮，检查第 12 步。

10．检查怠速空气控制阀高压和低压电路是否开路或对电压短路。如果是，进行修理。如果不是，检查下一步。

11．检查发动机控制模块连接器是否接触不良。如果是，修理；如果不是，更换发动机控制模块。

12．检查怠速空气控制阀高压和低压电路是否开路或对搭铁短路。如果是，进行修理。如果不是，检查第 11 步。

二、P0201 喷油器控制电路故障的诊断步骤

1．利用扫描仪读取故障码 P0201。

2．起动发动机，在怠速状况下运转，看扫描仪上是否显示“本次点火失败”。如果没有显示，重新读取故障码。

3．如果显示“本次点火失败”，使用扫描仪检查是否显示“卡在高位”。如果是，检查下一步；如果不是，检查 5 步。

4．断开所有喷油器的接头，启动发动机，使用扫描仪检查是否显示“卡在高位”。如果“卡在高位”，检查控制电路与 12 V 线是否短路，如图 3-92 所示。如果是，检查修理；如果不是，更换 ECU，并且编程。如果没有“卡在高位”，检查扫描仪是否显示“卡在低位”。如果是，检查喷油器线圈。

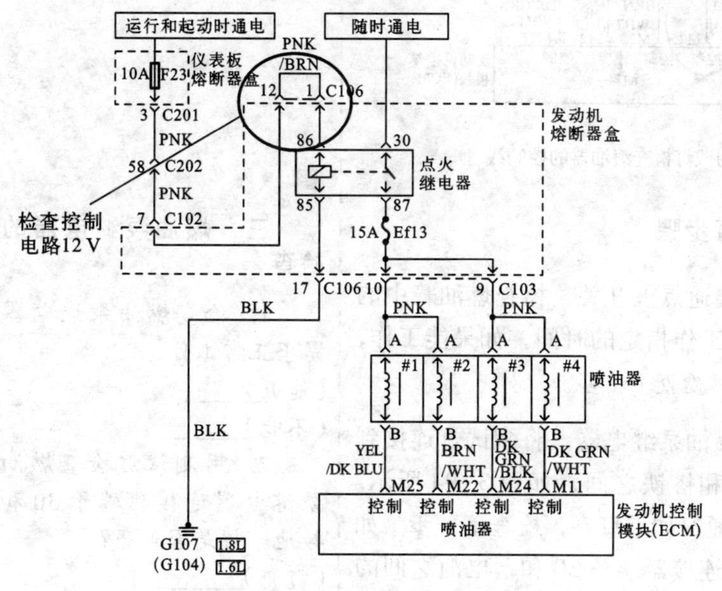

图 3-92　检查控制电路与 12 V 线短路

5．如果没有显示“卡在高位”，检查扫描仪是否显示“卡在低位”。

6．断开所有喷油器的接头，用连接蓄电池的试灯检查喷油器的控制线，如图 3-93 所示。观察灯是否被点亮。如果灯亮，检查下一步；如果灯不亮，检查 8 步。

7．如果灯亮，检查喷油器控制线与接地线是否短路。如果短路，进行修理；如果没有短路，更换 ECU，并且编程。

8．如果灯不亮，起动发动机，观察灯是否被点亮。如果灯亮，检查 ECU 与喷油器电路是否存在开路。如果是，进行修理；如果不是，更换 ECU，并且编程。

9．清除故障码，重新读取故障码。

二、P0201 喷油器控制电路故障的诊断

1．tech-2 是否显示“卡在高位”？

(是)________

(不是)________

2．tech-2 是否显示“卡在低位”？

(是)________

(不是)________

3．用连接蓄电池的试灯检查喷油器的控制线，观察灯是否被点亮。

(点亮)________

(不点亮)________

提示：测试灯被点亮，说明控制线是好的。

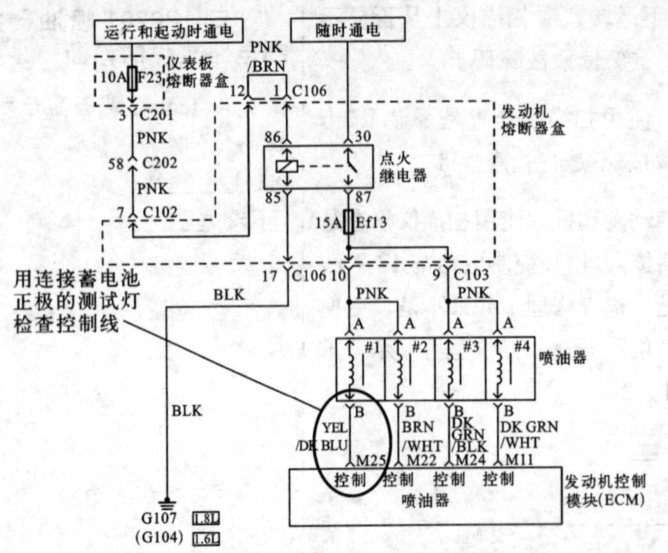

图 3–93　用连接蓄电池的试灯检查喷油器的控制线

三、燃油泵继电器的检查步骤

1. 关闭点火开关 10 s，接通点火开关，检查燃油箱中的燃油泵是否工作，燃油泵是否工作指定的时间。如果能工作，说明系统正常；如果不能工作，检查下一步。

2. 关闭点火开关，断开燃油泵继电器，将测试灯连接到燃油泵继电器连接器端子 30 和搭铁之间，如图 3–94 所示。接通点火开关，测试灯是否接通？如果灯亮，检查下一步；如果灯不亮，检查燃油泵继电器连接器端子 30 和蓄电池之间的导线是否开路。如果是，进行修理。

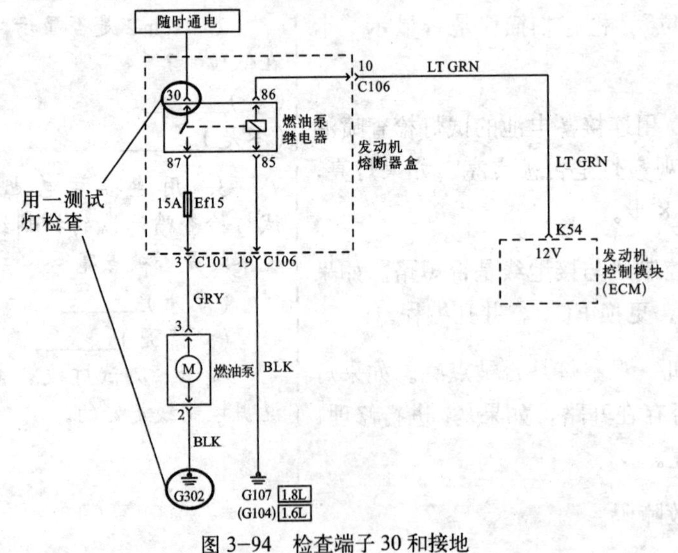

图 3–94　检查端子 30 和接地

三、燃油泵继电器的检查

1. 检查燃油泵继电器是否正常工作。

(能)________

(不能)________

2. 用测试灯检查燃油泵继电器连接器端子 30 和接地，灯是否点亮？

(灯亮)________

(灯不亮)________

提示：灯亮，说明端子 30 和接地正常。

3．关闭点火开关，将测试灯连接到燃油泵继电器连接器端子 85 和蓄电池正极之间，如图 3–95 所示。接通点火开关，测试灯应启亮指定的时间。测试灯是否接通。如果灯亮，检查下一步；如果灯不亮，检查第 8 步。

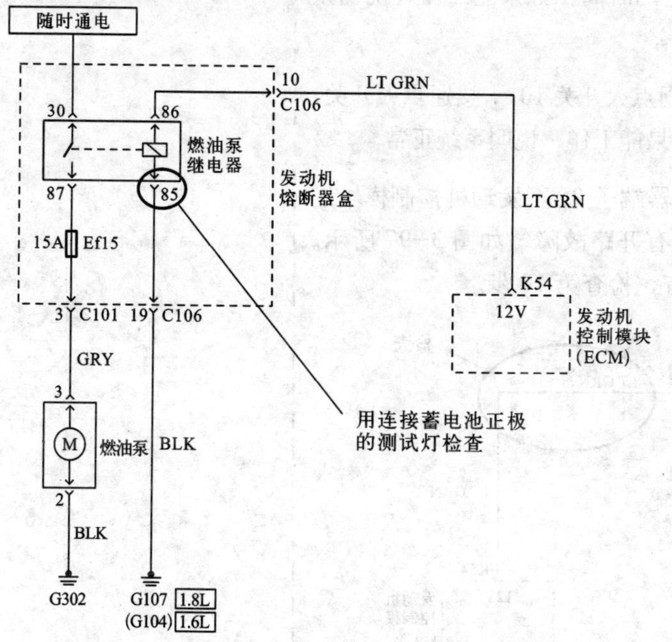

图 3–95 用测试灯检查燃油泵继电器连接器端子 85

3．用测试灯检查燃油泵继电器连接器端子 85，灯是否点亮？

（灯亮）________

（灯不亮）________

提示：灯亮，说明端子 85 正常。

4．关闭点火开关，将测试灯连接到燃油泵继电器连接器端子 30 和蓄电池搭铁之间，如图 3–96 所示。测试灯是否接通。如果灯亮，检查下一步；如果灯不亮，检查第 11 步。

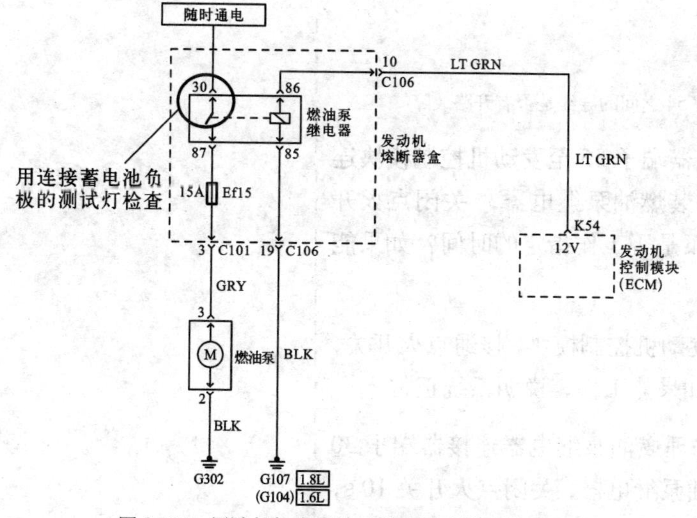

图 3–96 用试灯检查燃油泵继电器连接器端子 30

4．用测试灯检查燃油泵继电器连接器端子 30，灯是否点亮？

（灯亮）________

（灯不亮）________

提示：灯亮，说明端子 30 正常。

5．检查燃油泵继电器连接器端子 87 和燃油泵连接器端子 3 之间的导线是否开路或对搭铁短路。如果是，检查下一步；

如果不是，检查第 7 步。

6．修理燃油泵继电器连接器端子 87 和燃油泵连接器端子 3 之间的导线，安装燃油泵继电器关闭点火开关 10 s，接通点火开关。燃油泵是否工作指定的时间？如果能工作，说明系统正常。

7．更换燃油泵继电器，关闭点火开关 10 s，接通点火开关。燃油泵是否工作指定的时间？如果能工作，说明系统正常。

8．检查燃油泵继电器连接器端子 85 至发动机控制模块连接器端子 K54 之间的导线是否有开路故障，如图 3–97 所示。如果有，检查下一步；如果没有，检查第 10 步。

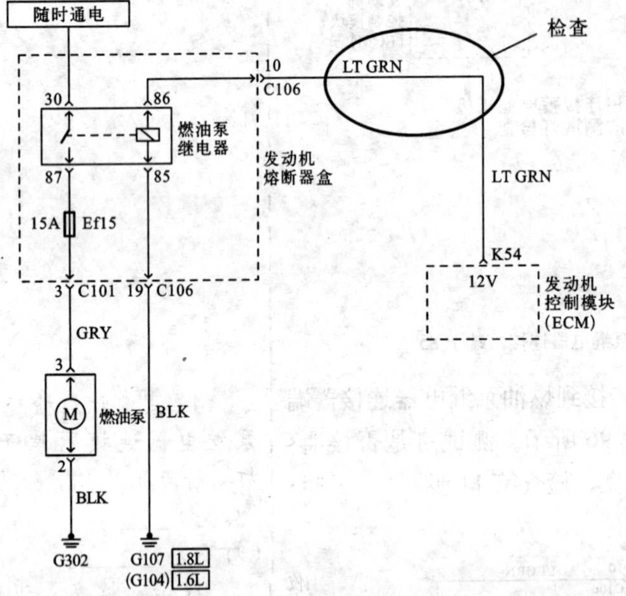

图 3–97　检查端子 85 与端子 K54 之间的导线是否有开路故障

9．修理燃油泵继电器连接器端子 85 至发动机控制模块连接器端子 K54 之间的导线，安装燃油泵继电器，关闭点火开关 10 s，接通点火开关。燃油泵是否工作指定的时间？如果能工作，说明系统正常。

10．关闭点火开关，更换发动机控制模块，接通点火开关，燃油泵是否工作指定的时间？如果能工作，说明系统正常。

11．更换熔断器 Ef15 或修理燃油泵继电器连接器端子 30 和蓄电池之间的导线，安装燃油泵继电器，关闭点火开关 10 s，接通点火开关，燃油泵是否工作指定的时间？如果能工作，说明系统正常。

四、发动机冷却风扇电路检查步骤

1．检查仪表板熔断器盒熔断器 F23、Ef12、SB3、SB8，如图 3–98 所示。如果有损坏，进行更换。

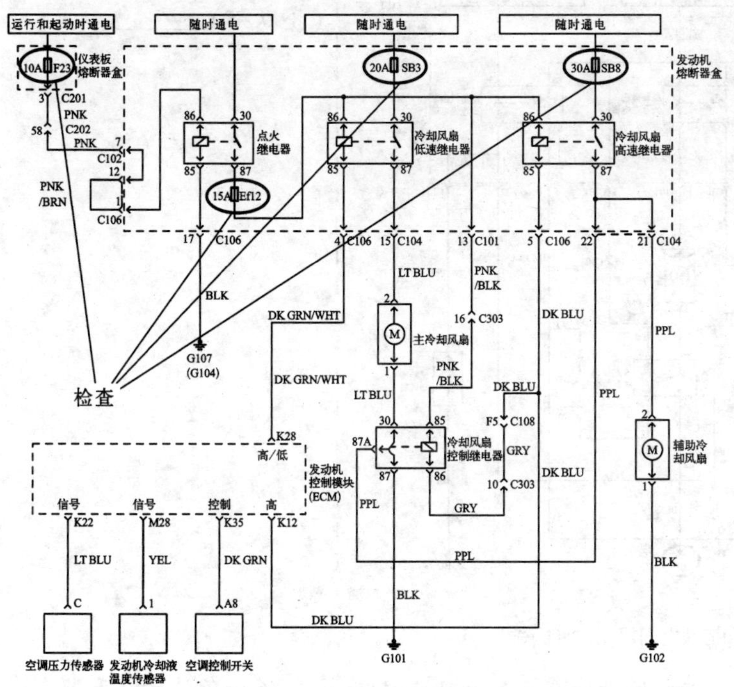

图 3–98　检查仪表板熔断器盒熔断器 F23、Ef12、SB3、SB8

2．关闭点火开关，关闭空调，连接故障诊断仪，当冷却液温度达到 97℃时，检查冷却风扇是否低速运转？如果能运转，检查下一步；如果不能运转，检查第 7 步。

3．关闭点火开关，关闭空调，连接故障诊断仪，当冷却液温度达到 101℃时，检查冷却风扇是否能高速运转？如果能运转，检查下一步；如果不能运转，检查第 21 步。

4．起动发动机，接通空调开关，空调压缩机离合器是否能接合？如果能接合，检查下一步；如果不能接合，更换空调压缩机离合器。

5．检查冷却风扇是否低速运转？如果能运转，检查下一步；如果不能运转，检查第 19 步。

6．关闭点火开关，连接空调压力表，起动发动机，接通空调开关。当空调高压侧压力达到 1 882 kPa 时，检查冷却风扇是否高速运转。如果能运转，检查下一步。

7．关闭点火开关，连接故障诊断仪，冷却液温度应高于

四、发动机冷却风扇电路检查

1. 检查熔断器 F23、Ef12、SB3、SB8 是否有损坏。
(有)_______
(没有)_______

2. 观察 tech-2 的读数，冷却液温度达到 97℃时冷却风扇是否能低速运转？
(能)_______
(不能)_______

3. 观察 tech-2 的读数，冷却液温度达到 101℃时冷却风扇是否能高速运转？
(能)_______
(不能)_______

4. 读出空调高压侧压力为_______kPa，冷却风扇是否能高速运转？
(能)_______
(不能)_______

97℃，断开主冷却风扇连接器，将点火开关转到 ON，用测试灯连接到主冷却风扇连接器端子 2 和搭铁之间检查，如图 3-99 所示。如果灯亮，检查下一步；如果灯不亮，检查第 14 步。

5. 在端子 2 和搭铁之间用测试灯检查，观察灯是否被点亮。

(点亮)______

(不点亮)______

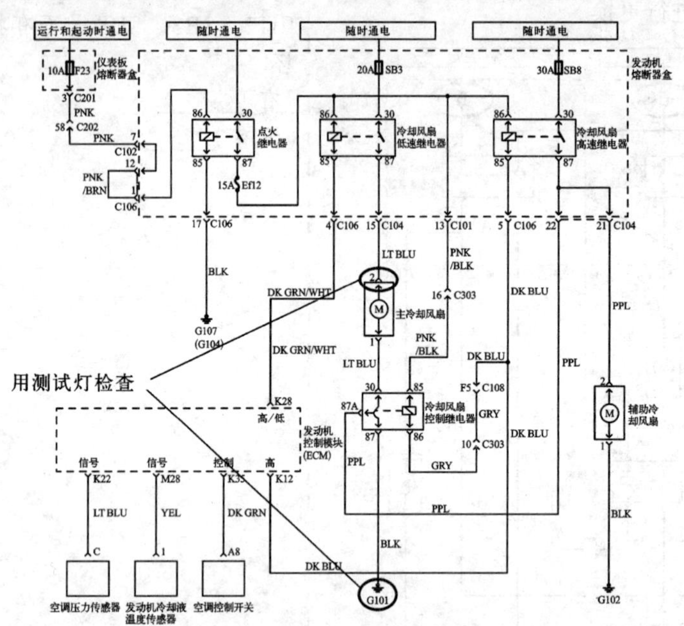

图 3-99　在端子 2 和搭铁之间用测试灯检查

8．将点火开关转到 OFF，连接故障诊断仪，冷却液温度应高于 97℃，断开主冷却风扇连接器，接通点火开关，将测试灯连接到主冷却风扇连接器端子 1 和搭铁之间，如图 3-100 所示。如果灯亮，更换主冷却风扇；如果灯不亮，检查下一步。

6. 在端子 1 和搭铁之间用测试灯检查，观察灯是否被点亮。

(点亮)______

(不点亮)______

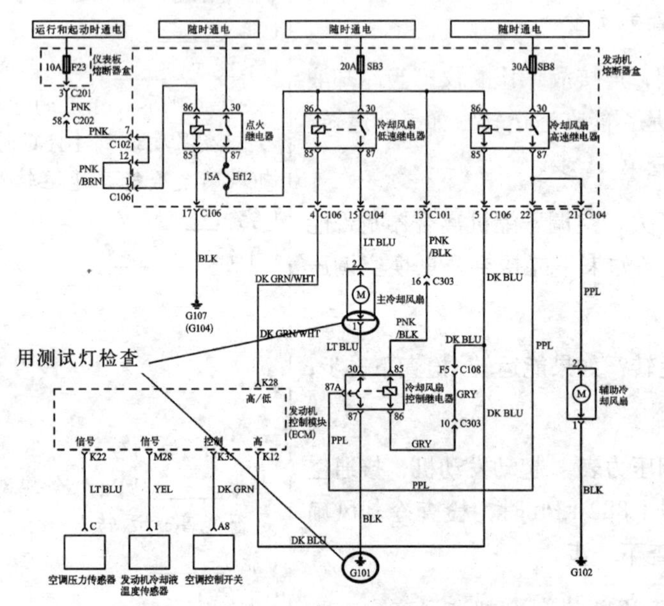

图 3-100　在端子 1 和搭铁之间用测试灯检查

9．断开冷却风扇控制继电器，将带熔断器的跨接线连接到冷却风扇低速继电器连接器端子 30 和 87 之间或者将带熔断器的跨接线连接到冷却风扇控制继电器连接器端子 30 和 87 之间，如图 3–101 所示。检查冷却风扇是否低速运转？如果能运转，更换主冷却风扇控制继电器；如果不能运转，检查下一步。

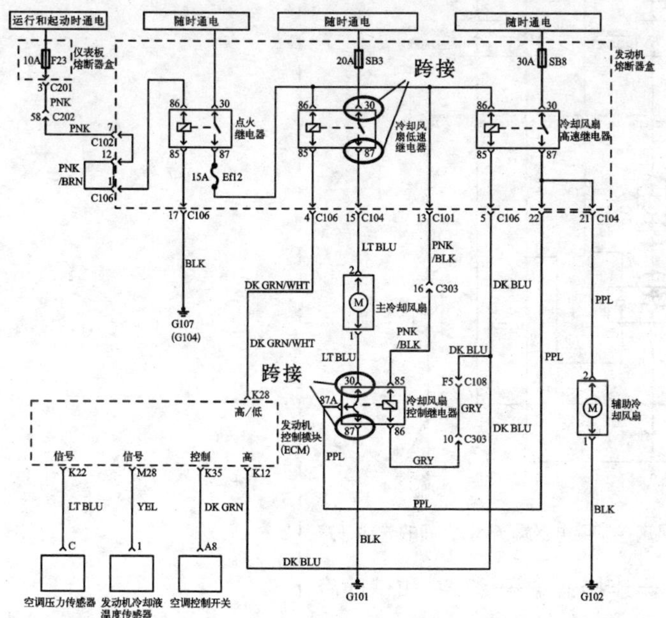

图 3–101　跨接低速继电器连接器端子 30 和 87 或者控制继电器连接器端子 30 和 87，检查冷却风扇

10．检查冷却风扇低速继电器连接器端子 87 至主冷却风扇连接器端子 2 之间的导线是否开路，如图 3–102 所示。如果存在开路，进行修理；如果不存在开路，检查下一步。

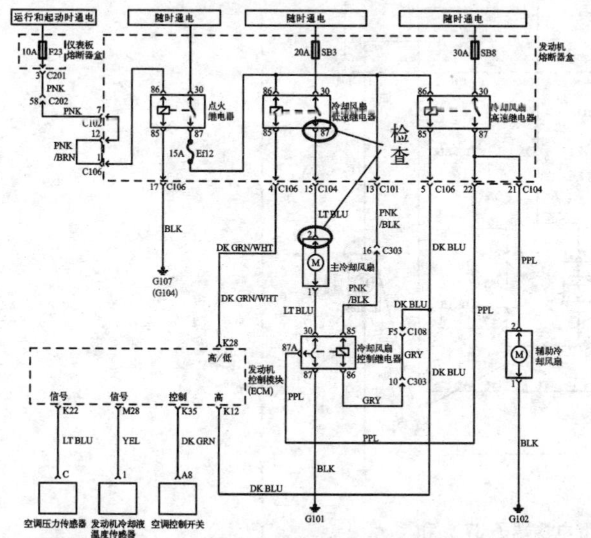

图 3–102　检查冷却风扇低速继电器端子 87 至主冷却风扇端子 2 之间的导线开路

7．跨接冷却风扇低速继电器连接器端子 30 和 87 或者冷却风扇控制继电器连接器端子 30 和 87，检查冷却风扇是否能运转。

（能）________

（不能）________

11．检查主冷却风扇连接器端子 1 和冷却风扇控制继电器连接器端子 30 之间的导线是否开路，如图 3-103 所示。如果存在开路，进行修理；如果不存在开路，检查下一步。

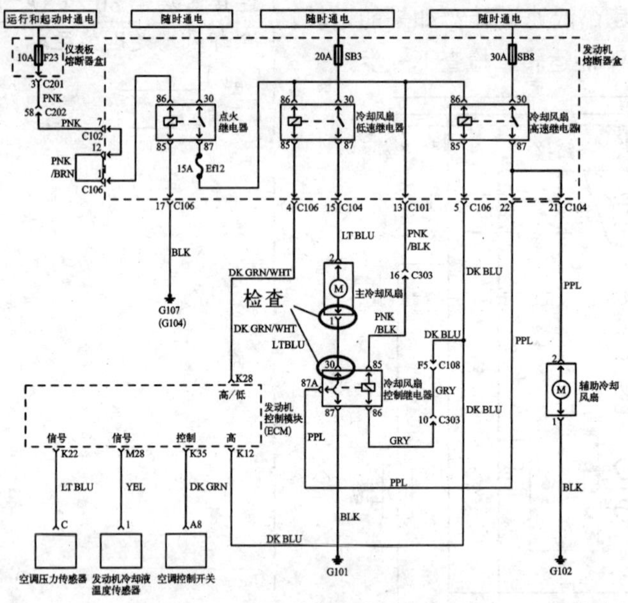

图 3-103　检查主冷却风扇端子 1 和冷却风扇控制继电器端子 30 之间的导线开路

12．检查冷却风扇控制继电器连接器端子 87A 和辅助冷却风扇连接器端子 2 之间的导线是否开路，如图 3-104 所示。如果存在开路，修理。如果不存在开路，检查下一步。

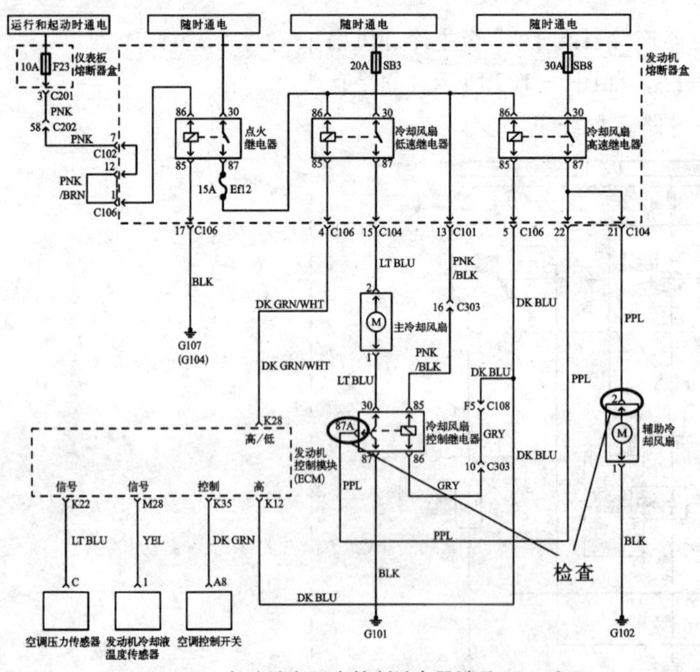

图 3-104　检查冷却风扇控制继电器端子 87A 和辅助冷却风扇端子 2 之间的导线开路

13．检查辅助冷却风扇连接器端子 1 和搭铁之间的导线是否开路，如图 3–105 所示。如果存在开路，修理。如果不存在开路，更换辅冷却风扇。

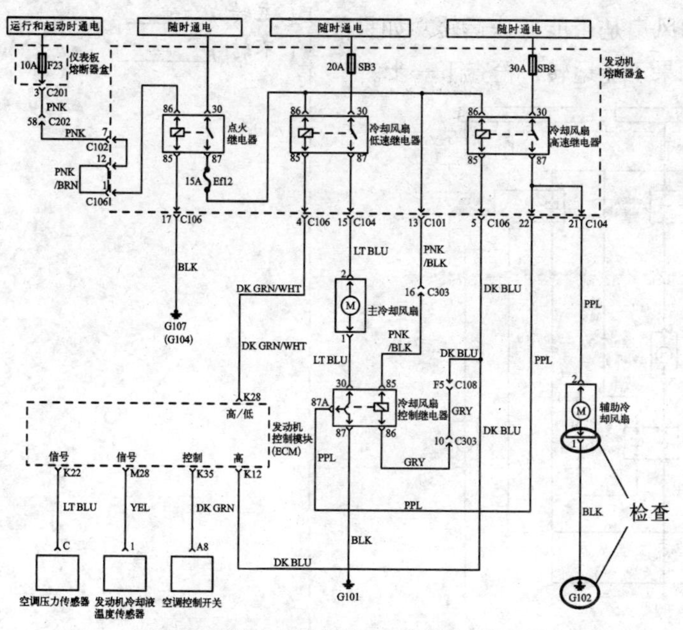

图 3–105　检查辅助冷却风扇端子 1 和搭铁之间的导线开路

14．将点火开关转到 OFF，断开冷却风扇低速继电器。将测试灯连接到冷却风扇低速继电器连接器端子 85 和搭铁之间，将点火开关转到 ON，如图 3–106 所示。3 如果灯亮，检查下一步；如果灯不亮，修理冷却风扇低速继电器连接器端子 86 和点火开关之间的开路故障。

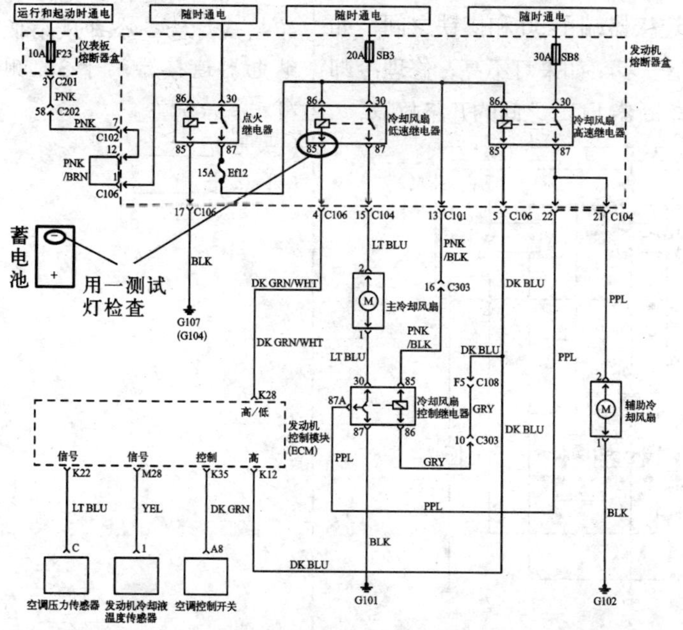

图 3–106　用连接蓄电池搭铁测试灯检查冷却风扇低速继电器端子 85

8. 用连接蓄电池搭铁测试灯检查冷却风扇低速继电器端子 85，测试灯是否被点亮？

(点亮)________

(不点亮)________

15．将点火开关转到 OFF，连接冷却风扇低速继电器，断开发动机控制模块白色连接器，将带熔断器的跨接线连接到发动机控制模块连接器端子 K28 和搭铁之间，如图 3–107 所示。将点火开关转到 ON，检查冷却风扇是否能低速运转。如果能运转，更换发动机控制模块；如果不能运转，检查下一步。

9．跨接 ECU 端子 K28 和搭铁，观察风扇是否能运转。

(运转)________

(不转)________

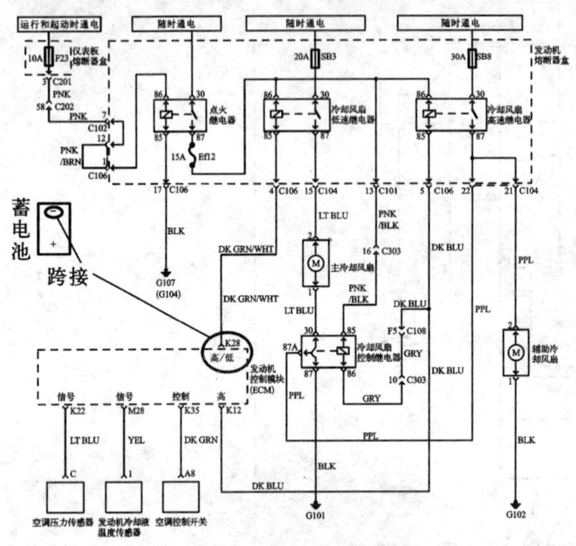

图 3–107　检查 ECU 端子 K28

16．检查冷却风扇低速继电器连接器端子 85 和发动机控制模块连接器端子 K28 之间的导线是否开路。如果存在开路，进行修理；如果不存在开路，检查下一步。

17．将点火开关转到 OFF，断开冷却风扇低速继电器，将测试灯连接到冷却风扇低速继电器连接器端子 30 和搭铁之间，如图 3–108 所示。如果灯亮，检查下一步；如果灯不亮，修理冷却风扇低速继电器连接器端子 30 和熔断器 Ef12 之间的开路故障。

10．用连接蓄电池负极的测试灯检查冷却风扇低速继电器连接器端子 30，测试灯是否点亮？

(点亮)________

(不点亮)________

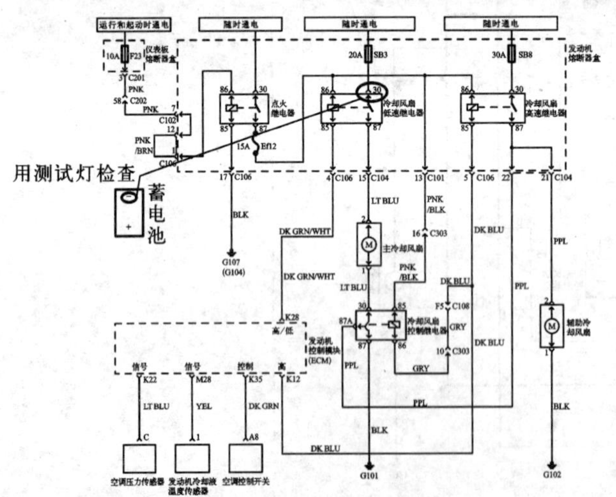

图 3–108　用连接蓄电池负极的测试灯检查冷却风扇低速继电器连接器端子 30

18．将带熔断器的跨接线连接到冷却风扇低速继电器连接器端子 30 和 87 之间，如图 3–109 所示。检查冷却风扇是否低速运转。如果能运转，更换冷却风扇低速继电器；如果不能运转，检查第 9 步。

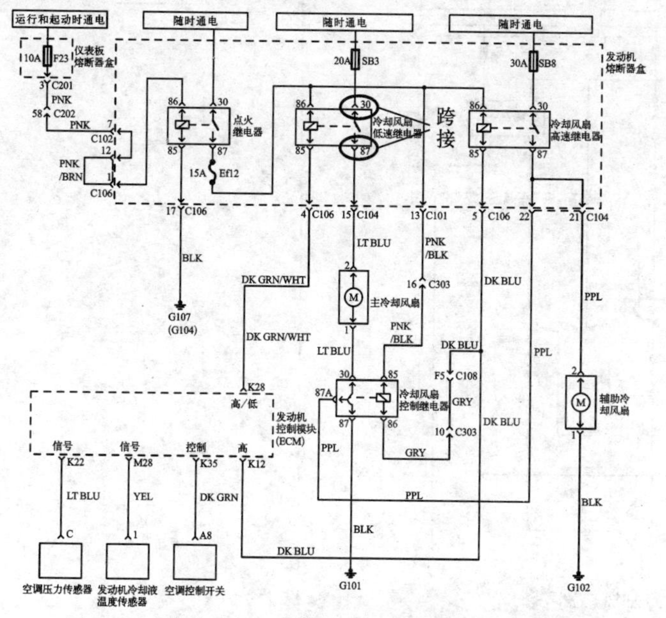

图 3–109　检查冷却风扇低速继电器连接器端子 30 和 87

19．将点火开关转到 OFF，断开主冷却风扇连接器。将测试灯连接到主冷却风扇连接器端子 2 和搭铁之间，如图 3–110 所示。接通空调开关，起动发动机。如果灯亮，检查下一步；如果灯不亮，检查第 14 步。

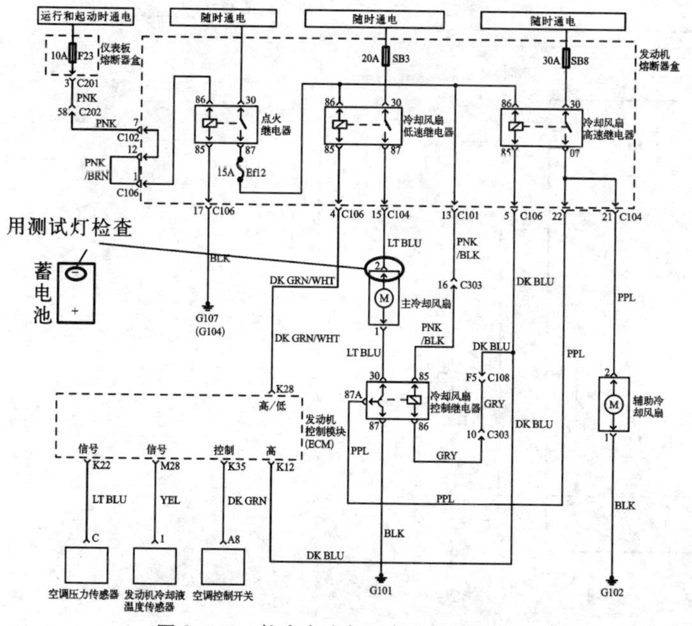

图 3–110　检查主冷却风扇连接器端子 2

11．跨接冷却风扇低速继电器连接器端子 30 和 87，观察风扇是否能运转。

(运转)________

(不转)________

12．用连接蓄电池负极的测试灯检查主冷却风扇连接器端子 2，测试灯是否点亮？

(点亮)________

(不点亮)________

20．将点火开关转到 OFF，将测试灯连接到主冷却风扇连接器端子 1 和蓄电池正极之间，如图 3-111 所示。接通空调开关，起动发动机。如果灯亮，更换主冷却风扇。如果灯不亮，检查第 9 步。

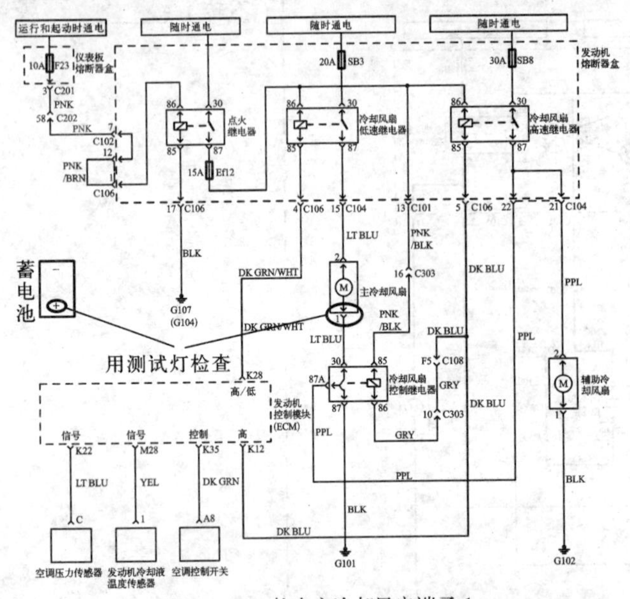

图 3-111　检查主冷却风扇端子 1

13．跨接主冷却风扇端子 1 和蓄电池正极，观察风扇是否能运转。

(运转)______

(不转)______

21．将点火开关转到 OFF。断开冷却风扇高速继电器。将测试灯连接到冷却风扇高速继电器连接器端子 86 和搭铁之间，如图 3-112 所示。将点火开关转到 ON，如果灯亮，检查下一步；如果灯不亮，修理冷却风扇高速继电器连接器端子 86 和点火开关之间的导线开路故障。

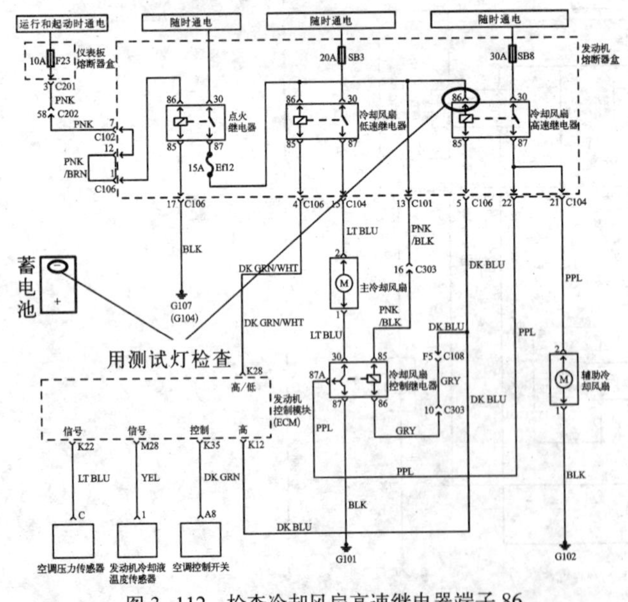

图 3-112　检查冷却风扇高速继电器端子 86

14．用连接蓄电池负极的测试灯检查冷却风扇高速继电器端子 86，测试灯是否点亮？

(点亮)______

(不点亮)______

22．将点火开关转到 OFF，将测试灯连接到冷却风扇高速继电器连接器端子 30 和搭铁之间，如图 3-113 所示。如果灯亮，检查下一步；如果灯不亮，修理冷却风扇高速继电器连接器端子 30 和蓄电池之间的导线开路故障。

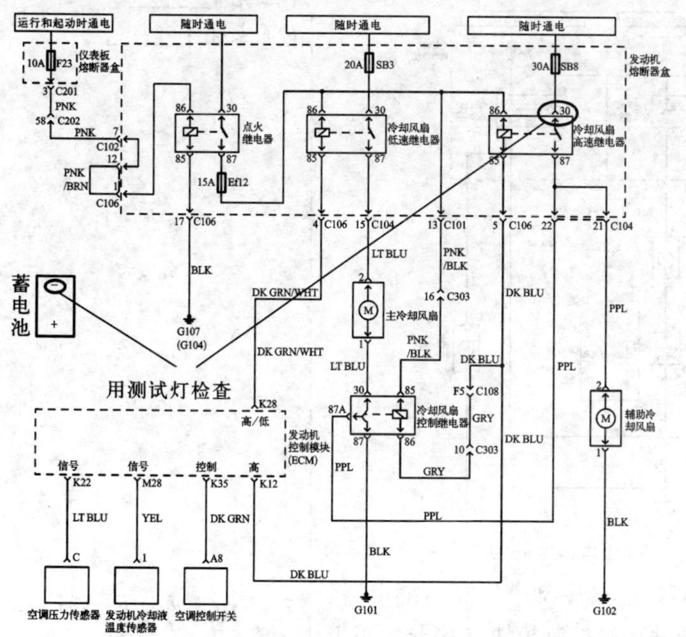

图 3-113　检查冷却风扇高速继电器端子 30

23．断开冷却风扇控制继电器，将测试灯连接到冷却风扇控制继电器连接器端子 85 和搭铁之间，如图 3-114 所示。接通点火开关，如果灯亮，检查下一步；如果灯不亮，修理冷却风扇控制继电器连接器端子 85 和点火开关之间的导线开路故障。

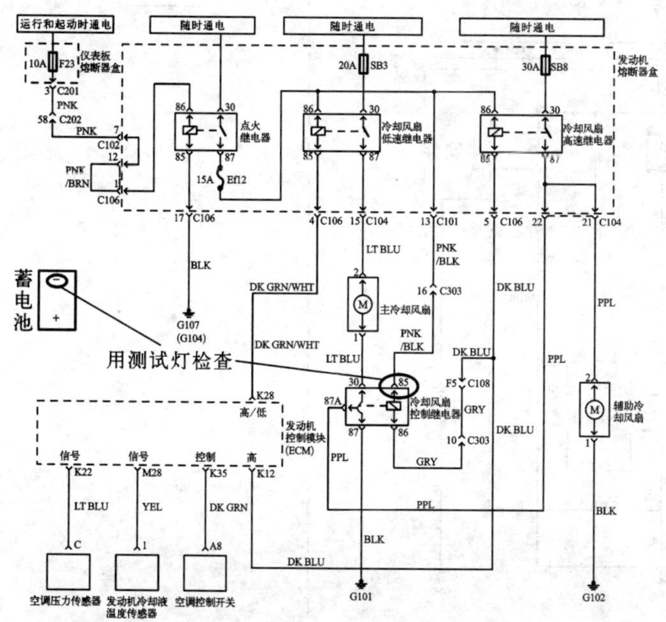

图 3-114　检查冷却风扇控制继电器端子 85

15．用连接蓄电池负极的测试灯检查冷却风扇高速继电器端子 30，测试灯是否点亮？

(点亮)________

(不点亮)________

16．用连接蓄电池正极的试灯检查冷却风扇控制继电器端子 85，测试灯是否点亮？

(点亮)________

(不点亮)________

24．将点火开关转到 OFF，将测试灯连接到冷却风扇控制继电器连接器端子 87 和蓄电池正极之间，如图 3–115 所示。如果灯亮，检查下一步；如果灯不亮，修理冷却风扇控制继电器连接器端子 87 和搭铁之间的导线开路故障。

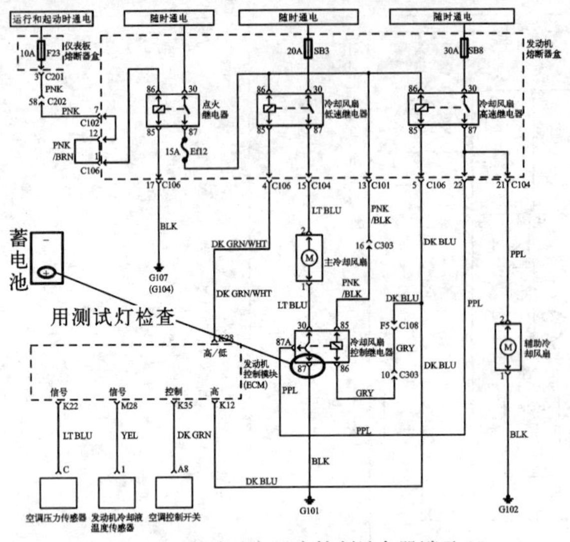

图 3–115　检查冷却风扇控制继电器端子 87

17. 用连接蓄电池正极的测试灯检查冷却风扇控制继电器端子 87，测试灯是否点亮？

(点亮)________

(不点亮)________

25．连接主冷却风扇连接器，连接冷却风扇高速继电器，连接冷却风扇控制继电器，断开发动机控制模块连接器。将带熔断器的跨接线连接到发动机控制模块连接器端子 K28 和搭铁之间或者将带熔断器的跨接线连接到发动机控制模块连接器端子 K12 和搭铁之间，如图 3–116 所示。将点火开关转到 ON，检查冷却风扇是否高速运转。如果能高速运转，更换发动机控制模块；如果不能高速运转，检查下一步。

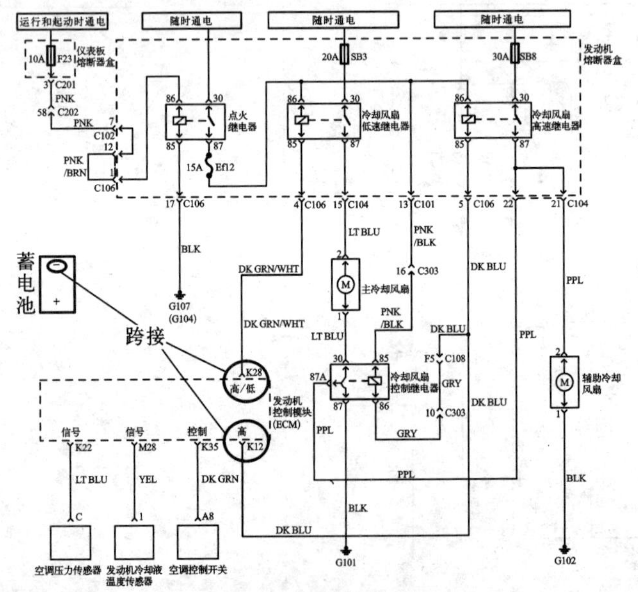

图 3–116　检查接地端子 K12 和 K28

18. 跨接发动机控制模块连接器端子 K28 和搭铁或者发动机控制模块连接器端子 K12 和搭铁，观察风扇是否能高速运转。

(运转)________

(不转)________

26．将点火开关转到 OFF，检查冷却风扇高速继电器连接器端子 85 和发动机控制模块连接器端子 K12 之间的导线是否开路。如果存在开路，进行修理；如果不存在开路，检查下一步。

27．断开冷却风扇高速继电器，将测试灯连接到冷却风扇高速继电器连接器端子 87 和蓄电池正极之间，如图 3−117 所示。如果灯亮，检查下一步。如果灯不亮，修理冷却风扇高速继电器连接器端子 87 和辅冷却风扇连接器端子 2 之间的导线开路故障。

19．用连接蓄电池正极的测试灯检查冷却风扇高速继电器端子 87，测试灯是否点亮？

(点亮)________

(不点亮)________

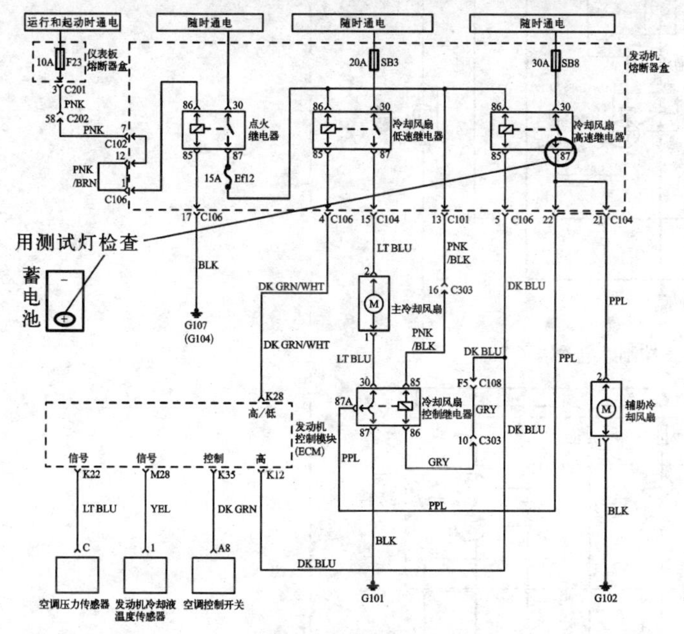

图 3−117　检查冷却风扇高速继电器端子 87

28．断开发动机控制模块连接器，将带熔断器的跨接线连接到发动机控制模块连接器端子 K12 和搭铁之间，断开冷却风扇高速继电器，将测试灯连接到冷却风扇控制继电器连接器端子 86 和蓄电池正极之间，如图 3−118 所示。如果灯亮，检查下一步；如果灯不亮，修理冷却风扇控制继电器连接器端子 85 和发动机控制模块连接器端子 K12 之间的导线开路故障。

20．跨接发动机控制模块端子 K12 和搭铁，观察风扇是否能高速运转。用连接蓄电池正极的测试灯检查冷却风扇控制继电器端子 86，测试灯是否点亮？

(点亮)________

(不点亮)________

29．连接冷却风扇控制继电器，将带熔断器的跨接线连接到发动机控制模块连接器端子 K12 和搭铁之间，断开冷却风扇高速继电器。将带熔断器的跨接线连接到冷却风扇高速继电器连接器端子 30 和 87 之间。断开冷却风扇低速继电器，将带熔断器的跨接线连接到冷却风扇低速继电器连接器端子 30 和 87 之间，如图 3−119 所示。将点火开关转到 ON，检查冷却风扇是否高速运转。如果能高速运转，更换冷却风扇高速继电器；如果不能高速运转，检查下一步。

21．根据步骤 29 跨接，观察风扇是否能高速运转。

(运转)________

(不转)________

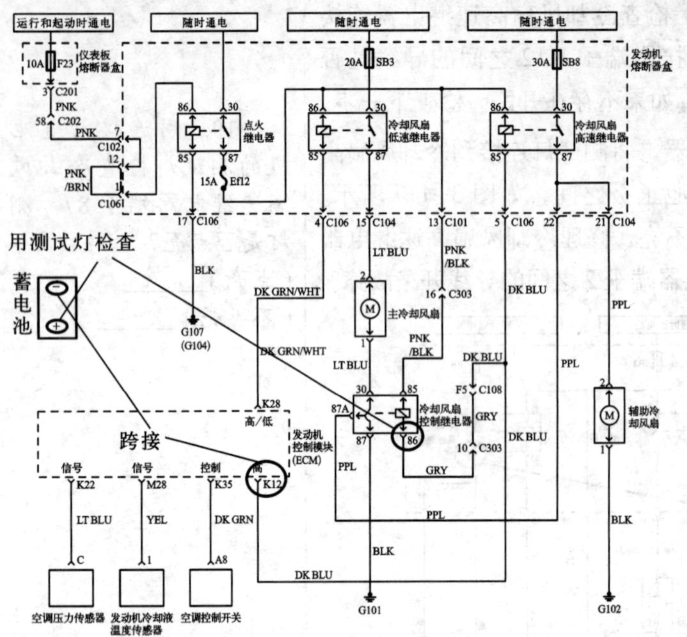

图 3-118　检查冷却风扇控制继电器端子 86

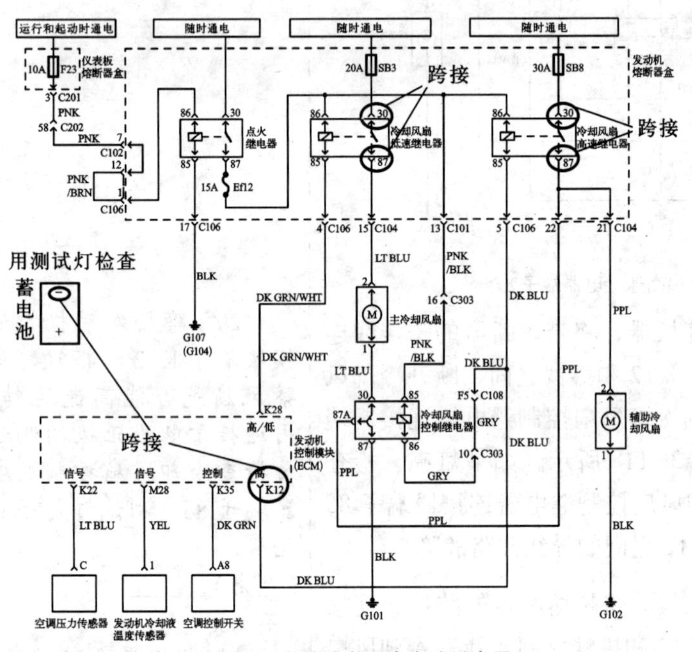

图 3-119　检查冷却风扇高速继电器

30．连接冷却风扇控制继电器，将带熔断器的跨接线连接到发动机控制模块连接器端子 K12 和搭铁之间，断开冷却风扇高速继电器。将带熔断器的跨接线连接到冷却风扇控制继电器连接器端子 30 和 87 之间。断开冷却风扇低速继电器，将带熔断器的跨接线连接到冷却风扇低速继电器连接器端子 30 和 87 之间，如图 3-120 所示。将点火开关转到 ON，检查冷却风扇是否高速运转。如果能高速运转，更换冷却风扇控制继电器。

22．根据步骤 30 跨接，观察风扇是否能高速运转。

（运转）________

（不转）________

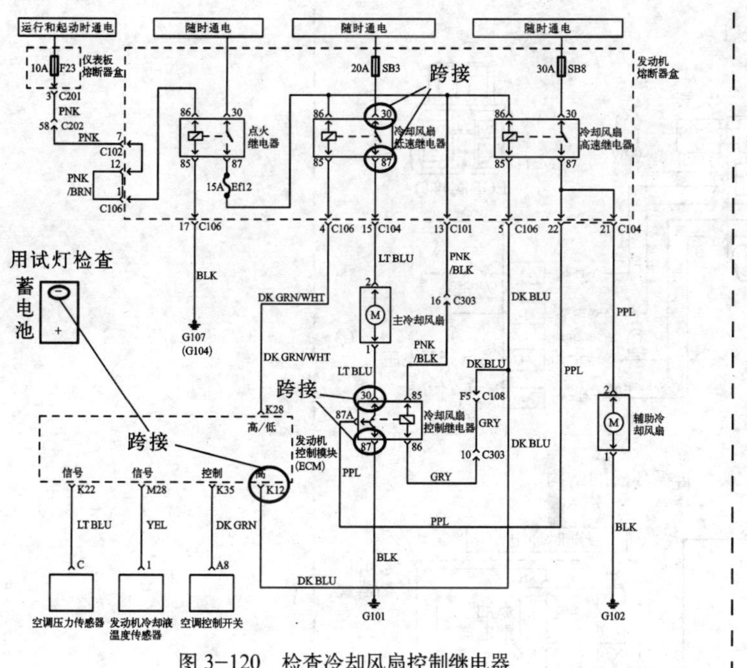

图 3-120　检查冷却风扇控制继电器

活动八　发动机排放控制系统故障诊断

学习目标

知识目标

- 掌握别克发动机 EGR 阀故障诊断的基本思路。
- 掌握别克发动机碳罐电磁阀故障诊断的基本思路。

能力目标

掌握别克发动机 EGR 阀和碳罐电磁阀故障诊断的基本步骤。

知识链接

一、EGR 阀的结构与工作原理

电子控制（计算机控制）的废气再循环阀（EGR 阀）由电磁阀（线圈）、膜片、位置传感器、EGR 阀门等组成，如图 3-121 所示。

EGR 阀有 5 个接口，如图 3-122 所示。

在发动机上找出 EGR 阀，并且说明 5 个接口的含义。

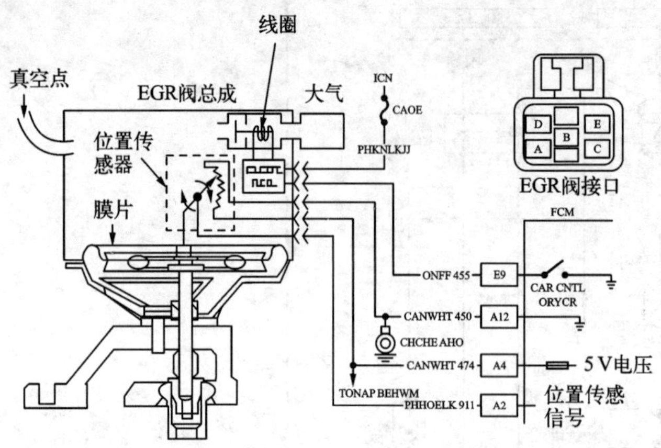

图 3-121 废气再循环阀的结构

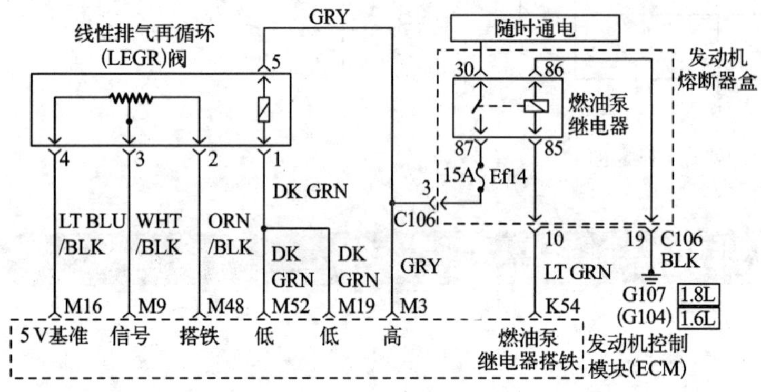

图 3-122 EGR 阀有接口

1—EGR 阀动力接地线 2—EGR 阀传感器接地线

3—EGR 阀位置输入信号线 4—5 V 基准信号线 5—EGR 阀控制线

EGR 阀一般在中等负荷时工作。如果在发动机怠速、大负荷和冷发动机的情况下打开此阀，造成发动机工作不稳定或发动机的功率下降。

当计算接收到发动机怠速、大负荷信号或发动机冷机时，计算机切断 EGR 电磁阀（线圈）的接地电路，使 EGR 阀关闭。

二、碳罐的基本结构与工作原理

计算机控制碳罐由碳罐、碳罐电磁阀、ECU、氧传感器组成，如图 3-123 所示。计算机接受氧传感器和水温传感器的信号，碳罐电磁阀接受计算机脉冲宽度的控制，通过精确地控制碳罐进气管燃油的量，从而提高发动机的环保性。

碳罐电磁阀有 2 个接口，如图 3-124 所示。

在发动机上找出碳罐电磁阀，并且说明 2 个接口的含义。

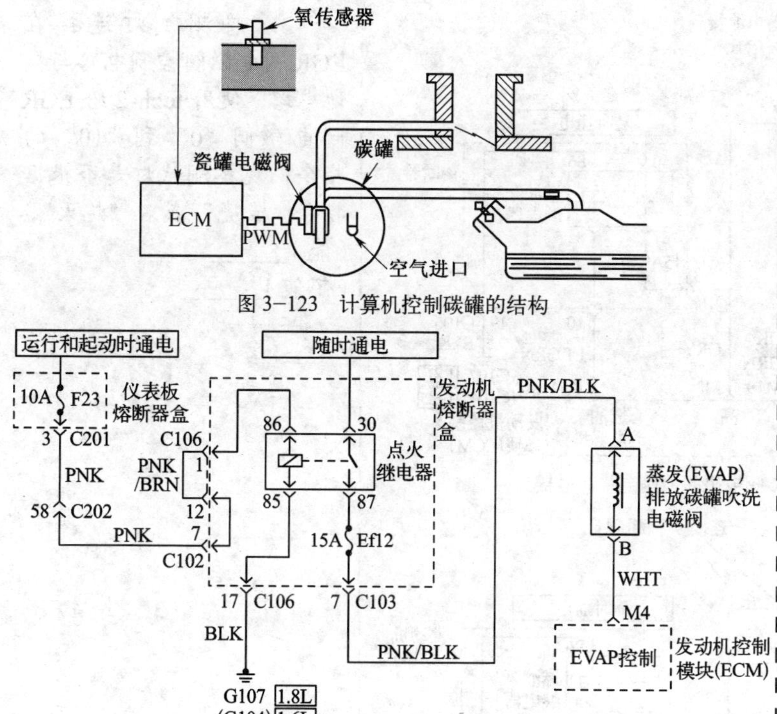

图 3-123　计算机控制碳罐的结构

图 3-124　碳罐电磁阀的接口

A—12V 动力线　　B—碳罐控制线（接地线）

教学内容

一、P0403EGR 阀电磁阀控制电路故障的诊断步骤

1. 利用扫描仪读取故障码 P0403。

2. 不起动发动机，将点火开关开到 ON 挡，使用扫描仪给 EGR 阀电磁阀“0”到“10”的指令。如果 EGR 阀电磁阀能够根据指令运行，重新读取故障码。如果不能够根据指令运行，检查下一步。

3. 将点火开关转到 OFF，断开 EGR 阀电磁阀，不起动发动机，将点火开关开到 ON 挡，使用一个接地良好的测试灯，检查 EGR 阀电磁阀控制电路 5 号接口，如图 3-125 所示。检查测试灯是否点亮。如果试灯点亮，检查下一步；如果试灯不能点亮，检查 6 步。

4. 将测试灯连接在 EGR 阀电磁阀控制电路与接地电路，使用扫描 EGR 阀电磁阀“0”到“10”的指令，如图 3-126 所示。如果测试灯能够根据指令运行“点亮”或者“熄灭”，检查下一步；如果测试灯不能够根据指令运行“点亮”或者“熄灭”，检查 9 步。

实训内容

一、P0403EGR 阀电磁阀控制电路故障的诊断

1. 使用 tech-2 给 EGR 阀电磁阀“0”到“10”的指令，观察 EGR 阀电磁阀是否能够根据指令运行。

(能)_______

(不能)_______

2. 用连接蓄电池正极的测试灯检查 EGR 阀电磁阀控制电路 5 号接口，测试灯是否点亮？

(点亮)_______

(不点亮)_______

提示：测试灯点亮，说明 12 V 动力电源是好的。

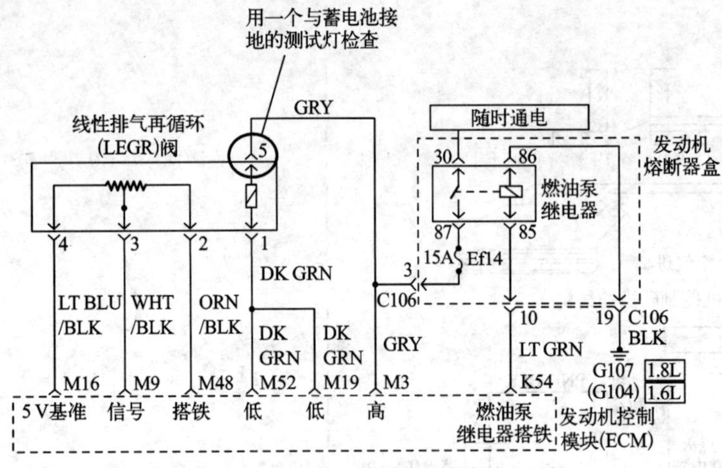

图 3-125 检查 EGR 阀电磁阀控制电路 5 号接口

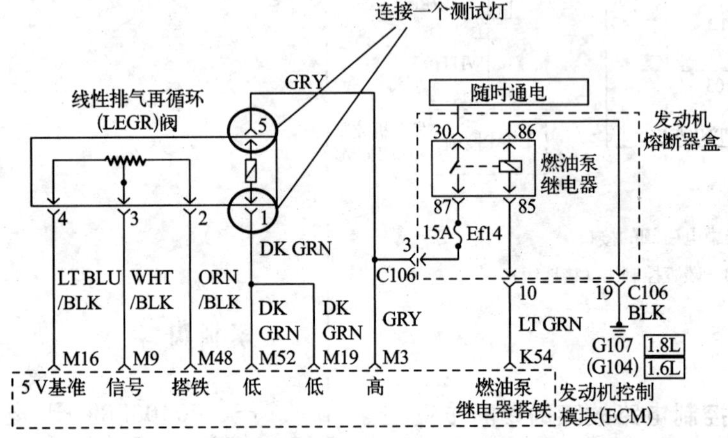

图 3-126 检查 EGR 阀电磁阀控制电路与接地电路

5. 如果测试灯能够根据指令运行“点亮”或者“熄灭”，检查 EGR 阀电磁阀是否接触不良。如果是，进行修理；如果不是，更换 EGR 阀。

6. 如果测试灯不能够根据指令运行“点亮”或者“熄灭”，检查测试灯是否根据指令闪亮。如果能够根据指令闪亮，检查下一步；如果不能够根据指令闪亮，检查第 8 步。

7. 如果能够根据指令闪亮，检查 EGR 阀电磁阀控制电路是否接地短路。如果是，进行修理；如果不是，检查 ECU 是否接触不良。如果是，进行修理；如果不是，更换 ECU，并且编程。

8. 如果不能够根据指令闪亮，检查 EGR 阀电磁阀控制电路是否对 12 V 短路或者开路。如果是，进行修理；如果不是，检查 ECU 是否接触不良；如果是，进行修理；如果不是，更换 ECU，并且重启编程。

3. 将测试灯连接在 EGR 阀电磁阀控制电路与接地电路，使用 tech-2 给 EGR 阀电磁阀“0”到“10”的指令，观察测试灯是否根据指令“点亮”或者“熄灭”。

（能）________

（不能）________

9．如果测试灯不能点亮，修理 EGR 阀电磁阀接地电路。

10．清除故障码，重新读取故障码。

二、P0404EGR 阀电磁阀打开位置性能故障的诊断步骤

1．通过扫描仪读取故障码 P0404。

2．检查是否存在故障码 P0403 和 P0405。如果不存在，打开点火开关，在扫描仪上选择 EGR 阀控制功能，增大 EGR 阀开度，检查实际增大的开度是否与指令给出的开度接近。如果接近，检查下一步；如果不接近，检查 4 步。

3．检查是否还存在故障码 P0404，如果还存在，检查下一步。

4．断开 EGR 阀接头，用数字式万用表测量接头上接地线与 5 V 基准线之间的电压，如图 3-127 所示。如果电压等于 5 V，检查下一步；如果电压不等于 5 V，检查第 13 步。

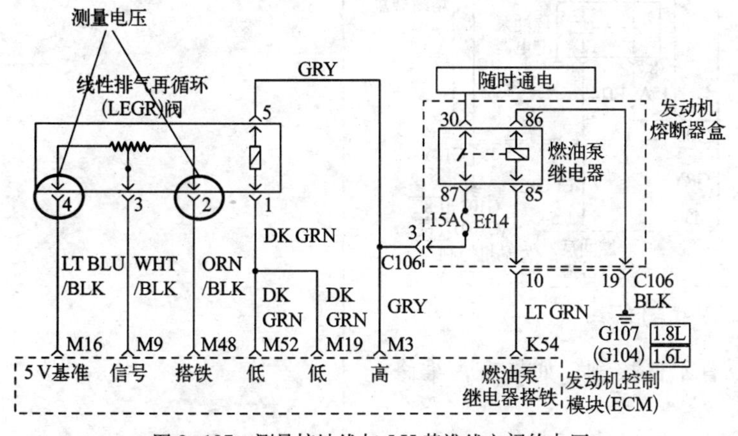

图 3-127　测量接地线与 5 V 基准线之间的电压

5．用一根连接在蓄电池“+”线的测试灯，检查 EGR 阀接头上 EGR 阀信号线，如图 3-128 所示。如果灯亮，检查 10 步；如果灯不亮，检查下一步。

6．在 5 V 线与信号线之间跨接一根导线，如图 3-129 所示。观察扫描仪显示的信号是否为 100%。如果显示为 100% 信号，检查 9 步；如果没有显示为 100% 信号，检查下一步。

7．关闭点火开关，断开 ECU 接头，检查信号线是否存在开路故障。如果是，进行维修；如果不是，检查下一步。

8．检查 ECU 和 EGR 阀相关电路上是否存在不良的连接。如果存在，进行维修；如果不存在，更换 ECU，并且编程。

二、P0404EGR 阀 电磁阀打开位置性能故障的诊断

1．使用 tech-2 给 EGR 阀电磁阀发出增大指令，观察实际增大的开度是否与指令给出的开度接近。

（是）_______

（否）_______

2．测量接头上接地线与 5V 基准线之间的电压是_______V。

3．用连接蓄电池正极的测试灯检查检查 EGR 阀接头上 EGR 阀信号线，测试灯是否点亮？

（点亮）_______

（不点亮）_______

4．在 5V 线与信号线之间跨接一根导线，观察扫描仪显示的信号是否是 100%。

（是）_______

（否）_______

提示：信号是 100%，说明 5V 线与信号线是好的。

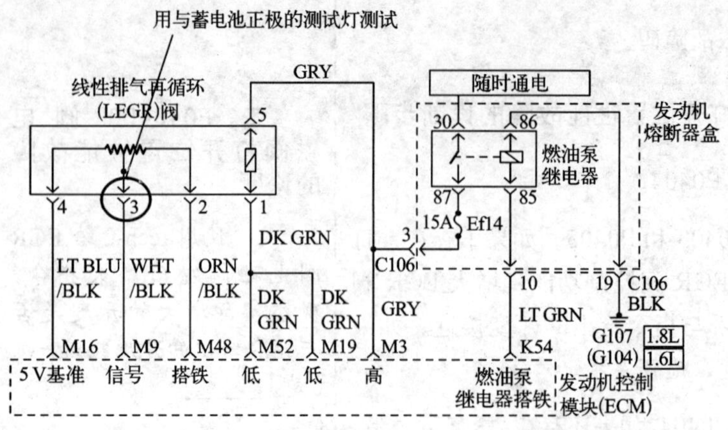

图 3-128　检查 EGR 阀接头上 EGR 阀信号线

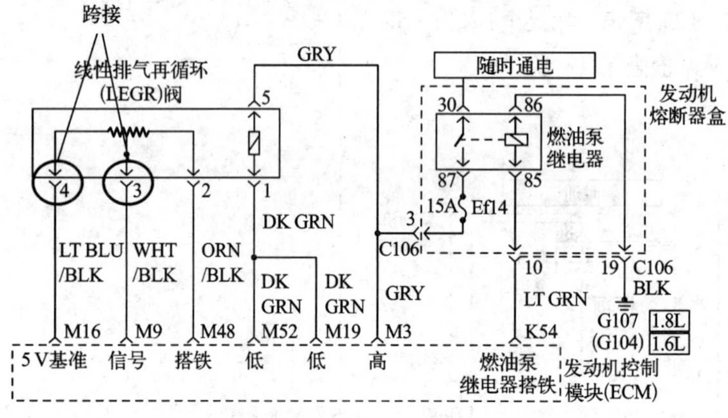

图 3-129　检查 5V 线与信号线

9．检查 EGR 阀接头是否有不良接触，如果有，维修；如果没有，更换 EGR 阀。

10．关闭点火开关，断开 ECU 接头，用一根连接在蓄电池“+”线的测试灯，测量 ECU 接头上 EGR 阀信号线，如图 3-130 所示。如果灯亮，检查下一步；如果灯不亮，检查第 12 步。

11．检查 EGR 阀信号线与电源接地线是否存在短路故障。如果存在，进行维修。

12．检查 EGR 阀信号线与 EGR 信号接地线是否存在短路故障。如果存在，进行维修。

13．检查 EGR 信号接地线是否存在开路故障或者是对电源短路故障。如果存在，进行维修；如果不存在，检查 ECU 和 EGR 阀相关电路上是否存在不良的连接。如果存在，进行

5. 用连接蓄电池正极的测试灯检查 ECU 接头上 EGR 阀信号线，测试灯是否点亮？

(点亮)________

(不点亮)________

维修；如果不存在，更换ECU，并且编程。

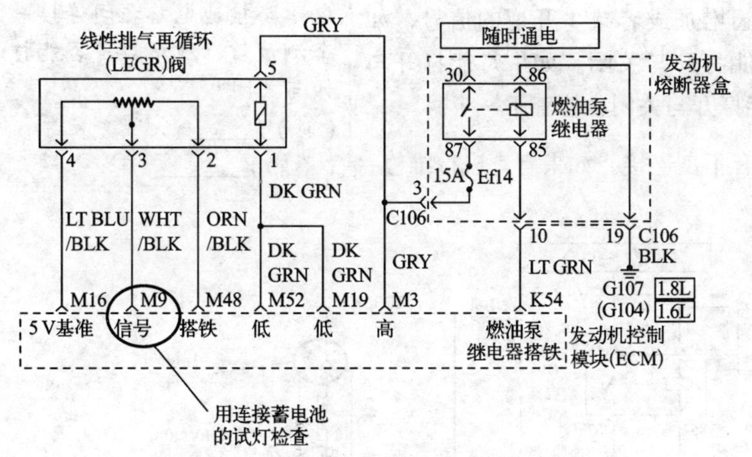

图 3–130　检查 ECU 接头上 EGR 阀信号线

14．清除故障码，重新读取故障码。

三、P0443 碳罐电磁阀控制电路故障的诊断步骤

1．利用扫描仪读取故障码 P0443。

2．将点火开关转到 ON，使用扫描仪给碳罐电磁阀增加或者减少开度的信号，观察碳罐电磁阀是否能够根据指令运行。如果能够根据指令运行，重新读取故障码；如果不能根据指令运行，进行下一步检查。

3．将点火开关转到 OFF，断开碳罐电磁阀接头，将点火开关转到 ON，用接地良好的测试灯检查碳罐电磁阀的供电电路，如图 3–131 所示。如果灯亮，检查下一步；如果灯不亮，维修碳罐电磁阀供电电路。

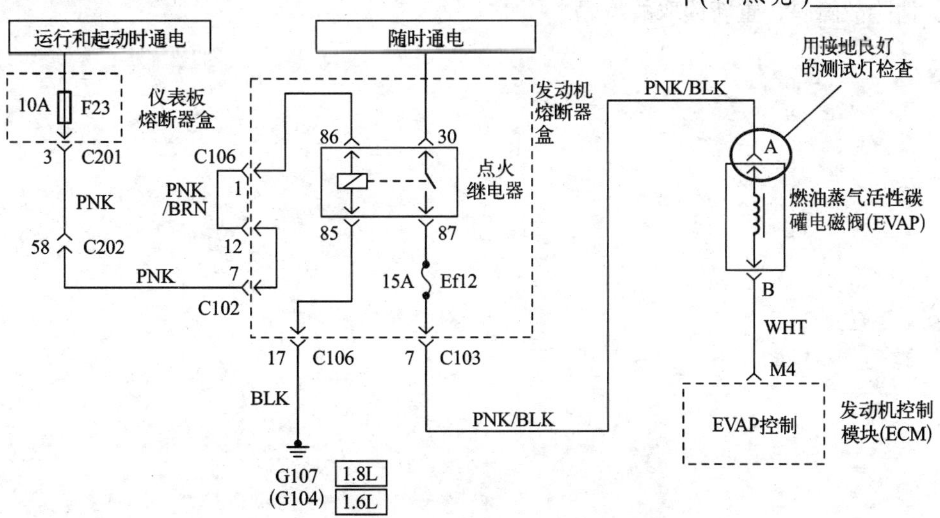

图 3–131　检查碳罐电磁阀的供电电路

三、P0443 碳罐电磁阀控制电路故障的诊断

1．使用 tech-2 给碳罐电磁阀增加或者减少开度的指令，观察碳罐电磁阀是否能够根据指令运行。

(能)____

(不能)______

2．用连接蓄电池负极的测试灯，检查碳罐电磁阀的供电电路，测试灯是否点亮？

(点亮)______

(不点亮)______

4．在碳罐电磁阀供电电路与接地电路之间连接一个测试灯。使用扫描仪给碳罐电磁阀增加或者减少开度的信号，如图 3–132 所示。观察灯是否能打开与关闭。如果灯能打开与关闭，检查 6 步；如果灯不能打开与关闭，检查下一步。

5．检查碳罐电磁阀是否有不良连接。如果有，进行维修；如果没有，更换碳罐电磁阀。

3．在碳罐电磁阀供电电路与接地电路之间连接一个测试灯，观察灯是否能打开与关闭？

(能)________

(不能)________

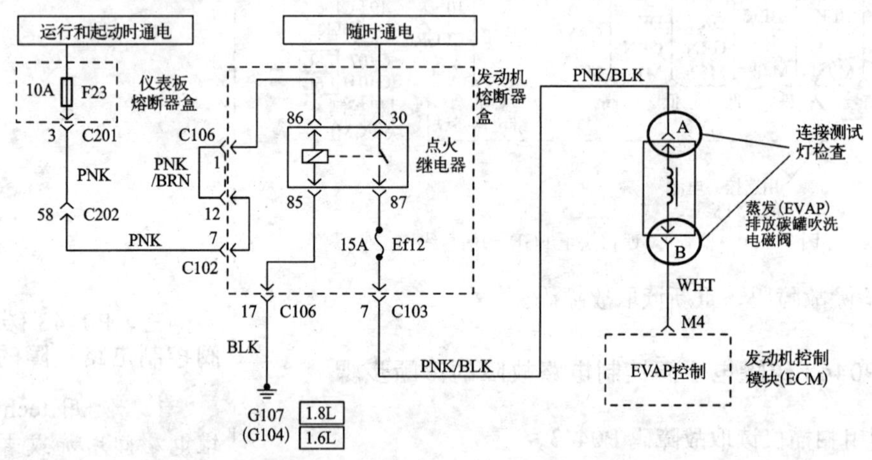

图 3–132　检查碳罐电磁阀供电电路与接地电路

6．检查测试灯是否根据每一个指令闪亮。如果能根据每一个指令闪亮，检查 8 步；如果不能根据每一个指令闪亮，检查下一步。

7．检查碳罐电磁阀接地电路是否存在开路或者对蓄电池正极短路。如果存在，进行维修。检查 ECU 是否有不良的连接，如果有，进行维修；如果没有，更换 ECU，并且编程。

8．检查碳罐电磁阀接地电路是否对电源接地短路。如果是，进行维修。检查 ECU 是否有不良的连接，如果有，进行维修；如果没有，更换 ECU，并且编程。

9．清除故障码，重新读取故障码。

项目四

离合器和变速器故障诊断

活动一　离合器故障诊断

学习目标

知识目标	能力目标
掌握离合器故障诊断的基本思路。	熟练排除离合器故障。

知识链接

离合器由主动部分、从动部分、压紧装置、操纵机构 4 部分组成。

1．主动部分由离合器壳、带有膜片弹簧的压盘、飞轮等组成，如图 4-1 所示。

2．从动部分即带扭转减震器的从动盘，如图 4-1 所示。

3．压紧装置。现代轿车用膜片弹簧作为压紧装置，如图 4-1 所示。

4．液压式操作机构由离合器踏板、离合器主缸、油管、工作缸、分离轴承等组成，如图 4-1 和图 4-2 所示。

在汽车上分别找出带有膜片弹簧的压盘、从动盘、离合器踏板、离合器主缸、油管、工作缸、分离板和分离轴承。

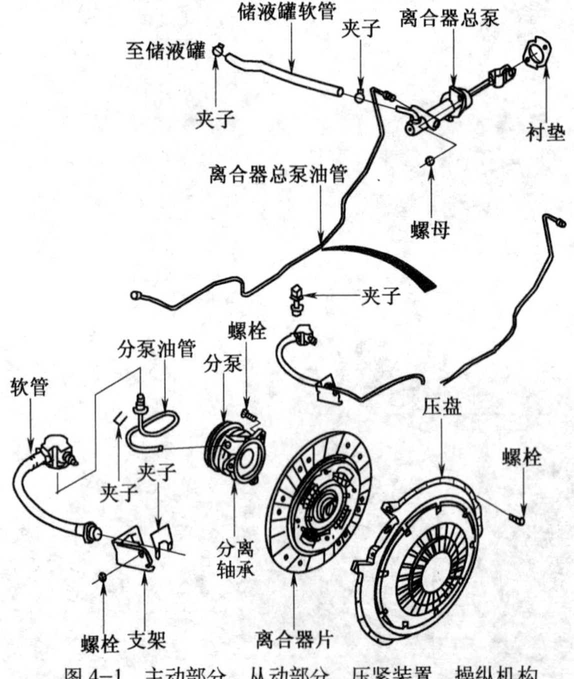

图 4-1　主动部分、从动部分、压紧装置、操纵机构

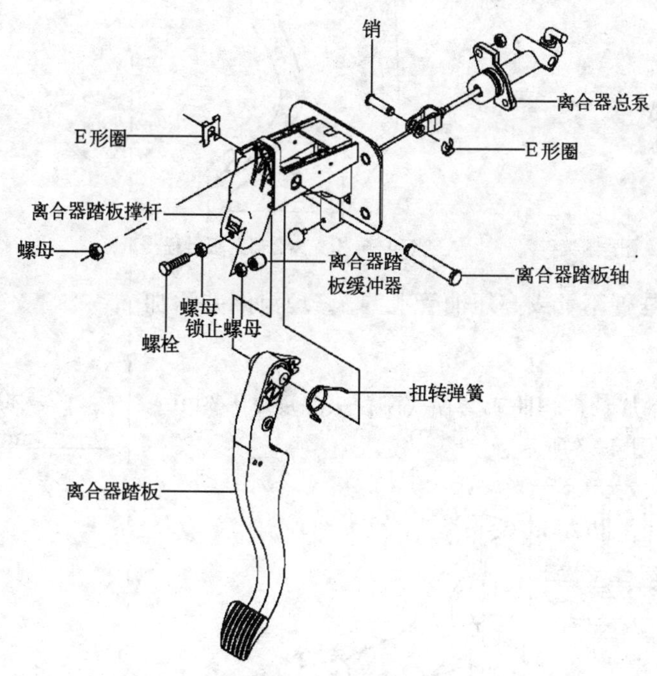

图 4-2 操纵机构

教学内容

一、离合器分离不清故障诊断步骤

1．检查离合器踏板自由行程是否正确（用手轻压离合器踏板并在感到有阻力时测量踏板下降距离），如图 4-3 所示。松开锁止螺母并转动推杆，调整离合器踏板自由行程，如图 4-4 所示。离合器踏板自由行程应在 6 ~ 12 mm。松开锁止螺母并转动螺栓，调整离合器踏板行程，如图 4-5 所示。离合器踏板行程应在 130 ~ 140 mm，如图 4-6 所示。

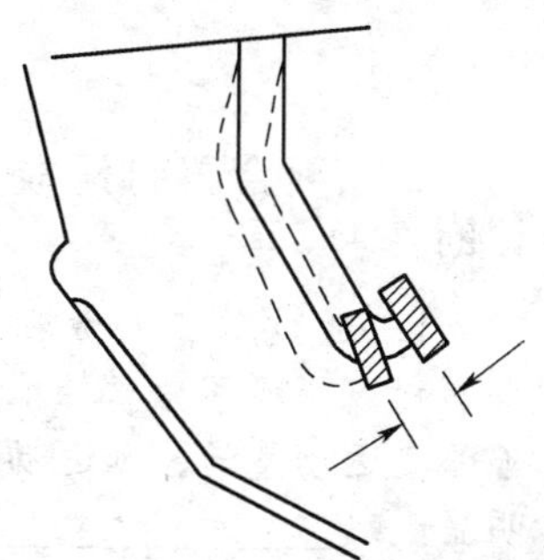

图 4-3 检查离合器踏板自由行程

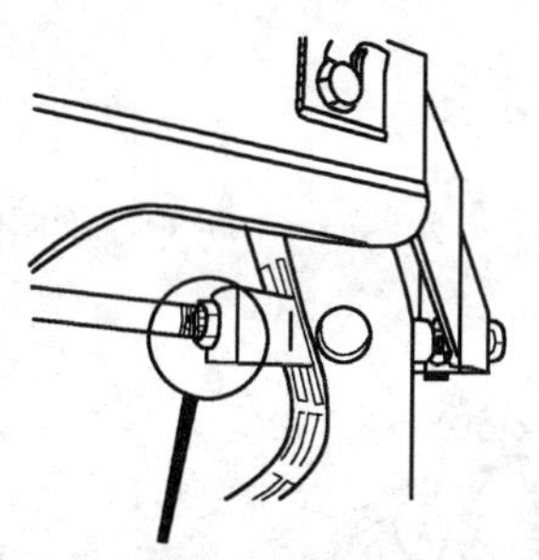

图 4-4 调整离合器踏板自由行程

实训内容

一、离合器分离不清故障诊断

1．测量离合器踏板自由行程是______mm，离合器踏板行程是______mm。需要进行调整吗？

（需要）______

（不需要）______

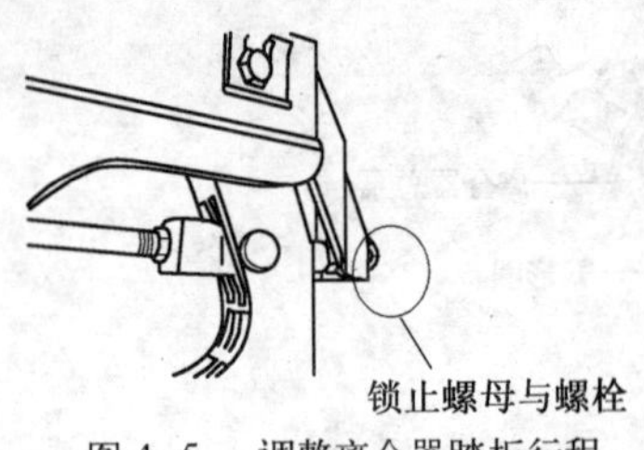

图 4–5　调整离合器踏板行程

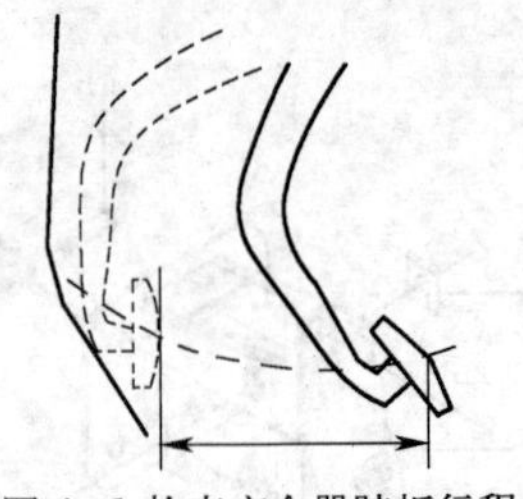
图 4–6 检查离合器踏板行程

2．检查机油是否不足或高压油管泄漏，修理泄漏并添加机油。

3．检查离合器片是否翘曲或磨损（铆钉头深度：0.3 mm。更换离合器片，如图 4–7 所示。

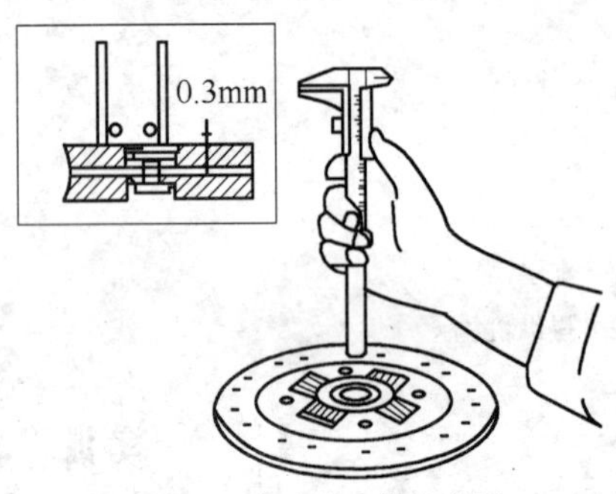

图 4–7　检查离合器片磨损

4．检查输入轴花键是否磨损，如图 4–8 所示。若磨损，更换输入轴花键。

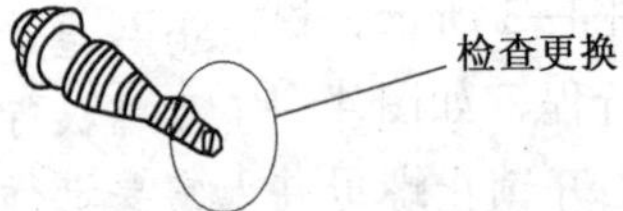

图 4–8　检查输入轴花键磨损

5．检查膜片弹簧是否损坏，如果损坏更换压盘。

二、离合器打滑故障诊断步骤

1．检查离合器分泵是否卡滞，如图 4–9 所示。如果卡滞，更换分泵。

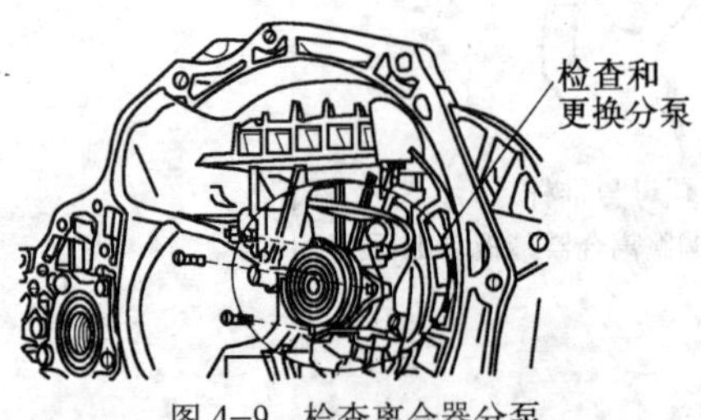

图 4–9　检查离合器分泵

2. 检查铆钉头深度是________mm。

二、离合器打滑故障诊断

1. 通过踩下和放松离合器踏板，观察分离轴承是否随之运动灵活。如运动不明显说明________________。

2．检查离合器油路是否有空气。如果有空气，进行排气，如图 4-10 所示。

3．检查离合器片是否磨损或离合器油是否污染。如果是，更换离合器片或者更换离合器油。

4．检查压盘是否翘曲，如图 4-11 所示。翘曲量一般不大于 0.5 mm，否则更换压盘。

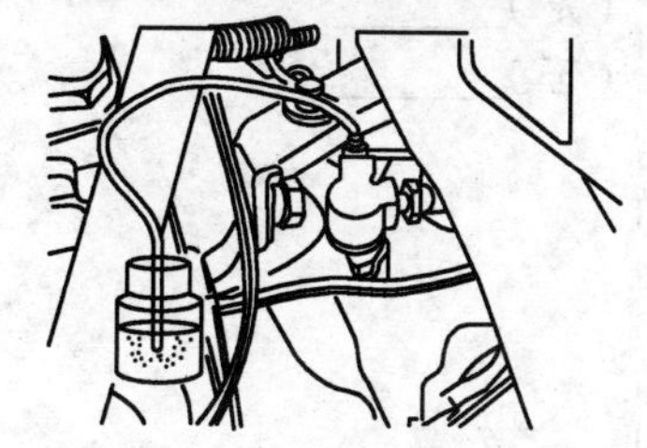

图 4-10 检查离合器油路是否有空气

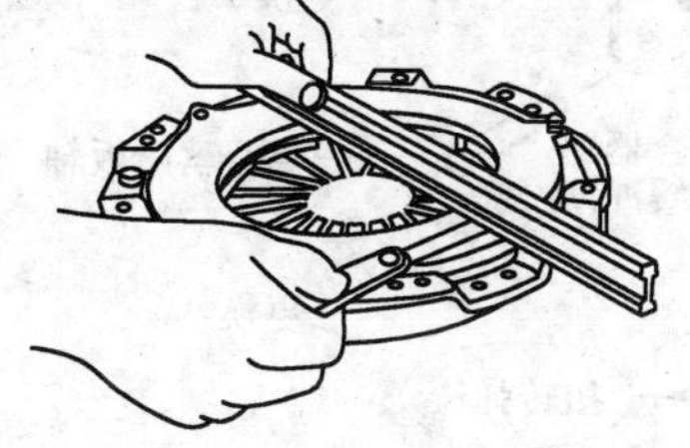

图 4-11 检查压盘是否翘曲

三、离合器踏板有噪声故障诊断步骤

1．检查离合器踏板衬套（缓冲器）是否润滑不良，如图 4-12 所示。如果是，更换润滑离合器踏板衬套。

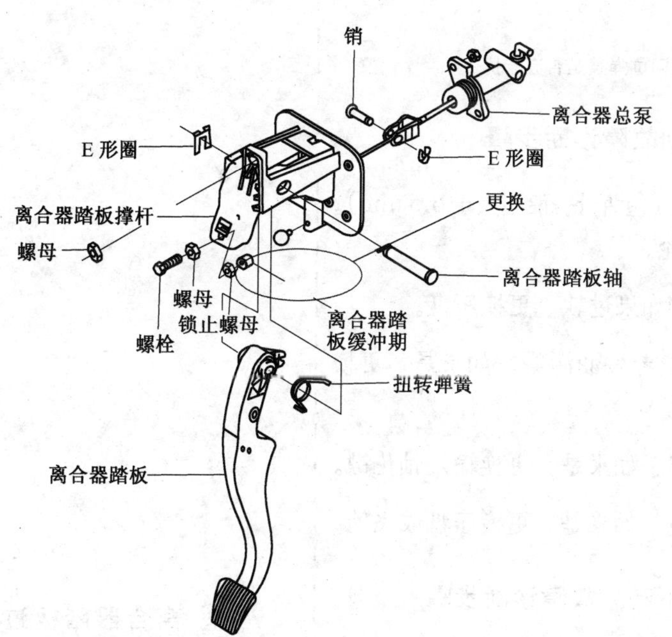

图 4-12 检查离合器踏板衬套（缓冲器）的润滑

2．检查离合器油路是否有空气？

（是）________

（否）________

（1）制动液必须保持在 MIN（最低）或以上。将软管连接到放气塞上，将另一端插入装有一半制动液的玻璃容器。

（2）缓慢来回踩动离合器踏板几次。踩离合器踏板时，松开放气螺塞，直到开始有油液流出，关闭放气螺塞。

（3）重复步骤 2，直到油液不带气泡为止。将制动液加注到储液罐中，直到液面合适。

3．检查离合器片是否磨损或离合器油是否污染。

（是）________

（否）________

4．检查压盘的翘曲量是________mm。

三、离合器踏板有噪声故障诊断

1．检查离合器踏板衬套（缓冲器）是否润滑不良。

（是）________

（否）________

2．检查离合器踏板回位弹簧是否有干扰，如图 4-13 所示。如果是，拆卸并重新安装离合器踏板。

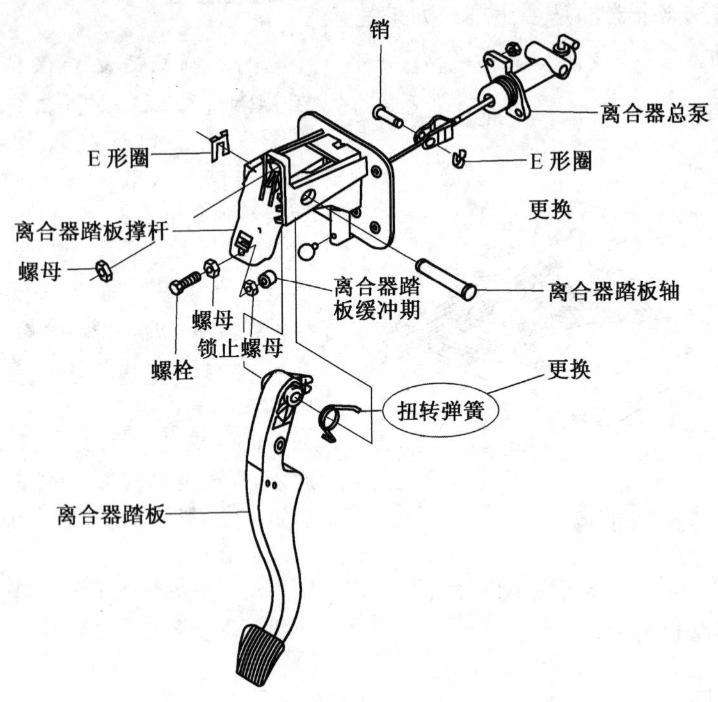

图 4-13　检查离合器踏板回位弹簧是否有干扰

2. 检查离合器踏板回位弹簧是否有干扰。
(是)________
(否)________

四、松放离合器时出现振动故障诊断步骤

1．检查飞轮是否污染或翘曲，(翘曲量一般不大于 0.5 mm)。如果是，清洁飞轮表面或更换飞轮。

2．检查膜片弹簧是否损坏。如果过软，更换压盘。

3．检查离合器片是否损坏或者被油污染。如果是，更换离合器片。

4．检查输入轴花键是否磨损。如果是，更换输入轴花键。

5．检查压盘或飞轮是否翘曲。如果是，更换压盘或飞轮

五、离合器踏板过硬（踩不动）故障诊断步骤

1．检查离合器踏板轴是否润滑不良，如图 4-14 所示。如果润滑不良，加润滑脂润滑。

四、离合器踏板过硬故障诊断

1. 检查离合器踏板轴是否润滑不良。
(是)________
(否)________

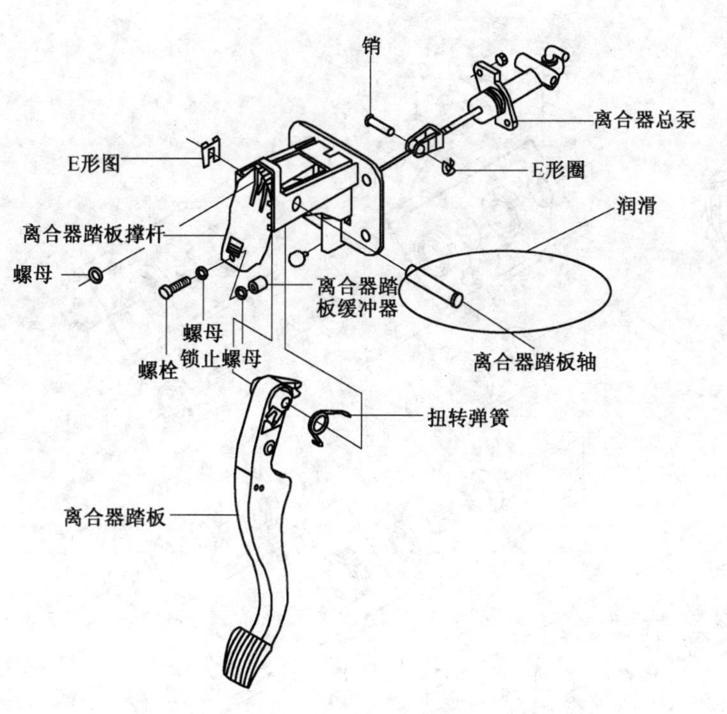

图 4-14　检查离合器踏板轴的润滑

2．检查油管是否堵塞，疏通或更换堵塞的油管。

3．检查分泵是否卡滞。如果是，更换分泵。

2. 检查油管是否堵塞。
(是)________
(否)________

活动二　手动变速器故障诊断

学习目标

知识目标
- 掌握变速器噪声故障诊断思路。
- 掌握变速器操纵机构故障诊断思路。
- 掌握主减速器和差速器故障诊断思路。

能力目标
- 能判断排除变速器噪声故障。
- 能规范排除变速器操纵机构故障。
- 能规范排除主减速器和差速器故障。

知识链接

手动变速器由齿轮传动组、操作机构和壳体组成，如图 4-15、图 4-16 所示。现在的变速器与主减速器和差速器是组装在一起的，如图 4-17 所示。连接车轮的还有半轴和万向节，如图 4-18 所示。

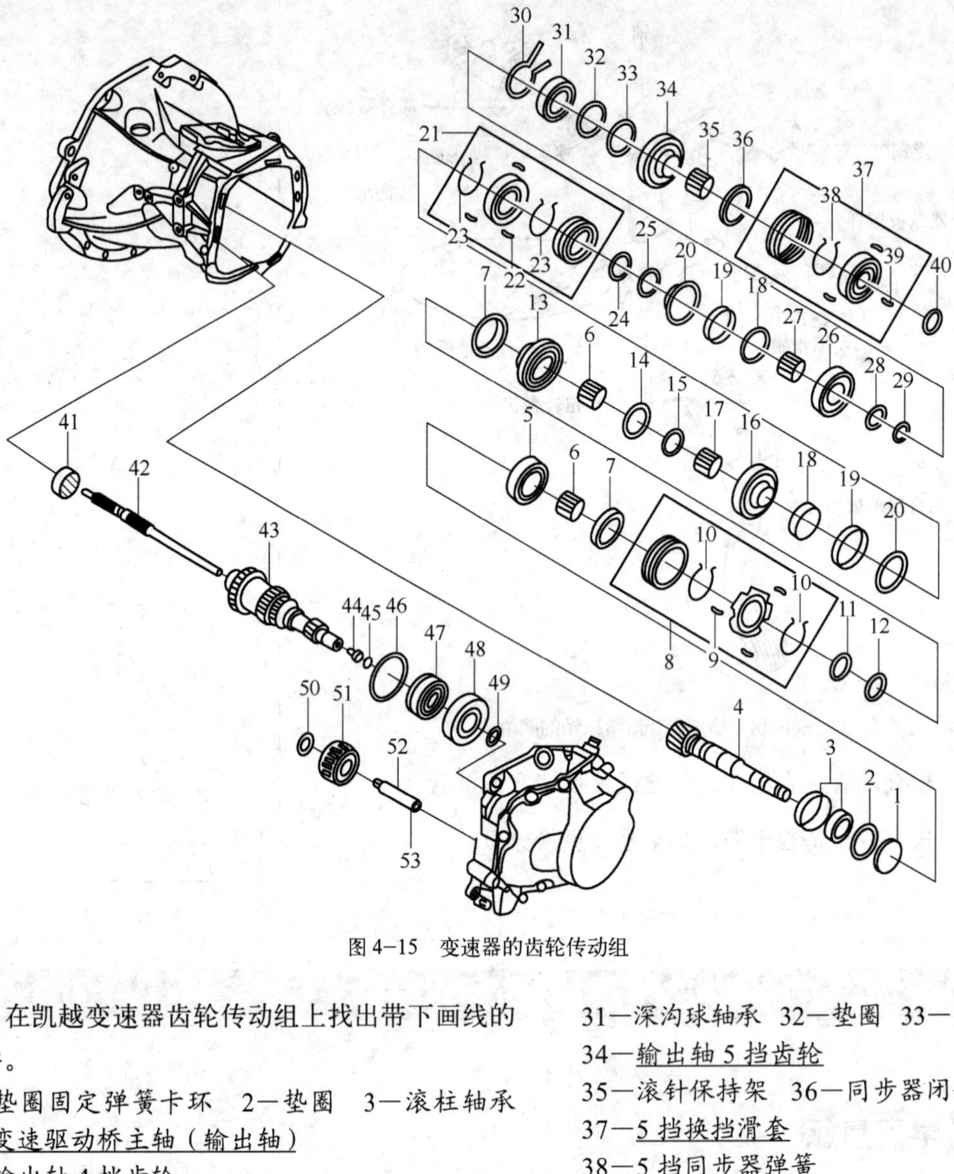

图 4-15　变速器的齿轮传动组

在凯越变速器齿轮传动组上找出带下画线的零件。

1—垫圈固定弹簧卡环　2—垫圈　3—滚柱轴承
4—变速驱动桥主轴（输出轴）
5—输出轴 4 挡齿轮
6—各齿轮轴承　7—同步器闭锁环　8—换挡滑
9—同步器键　10—3 挡和 4 挡同步器弹簧　11—垫圈
12—卡夹　13—输出轴 3 挡齿轮　14—垫圈
15—垫圈固定弹簧卡环
16—输出轴 2 挡齿轮
17—滚针保持架　18—内同步器闭锁环　19—中间环
20—外同步器闭锁环
21—滑动齿轮　22—1 挡和 2 挡同步器键
23—1 挡和 2 挡同步器弹簧　24—垫圈　25—卡夹
26—输出轴 1 挡齿轮　27—滚针保持架
28—滚针保持架　29—主轴盘　30—固定环
31—深沟球轴承　32—垫圈　33—固定环
34—输出轴 5 挡齿轮
35—滚针保持架　36—同步器闭锁环
37—5 挡换挡滑套
38—5 挡同步器弹簧
39—5 挡同步器键
40—固定环　41—滚针套
42—输入轴换挡
43—输入轴齿轮组
44—螺栓　45. 固定环
46—齿轮组轴承圈
47—深沟球轴承
48—5 挡齿轮组　49—固定环
50—垫圈
51—倒挡中间齿轮
52—倒挡中间齿轮轴
53—钢球

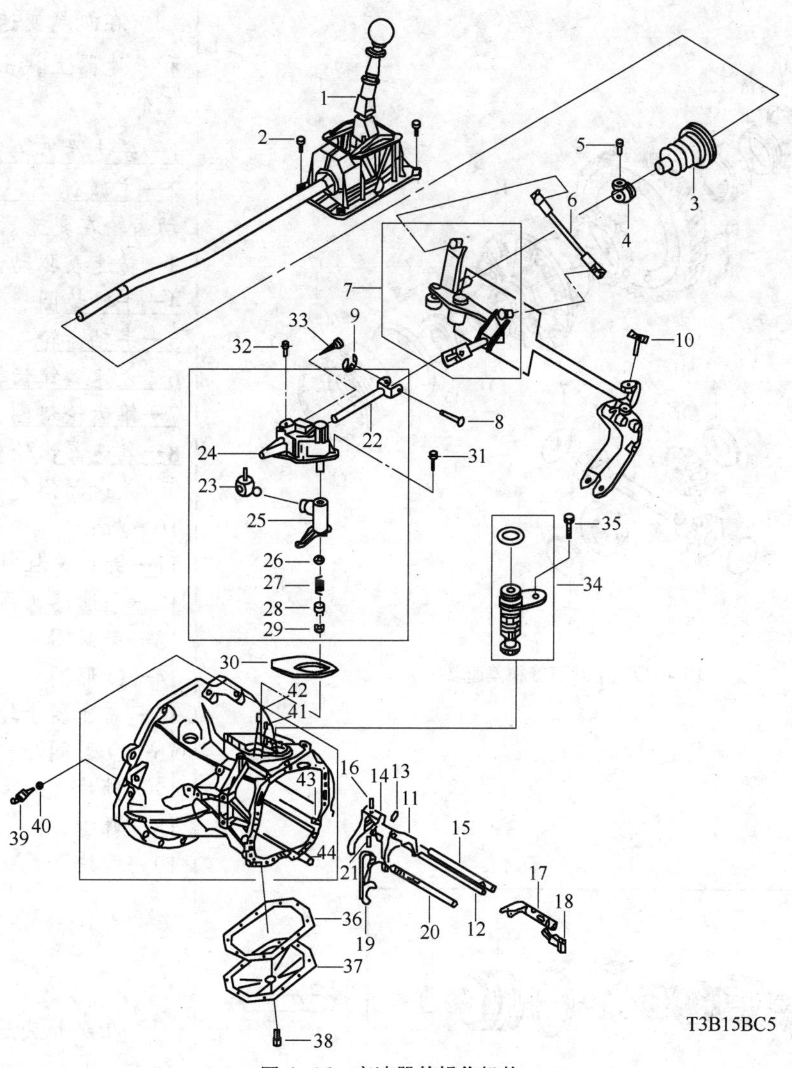

图 4–16 变速器的操作机构

在凯越变速器操作机构上找出带下画线的零件。

1—换挡控制 2—螺栓 3—换挡弯管
4—卡箍 5—螺栓 6—换挡控制模式
7—换挡导向控制 8—销 9—夹子
10—螺栓 11—1 挡和 2 挡换挡拨叉
12—1 挡和 2 挡换挡滑杆
13—销 14—3 挡和 4 挡换挡拨叉
15—3 挡和 4 挡换挡滑杆 16—销
17—5 挡啮合件
18—换挡滑杆棘爪
19—倒挡换挡拨叉
20—倒挡换挡滑杆
21—销 22—换挡滑杆
23—换挡销钉 24—换挡杆罩
25—换挡内杆 26—板
27—压簧
28—衬套 29—固定环
30—换挡盖衬垫 31—螺栓
32—孔塞 33—孔塞
34—转速表从动齿轮
35—螺栓
36—差速器齿轮盖板衬垫
37—差速器齿轮盖板
38—螺钉
39—倒车灯开关 40—O 形圈
41—销 42—销 43—套管 44—衬套

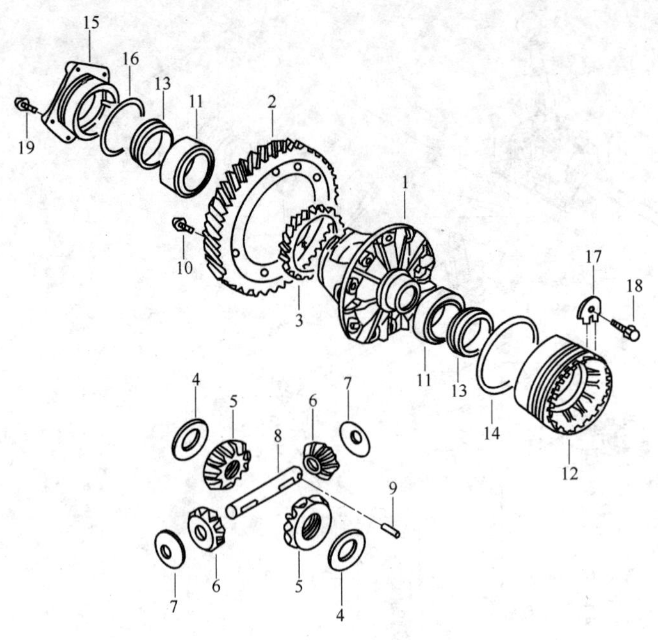

图 4-17　主减速器和差速器

在凯越变速器主减速器和差速器上找出带下画线的零件。

1—差速器齿轮壳体
2—主减速器从动齿轮（主动齿轮在变速器输出轴上）
3—转速表驱动齿轮
4—半轴垫圈
5—半轴齿轮
6—差速器锥齿轮
7—锥齿轮垫圈
8—差速器齿轮轴
9—差速器弹簧销
10—螺栓
11—圆锥滚柱轴承
12—差速器齿圈
13—轴封圈
14—O 形圈
15—差速器齿轮轴承凸缘
16—O 形圈
17—锁片
18—螺栓
19—螺栓

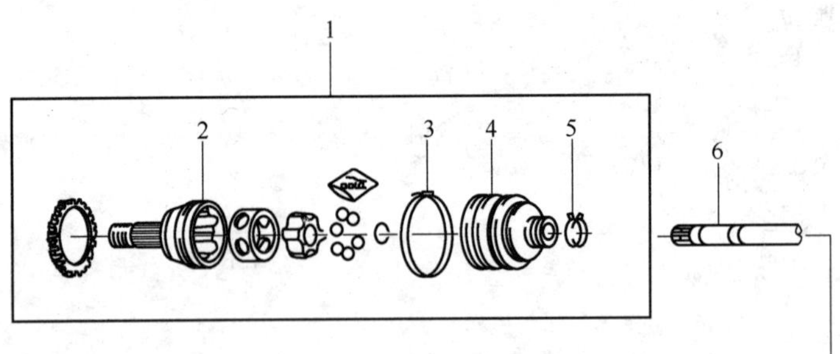

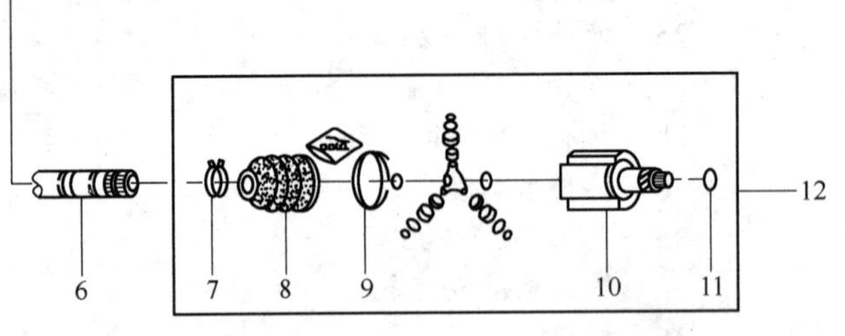

图 4-18　半轴与万向节

在凯越变速器半轴与万向节上找出带下画线的零件。

1—等速万向节总成
2—等速万向节
3—密封固定卡箍
4—驱动轴外密封
5—密封固定卡箍
6—半轴（驱动轴）
7—密封固定卡箍
8—驱动轴内密封
9—密封固定卡箍
10—三销壳体
11—弹簧卡环
12—三销轴式万向节总成

教学内容

一、转弯时噪声的故障诊断步骤

如果是向 2 个方向转向时均有噪声，检查差速器锥齿轮垫圈和差速器锥齿轮有无磨损，如图 4–19 所示。如果有，更换差速器锥齿轮垫圈和差速器锥齿轮。如果是向一个方向转向时有噪声，另一个方向转向无噪声，检查半轴齿轮垫圈和半轴齿轮有无磨损。如果有，更换半轴齿轮垫圈和半轴齿轮。

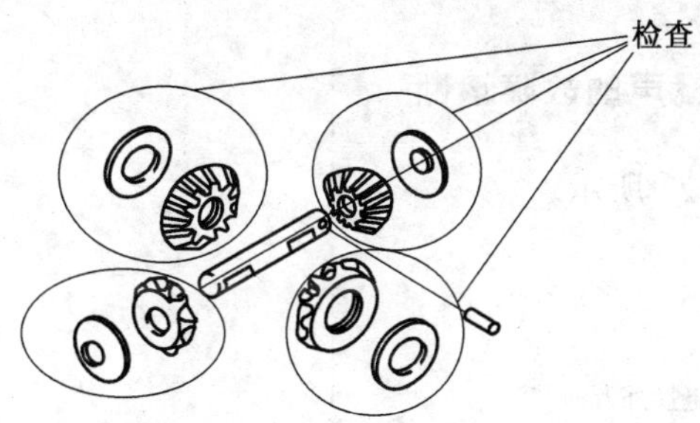

图 4–19　检查差速器锥齿轮垫圈和差速器锥齿轮、半轴齿轮垫圈和半轴齿轮

二、加速或减速时是否有沉闷金属声的故障诊断步骤

1．检查发动机支座是否松动，正常的拧紧力矩为 45 N · m，如图 4–20 所示。如果松动，拧紧至规定力矩。

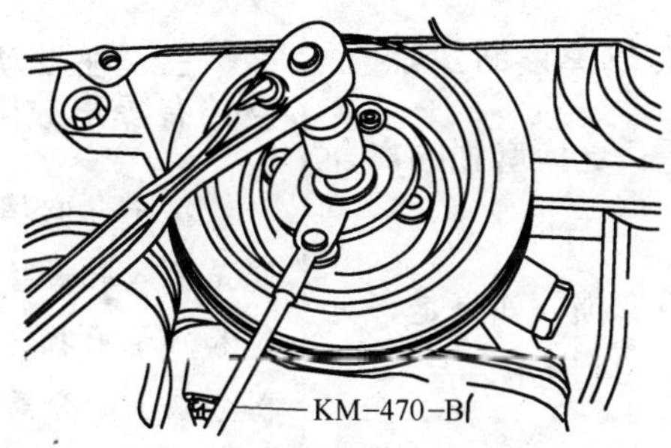

图 4–20　发动机支座拧紧力矩

2．更换磨损的驱动轴内侧万向节，如图 4–21 所示。

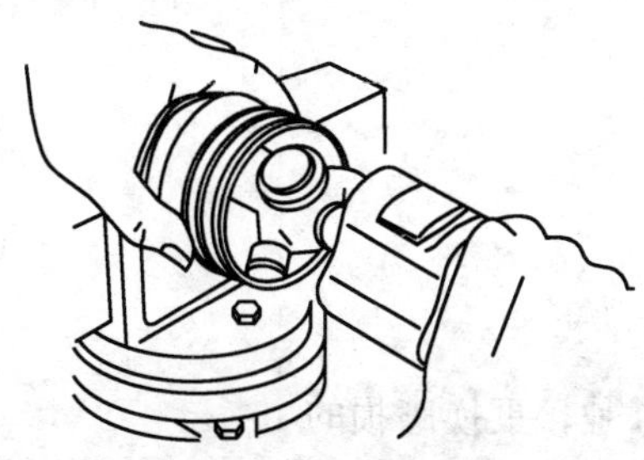

图 4–21　内侧万向节

实训内容

一、转弯时噪声故障诊断

记录检查的转向噪声。

____
__________。

二、加速或减速时是否有沉闷金属声的故障诊断

1．检查发动机支座拧紧力矩为______N · m。

3．更换壳体中磨损的差速器齿轮轴，如图 4-22 所示。

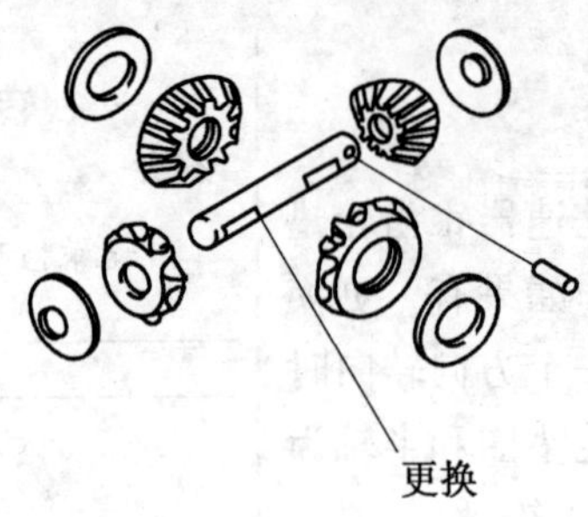

图 4-22　更换差速器齿轮轴

三、朝某一方向转弯时出现沉闷金属声的故障诊断

更换磨损的外侧等速万向节，如图 4-23 所示。

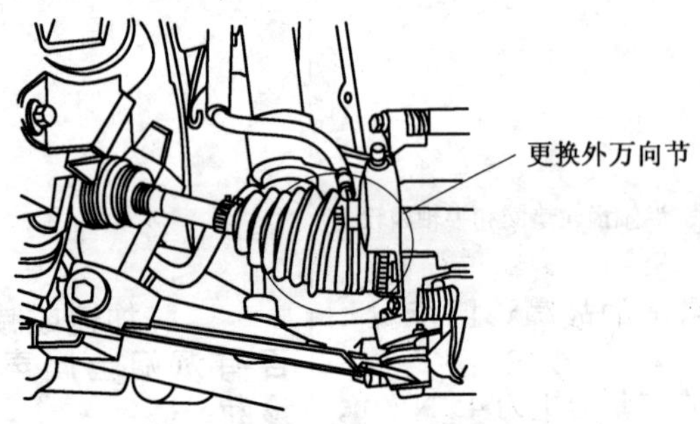

图 4-23　更换磨损的外侧等速万向节

四、在发动机运行时，空挡有噪声的故障诊断步骤

1．检查离合器分泵是否损坏，如果是，更换磨损的离合器分泵（见图 4-9）。

2．检查输入轴和输入轴上的齿轮是否磨损，如果是，更换磨损的输入轴和输入轴上的齿轮，如图 4-24 所示。

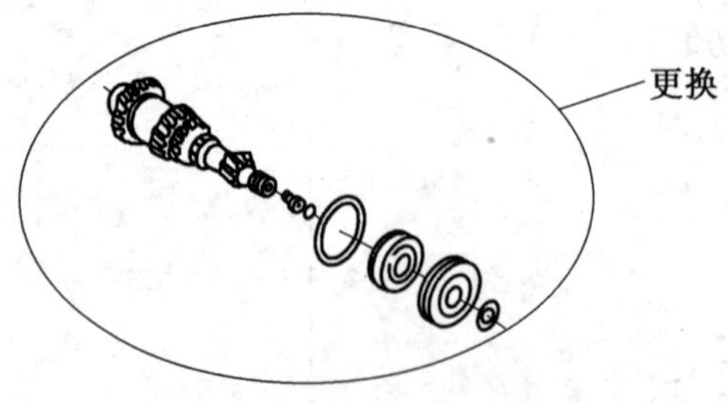

图 4-24　更换磨损的输入轴和输入轴上的齿轮

3．检查 1 挡齿轮 / 轴承是否磨损，如果是，更换磨损的 1 挡齿轮 / 轴承，如图 4-25 所示。

2．如果车辆变速时，发出沉闷的响声，你会检查________等部位。

在车上指出这些机构的具体位置________。

三、在发动机运行时，空挡有噪声故障诊断

提示：空挡有噪声，可能是输入轴和输出轴上的齿轮和轴承磨损，或者是离合器分泵上的分离轴承磨损。

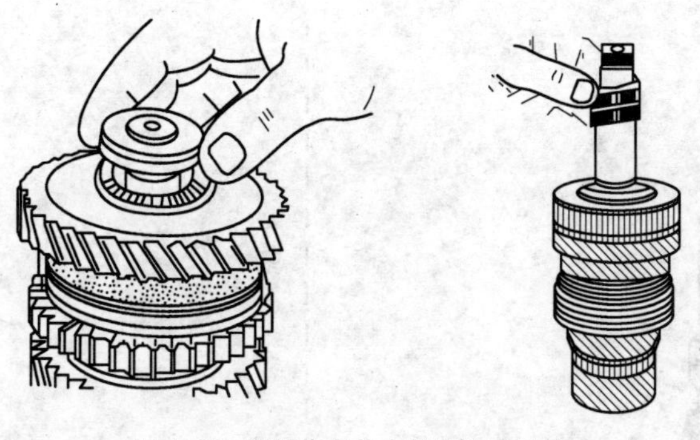

图 4-25 更换磨损的 1 挡齿轮 / 轴承

4．检查 2 挡齿轮 / 轴承是否磨损，如果是，更换磨损的 2 挡齿轮 / 轴承，如图 4-26 所示。

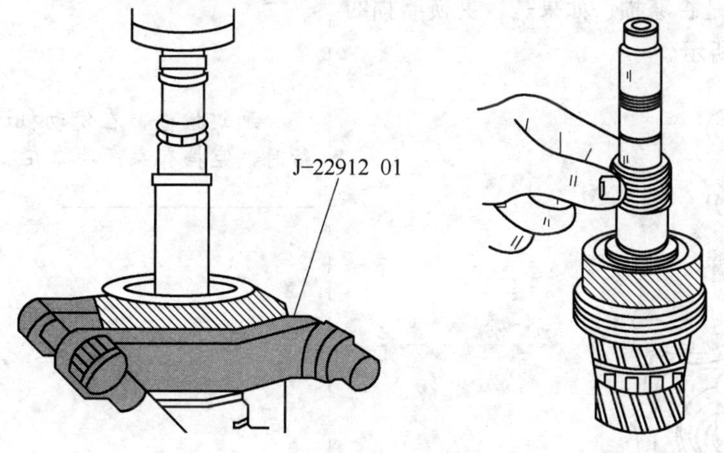

图 4-26 更换磨损的 2 挡齿轮 / 轴承

5．检查 3 挡齿轮 / 轴承是否磨损，如果是，更换磨损的 3 挡齿轮 / 轴承，如图 4-27 所示。

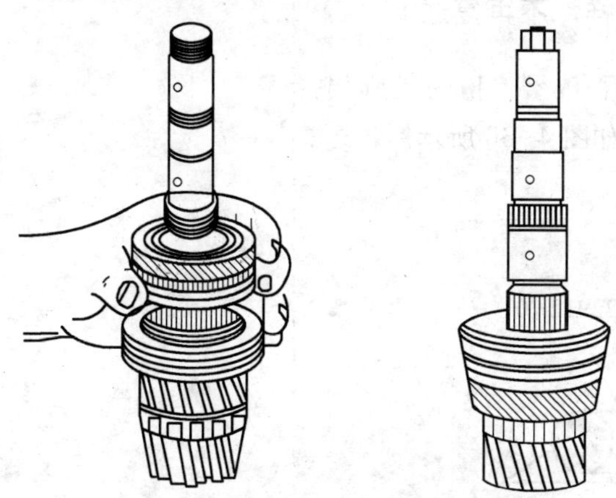

图 4-27 更换磨损的 3 挡齿轮 / 轴承

6．检查 4 挡齿轮 / 轴承是否磨损，如果是，更换磨损的 4 挡齿轮 / 轴承，如图 4-28 所示。

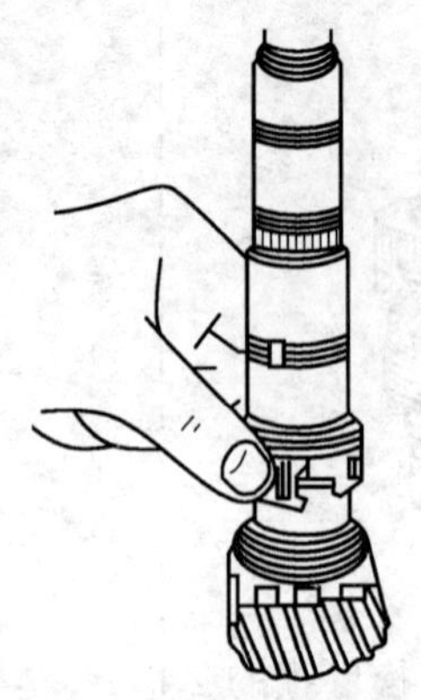
图 4–28　更换磨损的 4 挡齿轮

7. 检查 5 挡齿轮 / 轴承是否磨损，如果是，更换磨损的 5 挡齿轮 / 轴承，如图 4–29 所示。

通过检查，在发动机运行时，空挡有噪声故障在________________。

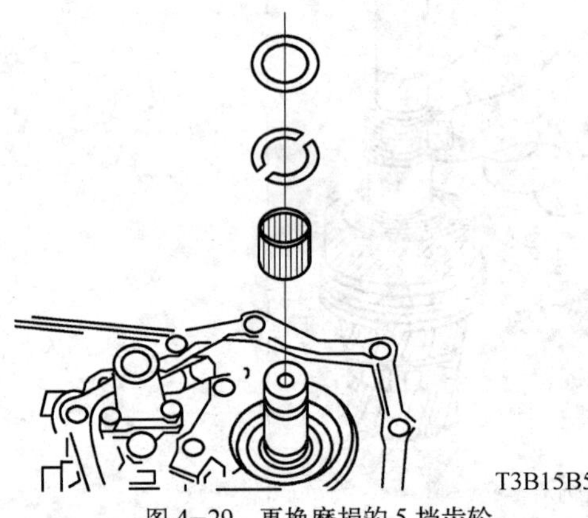

图 4–29　更换磨损的 5 挡齿轮

五、行驶中仅 1 挡齿轮是否有噪声故障诊断步骤（其他挡位齿轮有噪声，诊断思路与此一样，不再复述）

四、行驶中仅 1 档齿轮是否有噪声故障诊断

1. 检查输入轴 1 挡常啮合齿轮是否碎裂、擦伤或磨损，如果是，更换输入轴 1 挡常啮合齿轮，如图 4–30 所示。

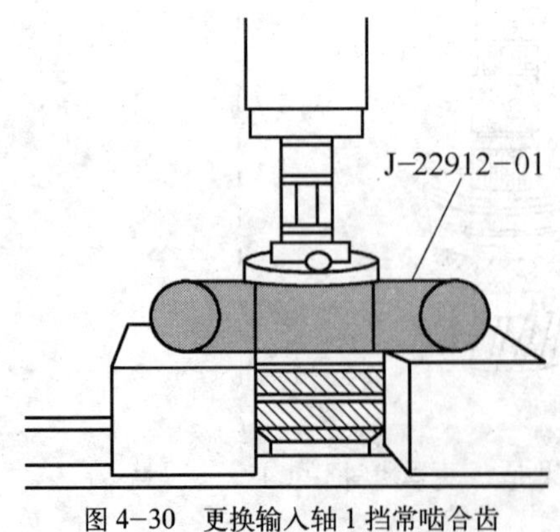

图 4–30　更换输入轴 1 挡常啮合齿

2．检查 1、2 挡同步器是否磨损。如果是，更换 1、2 挡同步器，如图 4–31 所示。

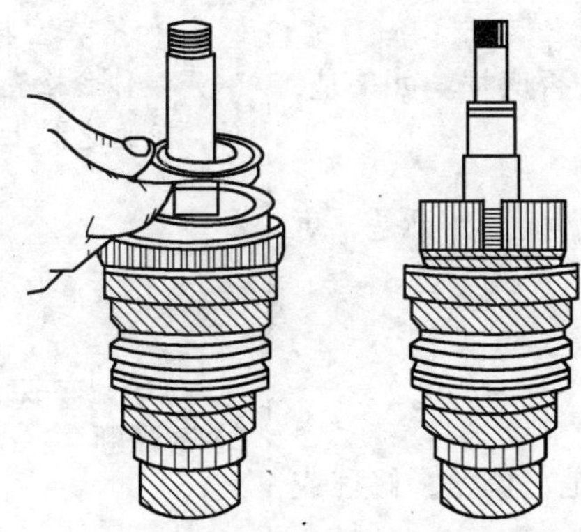

图 4–31　更换磨损的 1、2 挡同步器

3．检查 1 挡齿轮／轴承是否磨损，如果是，更换 1 挡齿轮／轴承（见图 4–25）。

4．检查差速器从动齿轮、差速器从动齿轮轴承是否磨损。如果是，更换差速器从动齿轮、差速器从动齿轮轴承、齿圈，如图 4–32 所示。

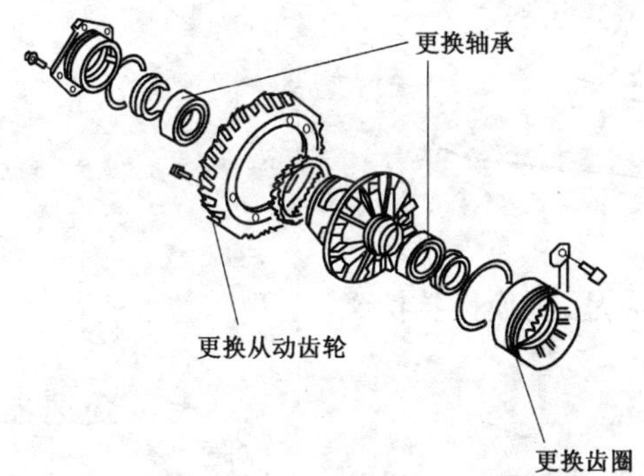

图 4–32　更换磨损的差速器从动齿轮、差速器从动齿轮轴承

5．检查 1 挡滑杆与拨叉是否磨损，如果是，更换 1 挡滑杆与拨叉，如图 4–33 所示。

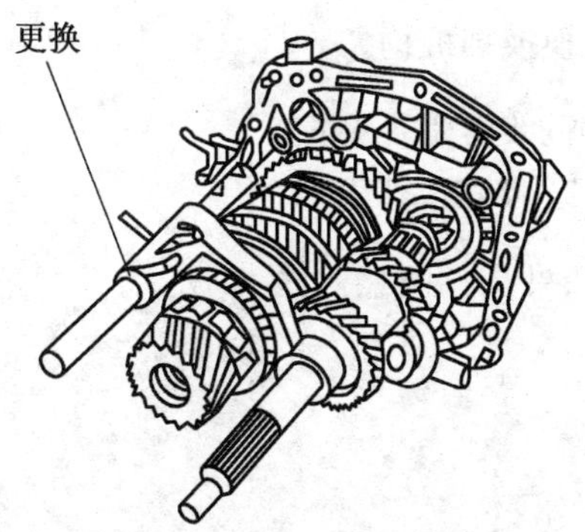

图 4–33 更换 1 挡滑杆与拨叉

如果行驶中仅 1 挡齿轮有噪声，你会检查________等部位，并在变速器上指出该机件。

六、在空挡时，齿轮有噪声故障诊断步骤

1．添加足够的润滑油。

2．检查输入齿轮轴或输出齿轮轴轴承是否磨损。如果是，更换输入齿轮轴或输出齿轮轴轴承。

3．检查输入齿轮轴或输出齿轮轴是否磨损。如果是，更换输入齿轮轴或输出齿轮轴。

七、变速驱动桥脱挡故障诊断步骤

1．检查换挡连杆总成是否卡滞。如果是，调整、修理或更换换挡连杆总成，如图 4–34 所示。

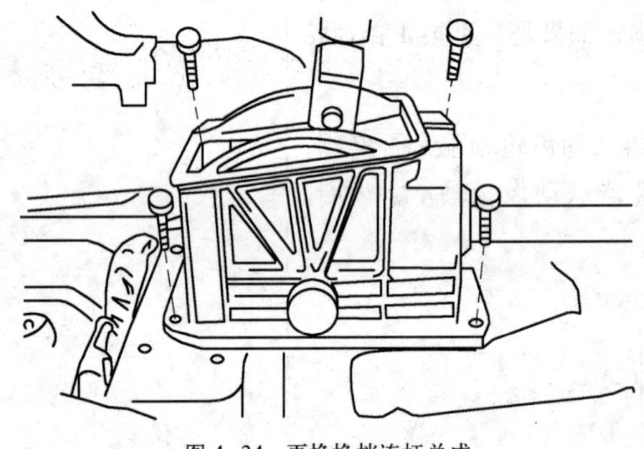

图 4–34　更换换挡连杆总成

2．检查换挡拨叉是否磨损或弯曲，如果是，更换换挡拨叉。

八、变速器换挡困难故障诊断步骤

1．检查离合器自由行程是否正确。如果不正确，调整离合器自由行程。

2．检查离合器分泵是否卡滞。如果卡滞，更换离合器分泵。

3．检查换挡机构是否卡滞。如果是，更换换挡机构。

4．检查 5 挡同步器，1、2 挡同步器，3、4 挡同步器是否磨损。如果是，更换 5 挡同步器，1、2 挡同步器和 3、4 挡同步器。

5．检查换挡杆和滑杆是否工作正常。如果是，调整、修理或更换换挡杆和滑杆。

五、在空挡时，齿轮有噪声故障诊断

如果在空挡时，齿轮有噪声，你会检查________等部位。在变速器上指出该机件。

六、变速驱动桥脱档故障诊断

如果变速驱动桥脱挡，你会检查____________等部位。在变速器上指出该机件。

七、变速器换挡困难故障

如果变速器换挡困难，你会检查____________等部位。在变速器上指出该机件。

活动三　变矩器故障诊断

知识目标

掌握变矩器故障诊断思路。

能力目标

能规范进行变矩器系统的检测。

知识链接

带锁止离合器的变矩器由泵轮、涡轮、导轮和锁止离合器等组成，如图 4-35 所示。

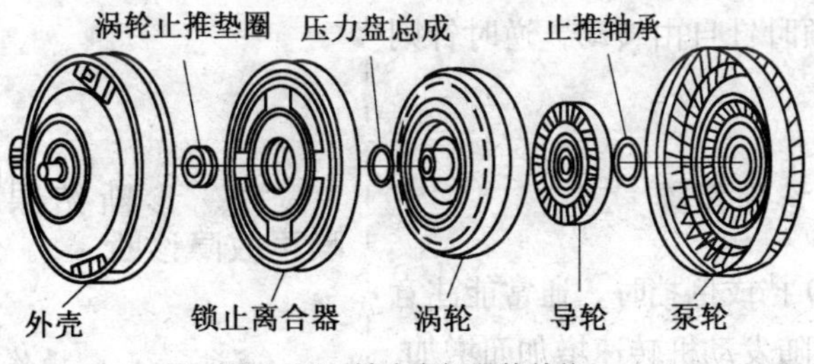

图 4-35　锁止变矩器的结构

在带自动变速器的汽车上找到变矩器。

教学内容

诊断锁止离合器（TCC）系统的检测：

一、锁止离合器诊断步骤

1．安装转速表及故障诊断仪（Tech-2）。

2．驾驶车辆直至发动机达到正常工作温度。

3．在节气门开度小时（道路阻力小），以 80 ~ 88 km/h 的速度行车。

4．保持节气门位置，轻触制动踏板并通过 Tech-2 观察变矩器离合器是否分离，发动机转速是否稍有增加。

5．缓慢松开制动踏板，加速并检查锁止离合器是否重新接合，且发动机转速稍有减小。

二、诊断结果 1——低速加速性能差

轿车起步加速性能差。当车速超过 50 ~ 55 km/h 时，轿车性能恢复正常。

实训内容

一、锁止离合器诊断

1. 判断锁止离合器工作状况使用________。

2. 踏下并放松制动踏板，发动机的转速如果没有变化，说明________工作不正常。

二、诊断结果 1——低速加速性能差

如果这辆车低速加速性能差，应检查________。

1．应首先确定排气系统是否堵塞，如果发动机能在空挡将转速提到很高，可以断定发动机排气系统正常。

2．根据 tech–2 的读数，确定起步时变速驱动桥是否挂在 1 挡。

3．如果在 D 挡和 R 挡加速性能差，可能是导轮不能转动。

三、诊断结果 2——高速加速性能差

发动机转速和车速在高速运行时，加速受到限制。而静止起步时，加速性能正常。同时发动机过热。

1．目测检查变矩器，是否因过热而使其壳体显示蓝色。

2．如果变矩器已经拆卸，检查导轮单向离合器。将两个手指插入滚柱离合器的花键内圈并顺时针自由转动，逆时针则不转动为正常。

四、诊断结果 3——噪声故障诊断步骤

当车辆停止且变速驱动桥挂在 D 挡或倒挡时，通常能注意到变矩器发出呜呜声。而且，噪声将随发动机转速增加而增加。当车辆移动或变矩器离合器接合时，由于变矩器的两半转速相同，噪声消失。执行失速测试，判断噪声的确来自变矩器：

1．把脚放在制动踏板上。

2．将选挡杆挂上 D 挡。

3．踩油门踏板，使转速达到约 1 200 r/min，但不超过 6 s。此时，变矩器噪声会增大。

五、诊断结果 4——锁止离合器抖动

1．当变矩器锁止离合器接合或分离时抖动：

如果在变矩器锁止离合器接合时抖动，原因可能是涡轮轴密封泄漏，锁止离合器或壳体表面变形。

2．在变矩器锁止离合器接合后抖动：

在这种情况下，变速驱动桥多半没有故障，常因发动机故障造成。进行以下检查，以免误诊变矩器离合器抖动故障或不必要地拆卸变速驱动桥和／或更换变矩器：

（1）火花塞：检查绝缘体是否开裂、电阻过高或断开。

三、诊断结果 2——高速加速性能差

如果这辆车高速加速性能差，应检查_______。

四、诊断结果 3——噪声故障诊断

通过_______操作，判断变矩器噪声。

警告：如果踩住油门的时间超过 6 s，会损坏变速驱动桥。

注意：不能将该噪声与油泵呜呜声噪声混淆，油泵呜呜声通常在 P 挡、N 挡和所有其他区段出现。油泵呜呜声随自动变速器工作压力的变化而变化。

五、诊断结果 4——锁止离合器抖动

1．在锁止离合器在抖动时，应该检查_________。

2．锁止离合器在______出现抖动，应主要检查发动机。

(2) 火花塞导线：端部闭合，如果出现红色粉尘（臭氧）或黑质（碳），则导线损坏。此外，查看导线是否褪色变白，变白表明快速加速时起电弧。

(3) 点火线圈：查看底部是否出现黑色，出现则表明发动机缺火时起弧。

(4) 喷油器：滤清器可能堵塞。

(5) 真空泄漏：发动机得不到正确的供油量。可能过浓，也可能过稀，取决于泄漏的部位。

(6) 排气再循环阀：导致混合气未完全燃烧，使发动机混合气变稀。

(7) 进气歧管绝对压力传感器：与真空泄漏一样，发动机得不到正常操作所需的燃油量。

(8) 进气门积碳：限制空气/燃油混合气进入气缸。

(9) 凸轮磨平：气门开度不够。

(10) 氧传感器：指令发动机过浓或过稀的时间过长。

(11) 燃油压力：过低。

(12) 发动机支座：变矩器离合器接合增大机架振动。

(13) 气门位置传感器：在许多发动机上，变矩器离合器根据节气门位置传感器接合和分离。如果节气门位置传感器超过规格，变矩器离合器可能会在发动机初始起动时保持接合状态。

(14) 气缸平衡度：活塞环损坏或气门密封不严，导致气缸功率下降。

(15) 燃油污染：导致发动机性能恶化。

活动四　自动变速器故障诊断

学习目标

知识目标	能力目标
掌握变矩器故障诊断思路。	能规范进行变矩器系统的检测。

知识链接

自动变速器的结构

自动变速器由三部分组成，除了变矩器还有：

1．行星齿轮组：将变矩器传来的动力通过改变传动比达到最经济行驶状态。

2．液压控制系统：其作用是控制行星齿轮组的传动比，如图 4-36 所示。

齿轮传动组　　液力控制装置

图 4-36　自动变速器的主要组成部分

现代汽车自动变速器的液力控制装置大多是计算机控制，由输入转速传感器、输出转速传感器、自动变速器油温传感器、保持模式控制开关、自动变速器挡位区域开关、自动变速器控制模块和 6 个电磁阀组成，如图 4-37、图 4-38 所示。

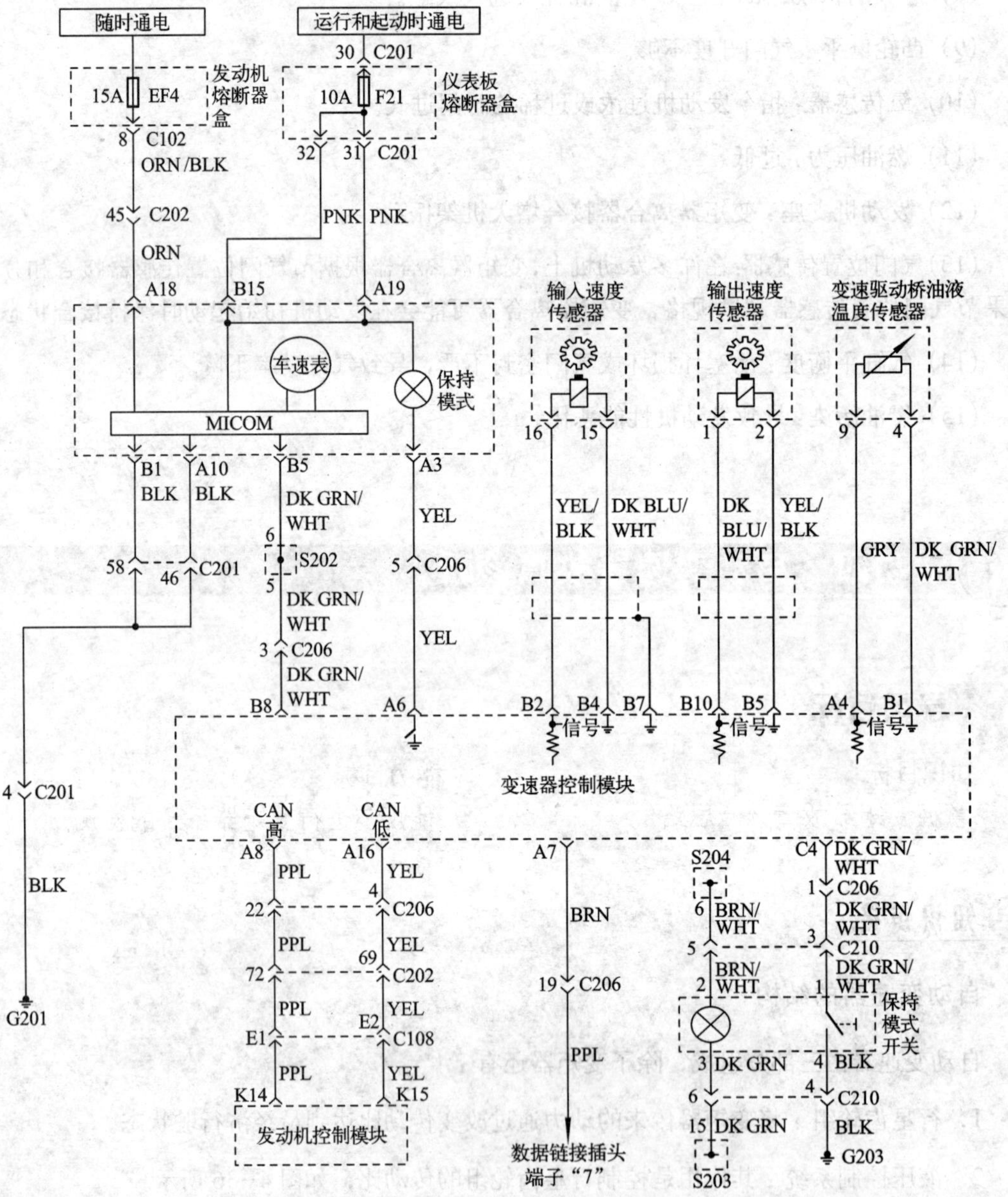

随时通电
运行和起动时通电
30 C201
15A EF4 发动机熔断器盒
10A F21 仪表板熔断器盒
8 C102
ORN /BLK
32 31 C201
PNK PNK
45 C202
ORN
A18 B15 A19
车速表
保持模式
MICOM
B1 A10 B5 A3
BLK BLK
DK GRN/WHT
YEL
6 S202 5
58 46 C201
5 C206
DK GRN/WHT
YEL
3 C206
DK GRN/WHT
B8 A6
输入速度传感器
输出速度传感器
变速驱动桥油液温度传感器
16 15 1 2 9 4
YEL/BLK DK BLU/WHT DK BLU/WHT YEL/BLK GRY DK GRN/WHT
B2 B4 B7 B10 B5 A4 B1
信号 信号 信号
变速器控制模块
4 C201
BLK
G201
CAN 高 CAN 低
A8 A16 A7
PPL YEL BRN
22 4 C206
PPL YEL
72 69 C202
PPL YEL
E1 E2 C108
PPL YEL
K14 K15
发动机控制模块
19 C206
PPL
数据链接插头端子“7”
S204
6 BRN/WHT
5
BRN/WHT
2
3 DK GRN
6
15 DK GRN
S203
C4 DK GRN/WHT
1 C206
DK GRN/WHT
3 C210
DK GRN/WHT
1
保持模式开关
4 BLK
4 C210
BLK
G203

图 4-37　自动变速器电路图 1

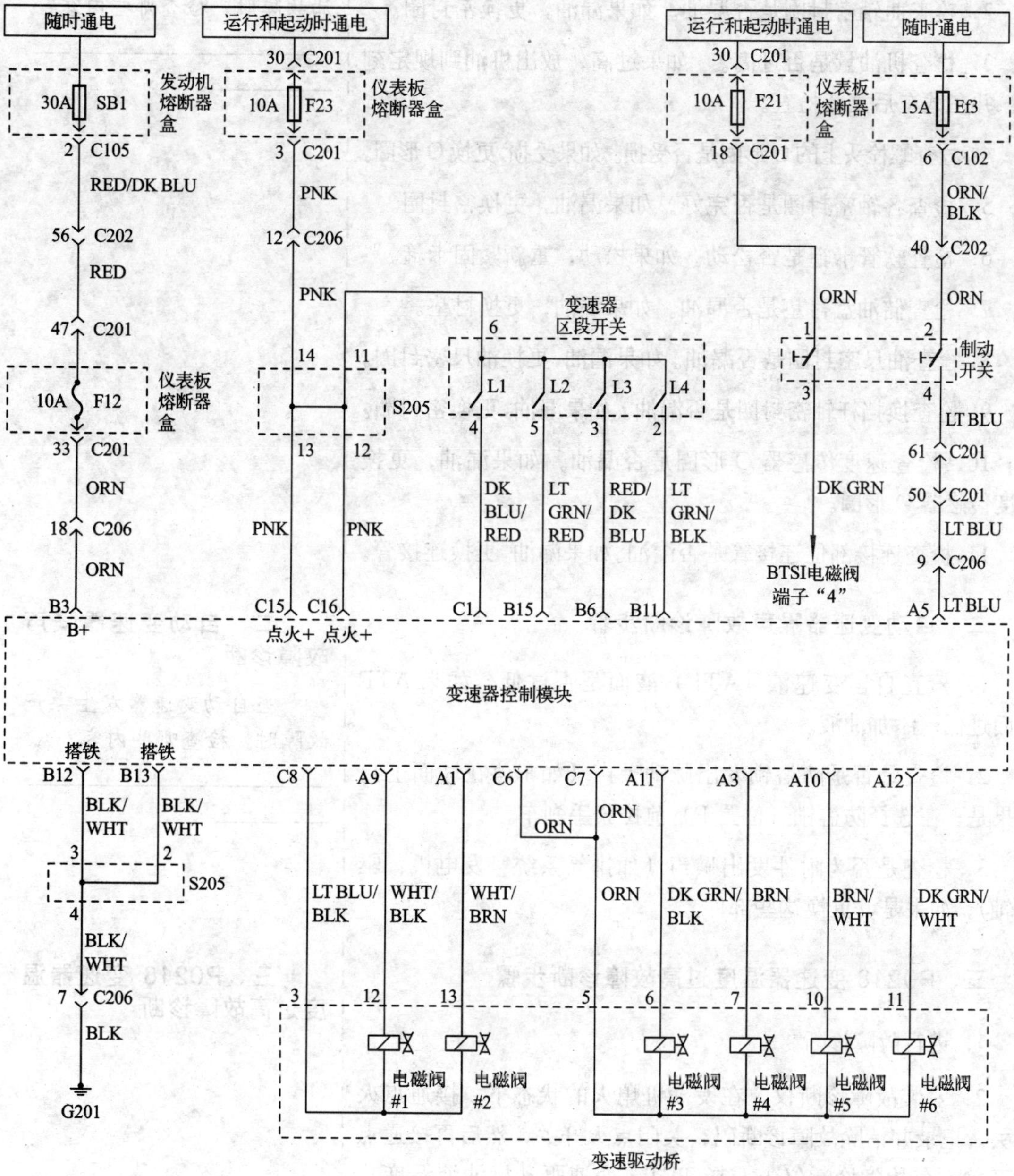

图 4-38　自动变速器电路图 2

教学内容

一、自动变速器漏油检查步骤

1. 检查变矩器密封是否漏油。如果漏油，更换变矩器密封。

实训内容

一、自动变速器漏油检查

当自动变速器发生漏

2．检查曲轴密封圈是否漏油。如果漏油，更换密封圈。

3．检查机油量是否过高。如果过高，放出机油到规定刻度，并在试车后重新检查。

4．检查螺栓头上的O形圈是否受损。如果受损,更换O形圈。

5．检查各轴密封圈是否完好。如果漏油，更换密封圈。

6．检查软管卡箍是否松动。如果松动，重新紧固卡箍。

7．检查储油盘衬垫是否漏油。如果漏油，更换衬垫。

8．检查油尺密封圈是否漏油。如果漏油,更换油尺密封圈。

9．检查换挡杆轴密封圈是否漏油。如果漏油,更换密封圈。

10．检查速度传感器O形圈是否漏油。如果漏油，更换速度传感器O形圈。

11.检查连接部位连接管是否漏油。如果漏油,更换连接管。

油故障时，检查哪些内容？

______________________________。

二、自动变速器噪声故障诊断步骤

1．检查自运变速液（ATF）液面是否过低。如果ATF液面过低，添加油液。

2．检查是否是防盗锁发出脉动噪声（如车停在坡面上）。如果是，在选择防盗锁（位置P）前拉紧手刹车。

3．检查是否为附件发出噪声（如排气系统、发电机、驱动轴）。如果是，更换这些部件。

二、自动变速器噪声故障诊断

当自动变速器发生噪声故障时，检查哪些内容？

______________________________。

三、P0218变速器温度过高故障诊断步骤

1．进行故障诊断。

2．安装故障诊断仪，在发动机熄火的状态下，接通点火开关。记录并清除故障诊断码，关闭点火开关，然后再接通点火开关。在故障诊断仪上选择TFT（变速驱动桥油液温度）。驾驶车辆并观察故障诊断仪是否出现如下状况：在起动后80 s内，变速驱动桥油液温度变化不超过1.5℃。在起动后7 s内，变速驱动桥油液温度变化超过20℃（变化不太可能）。如果不是，说明系统正常；如果是，检查下一步。

3．将点火开关转到OFF，断开变速驱动桥导线连接器，测量变速驱动桥导线连接器端子9和4之间的电阻，如图4-39所示。电阻是否符合显示值？如果油液在25℃时电阻值为990 Ω，检查下一步；如果不是990 Ω，检查第5步。

三、P0218变速器温度过高故障诊断

1．检查端子9和4之间的电阻是_______Ω。

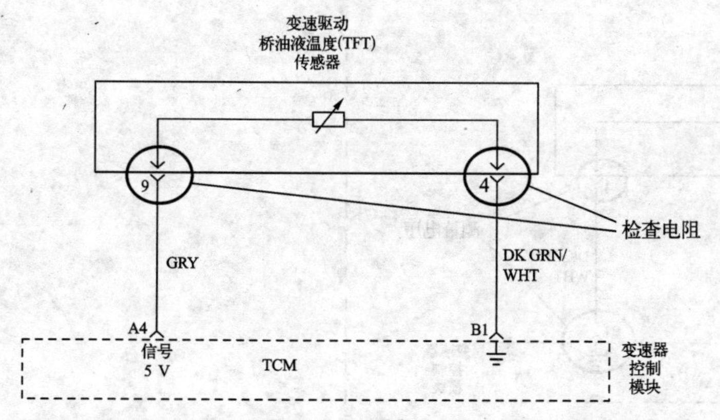

图 4-39　测量变速驱动桥导线连接器端子 9 和 4 之间的电阻

4．断开自动变速驱动桥导线连接器，再断开变速器控制模块（TCM）导线连接器。测量变速驱动桥导线连接器端子 4 和变速器控制模块导线连接器端子 B1 之间的电阻；测量变速驱动桥导线连接器端子 9 和变速器控制模块导线连接器端子 A4 之间的电阻，如图 4-40 所示。如果电阻值接近于 0，检查下一步；如果电阻值不接近于 0，检查自动变速驱动桥导线束是否间断性对搭铁短路或开路；检查自动变速驱动桥油液温度传感器线束是否间断性对搭铁短路或开路，必要时，修理电路。

图 4-40　检查端子 4 和端子 B1；端子 9 和 A4 之间的电阻

5．将点火开关转到 ON，测量变速器控制模块导线连接器端子 A4 上的电压；测量变速器控制模块导线连接器端子 B1 上的电压，如图 4-41 所示。如果电压值在 9 ~ 16 V 之间，检查自动变速驱动桥导线束是否间断性对电源短路；检查自动变速驱动桥油液温度传感器线束是否间断性对电源短路。必要时，修理电路。如果电压值不在 9 ~ 16 V 之间，更换变速器控制模块。

2．检查端子 4 和端子 B1、端子 9 和 A4 之间的电阻是______、______Ω。

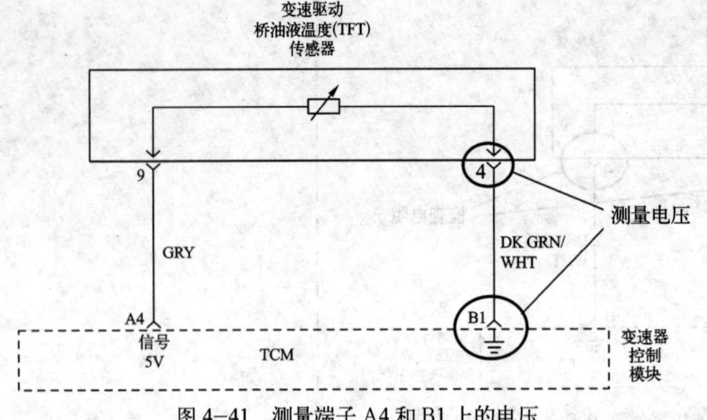

图 4-41　测量端子 A4 和 B1 上的电压

6．拆卸储油盘，断开变速驱动桥油液温度传感器导线连接器，检查自动变速驱动桥导线束是否间断短路或开路。如果是，更换自动变速驱动桥导线束；如果不是，更换变速驱动桥油液温度传感器。

7．清除故障码。

四、P0562 系统电压过低故障诊断步骤

1．安装故障诊断仪，将点火开关转到 ON，记录并清除故障诊断码，然后关闭点火开关。将点火开关转到 START 并起动发动机。将发动机转速提高到 1 200 r/min。在故障诊断仪上选择系统电压。驾驶车辆并在故障诊断仪上观察系统电压。如果电压值在 9 ~ 16 V 之间，检查下一步；如果电压值不在 9 ~ 16 V 之间，检查发动机电器系统。

2．接通前照灯，接通空调。将发动机转速提高到 1 200 r/min。在故障诊断仪上观察系统电压。如果电压值不在 9 ~ 16 V 之间，检查发电机；如果电压值在 9 ~ 16 V 之间，检查下一步。

3．如果 F23 或 SB1 烧断，车辆将不能起动。更换熔断器，接通点火开关，测量 F23、SB1 电压，如图 4-42 所示。如果电压值不在 9 ~ 16 V 之间，修理熔断器电压电路开路故障。如果电压值在 9 ~ 16 V 之间，检查下一步。

4．将点火开关转到 OFF，断开变速器控制模块导线连接器。测量 SB1 熔断器和变速器控制模块导线连接器端子 B3 之间的电阻，如图 4-43 所示。如果电阻不接近 0 Ω，修理电路（SB1 和端子 B3 之间）对搭铁短路或开路故障；如果电阻接近 0 Ω，检查下一步。

四、P0562 系统电压过低故障诊断

1．检查 F23、SB1 电压是________、________V。

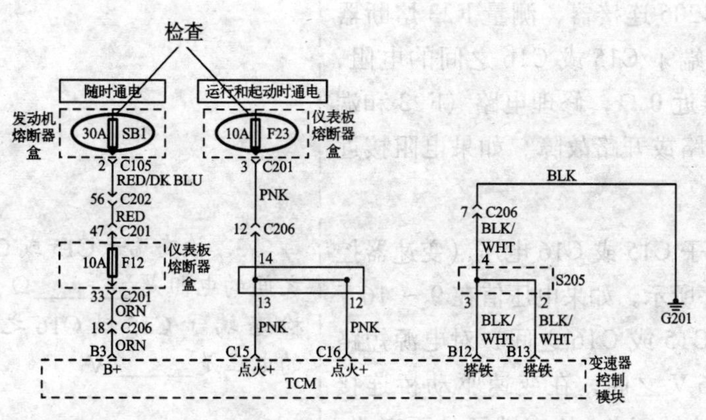

图 4-42 测量 F23、SB1 电压

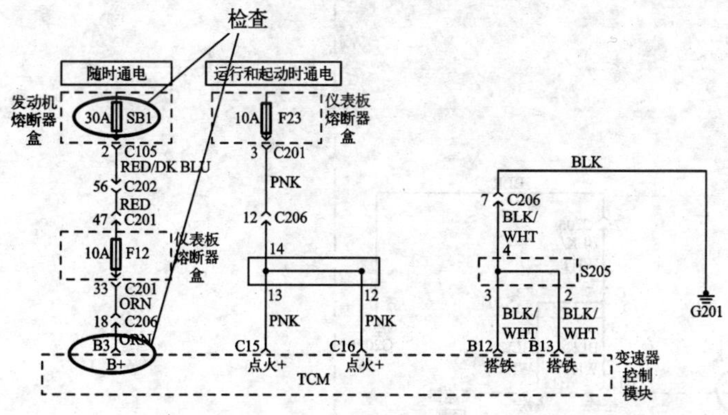

图 4-43 测量 SB1 熔断器和端子 B3 之间的电阻

5．断开 C105 连接器和变速器控制模块连接器，接通点火开关，测量端子 B3 电压（变速器控制模块导线连接器），如图 4-44 所示。如果电压值在 9 ~ 16 V 之间，修理 SB1 至变速器控制模块端子 B3 之间电路对电源短路故障。如果电压值不在 9 ~ 16 V 之间，检查下一步。

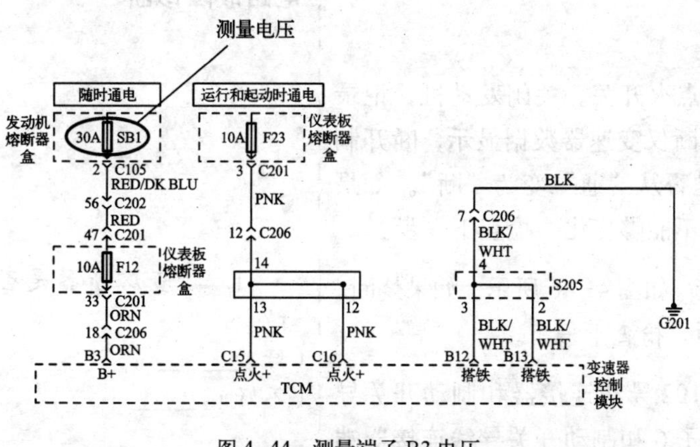

图 4-44 测量端子 B3 电压

2. 检查端子 B3 电压 ______V。

6．关闭点火开关，断开 C206 连接器，测量 F23 熔断器和变速器控制模块导线连接器端子 C15 或 C16 之间的电阻，如图 4–45 所示。如果电阻不接近 0 Ω，修理电路（F23 和端子 C15 或 C16 之间）对搭铁短路或开路故障。如果电阻接近 0 Ω，检查下一步。

7．接通点火开关，测量端子 C15 或 C16 电压（变速器控制模块导线连接器），如图 4–45 所示。如果电压值在 9 ~ 16 V 之间，修理电路（F23 和端子 C15 或 C16 之间）对电源短路故障。如果电压值不在 9 ~ 16 V 之间，在变速驱动桥连接器上检查变速驱动桥导线是否接触不良；检查端子是否弯曲、松脱、变形或损坏；检查端子压着力是否不足。如果不是，更换变速器控制模块。

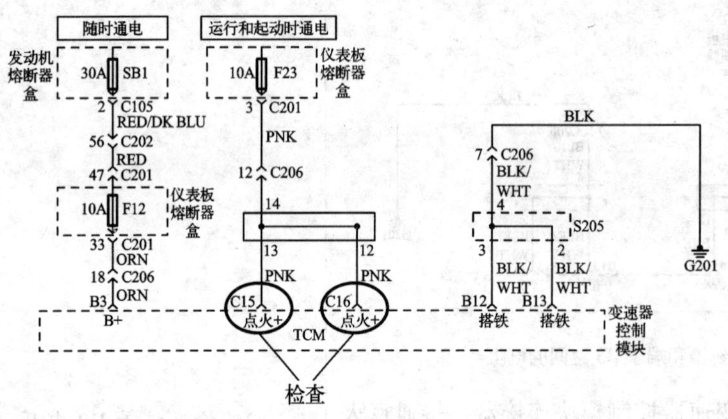

图 4–45 检查端子 C15 或 C16 之间的电阻和电压

8．清除故障码。

3．检查端子 C15 或 C16 之间的电阻是________Ω。检查端子 C15 或 C16 之间的电压是________V。

五、P0703 制动开关电路故障诊断步骤

1．进行故障诊断。

2．安装故障诊断仪，接通点火开关。关闭发动机，记录并清除故障诊断码，选择故障诊断仪变速器数据显示，断开制动开关连接器。制动开关状态是否从“通”变为“断”。如果能够变化，更换制动开关。如果不能够变化，检查下一步。

3．检查 E13 熔断器是否烧断，如图 4–46 所示。如果烧断，更换 EF3 熔断器。如果没有烧断，检查下一步。

4．关闭点火开关，断开 C102 导线连接器和制动开关导线连接器，测量 C102 连接器端子 6 和制动开关导线连接器端子 2 之间的电阻。如果电阻不接近 0 Ω，修理 C102 连接器和

五、P0703 制动开关电路故障诊断

1．检查熔断器是否完好？

（好）________

（不好）________

制动开关连接器之间的开路故障；如果电阻接近 0 Ω，检查下一步。

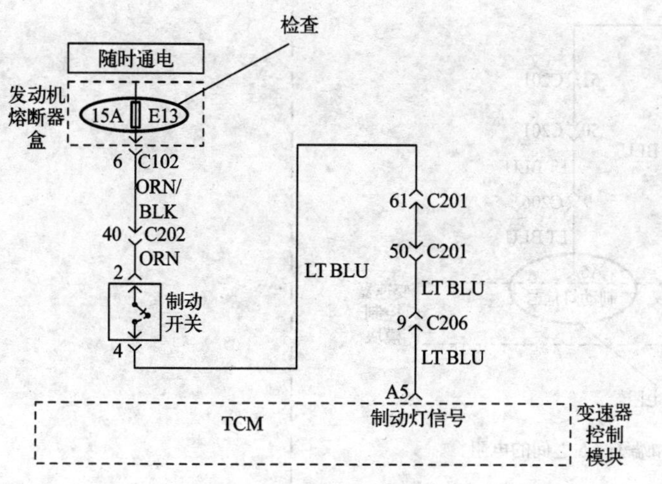

图 4-46 检查 E13 熔断器是否烧断

5．接通点火开关。测量 C102 连接器端子 6 上的电压，如图 4-47 所示。如果电压值在 11 ~ 14 V 之间，修理 C102 连接器和制动开关连接器之间的对电源短路故障。如果电压值不在 11 ~ 14 V 之间，检查下一步。

2．测量 C102 连接器端子 6 上的电压______V。

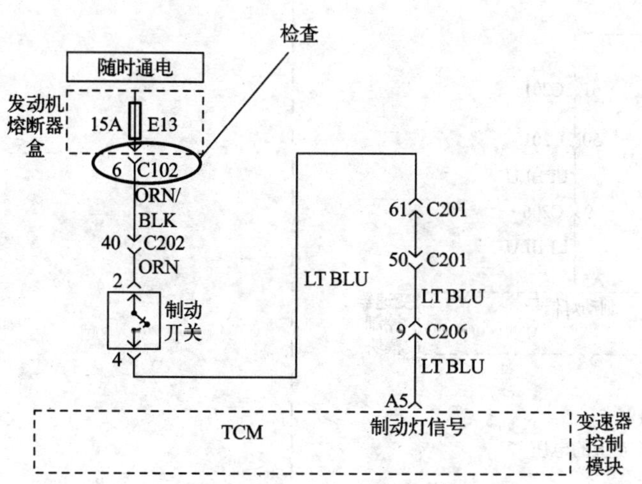

图 4-47 测量 C102 连接器端子 6 上的电压

6．关闭点火开关，断开制动开关导线连接器和变速器控制模块导线连接器。测量制动开关连接器端子 4 和变速器控制模块连接器端子 A5 之间的电阻，如图 4-48 所示。如果电阻不接近 0 Ω，修理制动开关连接器和变速器控制模块之间的开路或对搭铁短路故障。如果电阻接近 0 Ω，检查下一步。

3．测量端子 4 和端子 A5 之间的电阻是______Ω。

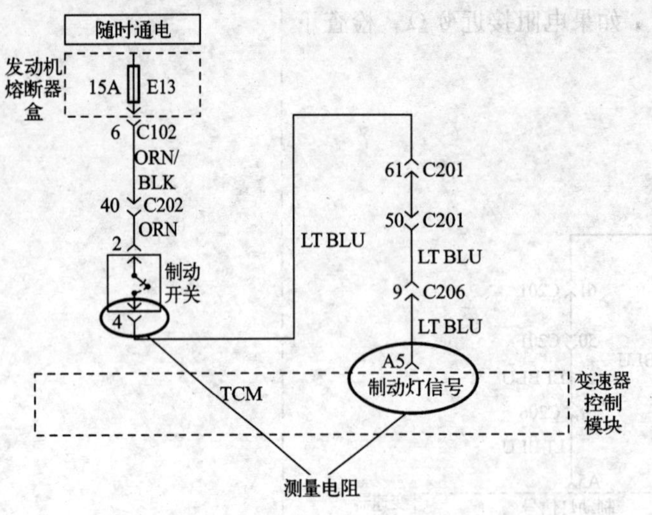

图 4-48　测量端子 4 和端子 A5 之间的电阻

7．接通点火开关，测量制动开关导线连接器端子 4 上的电压，如图 4-49 所示。如果电压值在 11 ~ 14 V 之间，修理制动开关导线连接器和变速器控制模块之间的对电源短路故障。如果电压值不在 11 ~ 14 V 之间，更换变速器控制模块。

4．测量端子 4 上的电压________V。

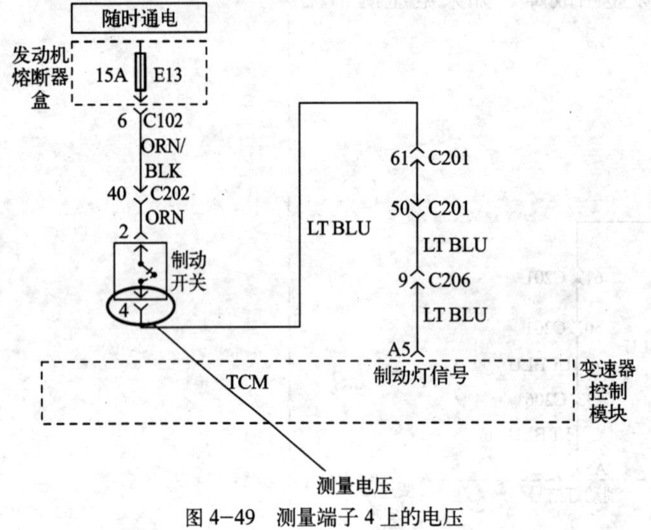

图 4-49　测量端子 4 上的电压

8．清除故障码。

六、P0705 变速器区段传感器输出对搭铁短路或开路故障诊断步骤

1．进行故障诊断。

2．安装故障诊断仪，接通点火开关，记录并清除故障诊断码，关闭点火开关，然后再接通点火开关。踩制动器并选择各个变速驱动桥区段（P、R、N、D、3、2、1），同时用故障

六、P0705 变速器区段传感器输出对搭铁短路或开路故障诊断

诊断仪监视。选定的每个变速驱动桥区段是否与故障诊断仪和信号区段表一致？如果一致，说明系统正常；如果不一致，检查下一步。

3．关闭点火开关，断开变速器控制模块导线连接器和发动机控制模块导线连接器，测量变速器控制模块导线连接器端子A8和发动机控制模块导线连接器端子K14之间的电阻，如图4–50所示。测量变速器控制模块导线连接器端子A16和发动机控制模块导线连接器端子K15之间的电阻。如果电阻不等于0，修理导线束连接器；如果电阻等于0，检查下一步。

1．测量端子A8和端子K14之间的电阻______Ω。

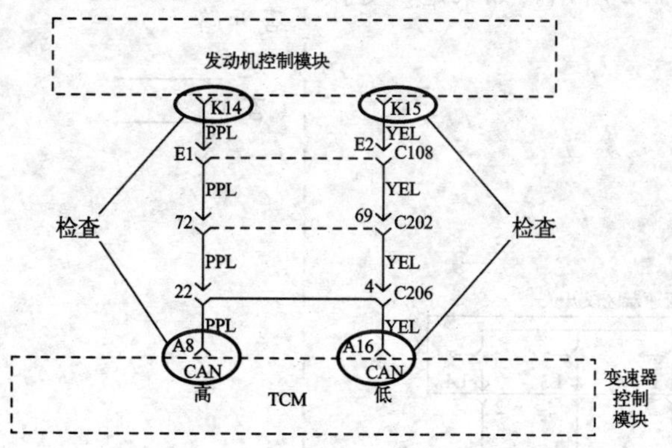

图4–50 测量端子A8 和端子K14 之间的电阻

4．接通点火开关。测量端子A8和A16电压，如图4–51所示。如果电压值在11 ~ 14 V之间，修理导线束连接器；如果电压值不在11 ~ 14 V之间，更换变速器控制模块。

2．测量端子A8和A16电压______V。

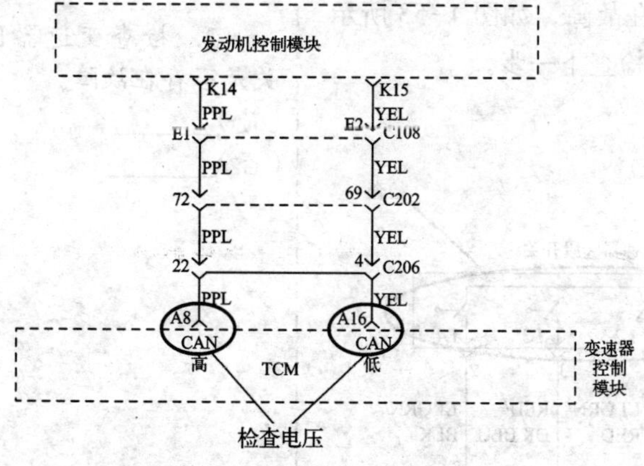

图4–51 测量端子A8 和A16电压

5．清除故障码。

七、P0706 变速器区段传感器电路故障诊断步骤

1．进行故障诊断。

2．安装故障诊断仪，接通点火开关，记录并清除故障诊断码，关闭点火开关，然后再接通点火开关。踩制动器并选择各个变速驱动桥区段（P、R、N、D、3、2、1），同时用故障诊断仪监视。选定的每个变速驱动桥区段是否与故障诊断仪和信号区段表一致？如果一致，说明系统正常；如果不一致，检查下一步。

3．检查 F23 是否开路，如图 4-52 所示。如果是，更换熔断器；如果不是，检查下一步。

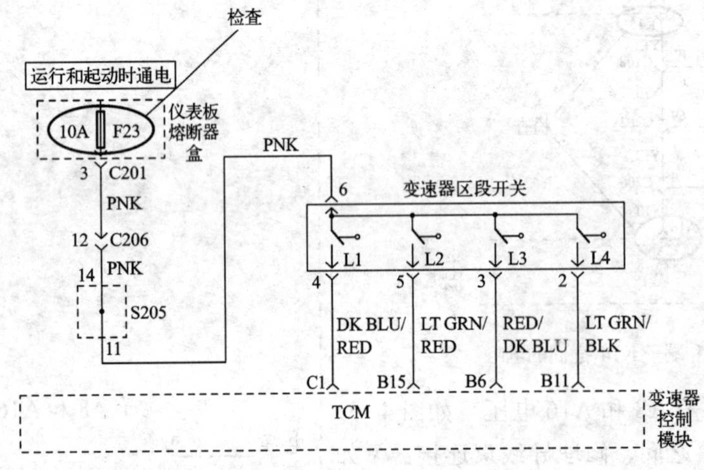

图 4-52　检查 F23 开路

4．检查变速器区段开关是否存在故障，如图 4-53 所示。如果是，更换区段开关；如果不是，检查下一步。

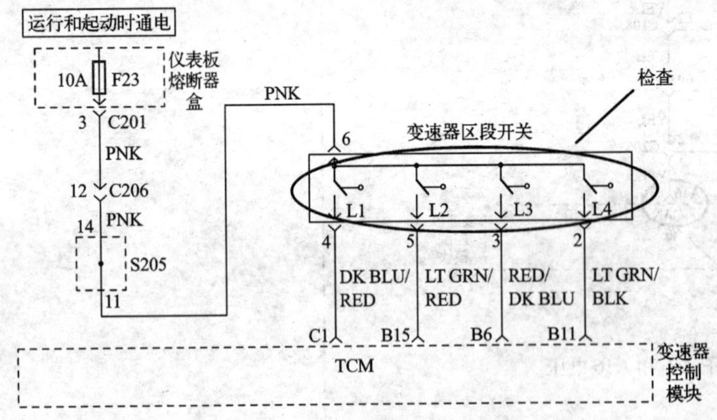

图 4-53　检查变速器区段开关故障

七、P0706 变速器区段传感器电路故障诊断

1. 检查 F23 熔断器是否开路。

（是）________

（否）________

2. 检查变速器区段开关是否存在故障。

（是）________

（否）________

5．断开区段开关连接器和变速器控制模块连接器。测量区段开关端子 4 和变速器控制模块连接器端子 C1 之间的电阻。测量区段开关端子 5 和变速器控制模块连接器端子 B15 之间的电阻。测量区段开关端子 3 和变速器控制模块连接器端子 B6 之间的电阻。测量区段开关端子 2 和变速器控制模块连接器端子 B11 之间的电阻，如图 4-54 所示。如果电阻不等于 0，修理故障端子；如果电阻等于 0，检查下一步。

3．检查的导线是否导通？

（是）________

（否）________

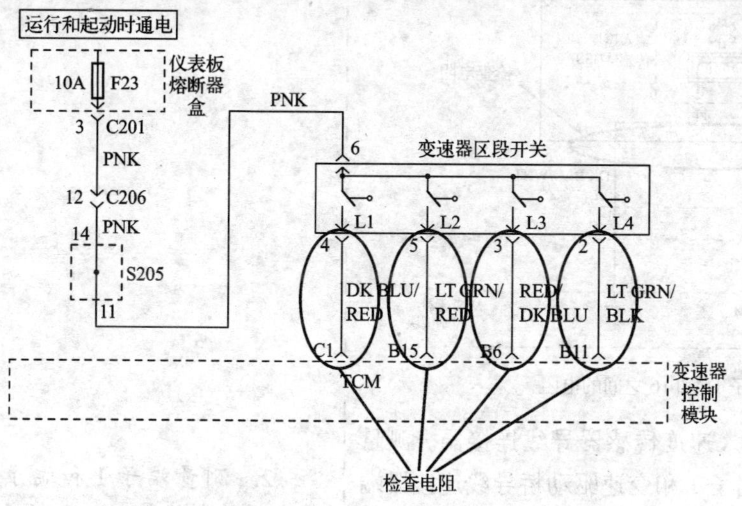

图 4-54　检查变速器区域开关与变速器 ECU 之间的导线

6．接通点火开关，测量端子 2、3、4、5 电压，如图 4-55 所示。如果电压值在 11 ~ 14 V 之间，修理故障端子。如果电压值不在 11 ~ 14 V 之间，更换变速器控制模块。

4．检查电压是否在 11 ~ 14 V 之间。

（是）________

（否）________

7．清除故障码。

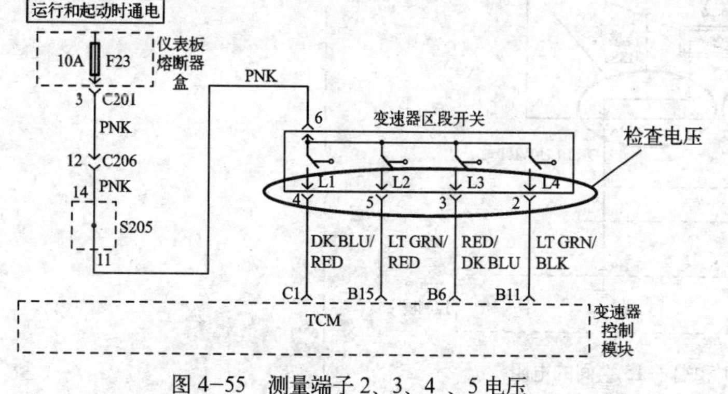

图 4-55　测量端子 2、3、4 、5 电压

八、P0716 输入速度传感器（ISS）电路故障诊断步骤

八、P0716 输入速度传感器（ISS）电路故障诊断

1．进行故障诊断。

2．安装故障诊断仪，接通点火开关，记录并清除故障诊断码。关闭点火开关，然后再重新接通。用故障诊断仪观察输入速度。

如果输入速度为 0 ~ 7 000 r/min，说明系统正常；如果输入速度不在 0 ~ 7 000 r/min 之间，检查下一步。

3．关闭点火开关，断开变速驱动桥导线连接器，测量变速驱动桥导线连接器端子 15 和 16 之间的电阻，如图 4–56 所示。如果电阻值为 830±5 Ω，检查下 6 步。如果电阻值不在 830±5 Ω 之间，检查下一步。

1．测量端子 15 和 16 之间的电阻是______Ω。

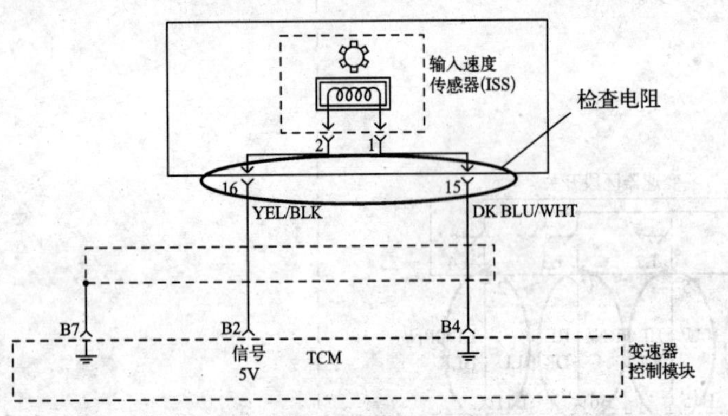

图 4–56　测量端子 15 和 16 之间的电阻

4．拆卸储油盘，断开输入速度传感器导线连接器。测量输入速度传感器导线连接器端子 1 和变速驱动桥导线连接器端子 15 之间的电阻，如图 4–57 所示。测量输入速度传感器导线连接器端子 2 和变速驱动桥导线连接器端子 16 之间的电阻。如果电阻值接近 0 Ω，检查下一步；如果电阻值不接近 0 Ω，修理故障端子。

2．测量端子 1 和端子 15 之间的电阻是________Ω。

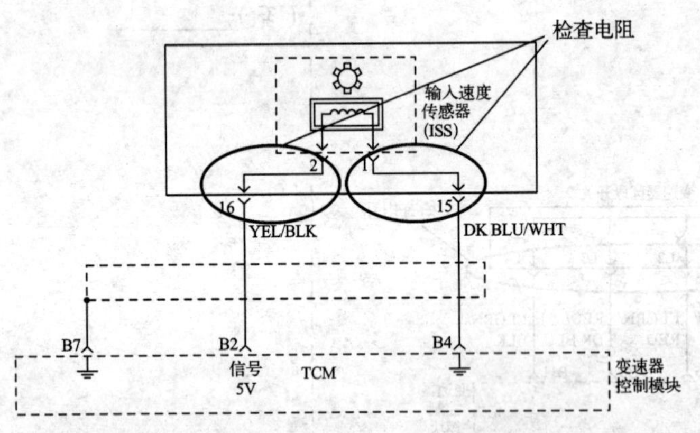

图 4–57　测量端子 1 和端子 15 之间的电阻

5．接通点火开关，测量端子 1 和 2 电压，如图 4–58 所示。如果电压值为 11 ~ 14 V，修理对蓄电池电源短路故障；如果电压值不在 11 ~ 14 V 之间，更换输入速度传感器。

3．测量端子 1 和 2 电压是______V。

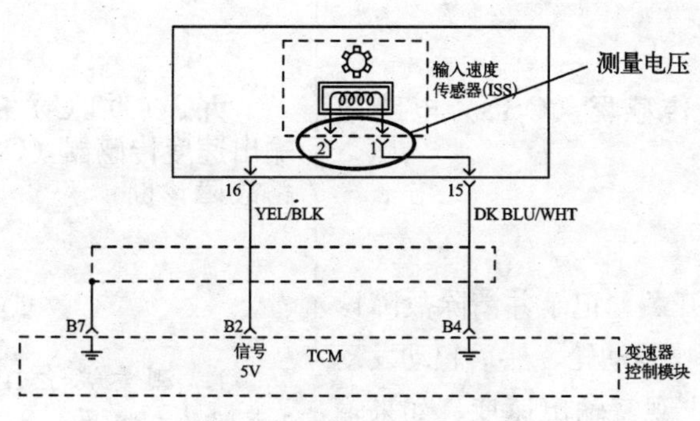

图 4-58　测量端子 1 和 2 电压

6．断开变速驱动桥导线连接器和变速器控制模块连接器。测量变速驱动桥导线连接器端子 15 和变速器控制模块导线连接器端子 B4 之间的电阻。测量变速驱动桥导线连接器端子 16 和变速器控制模块导线连接器端子 B2 之间的电阻，如图 4-59 所示。如果电阻值接近 0 Ω，修理故障端子；如果电阻值不接近 0 Ω，检查下一步。

4. 测量端子 15 和端子 B4 之间、端子 16 和端子 B2 之间的电阻是______、______Ω。

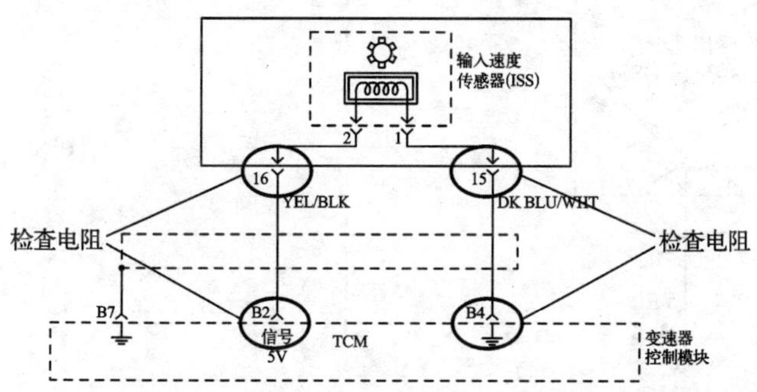

图 4-59　测量端子 15 和端子 B4 之间、端子 16 和端子 B2 之间的电阻

7．接通点火开关。测量端子 15 和 16 电压，如图 4-60 所示。如果电压值为 11 ~ 14 V，修理故障端子，如果电压值不在 11 ~ 14 V 之间，更换变速器控制模块。

5. 测量端子 15 和 16 电压是______V。

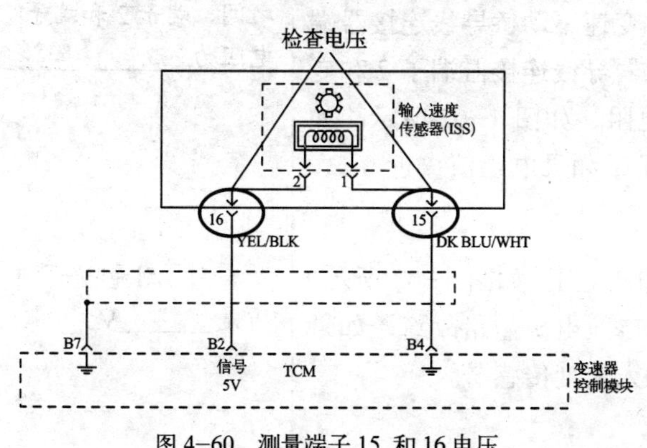

图 4-60　测量端子 15 和 16 电压

8．清除故障码。

九、（DTC）P0721 输出速度传感器（OSS）电路故障诊断步骤

1．进行故障诊断。

2．安装故障诊断仪，接通点火开关，记录并清除故障诊断码，然后关闭点火开关，举升并支撑驱动轮，然后起动发动机。挡位挂在 D 挡，在故障诊断仪上观察输出速度。如果输入速度为 190 ~ 9 762 r/min，说明系统正常；如果输入速度不在 190 ~ 9 762 r/min 之间，检查下一步。

3．将点火开关拧到 LOCK（锁定）位置，断开变速驱动桥导线连接器，测量变速驱动桥导线连接器端子 1 和端子 2 之间的电阻，如图 4–61 所示。如果电阻值不在∞，检查下一步；如果电阻值在∞，检查下 6 步。

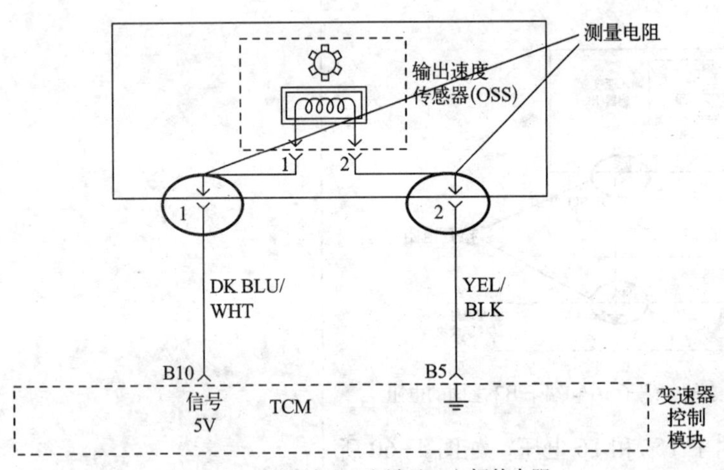

图 4–61　测量端子 1 和端子 2 之间的电阻

4．拆卸储油盘，断开输出速度传感器导线连接器，测量输出速度传感器导线连接器端子 1 和变速驱动桥导线连接器端子 1 之间的电阻。测量输出速度传感器导线连接器端子 2 和变速驱动桥导线连接器端子 2 之间的电阻，如图 4–62 所示。如果电阻值不接近 0 Ω，修理故障端子；如果电阻值接近 0 Ω，检查下一步。

5．接通点火开关，测量端子 1 和 2 电压，如图 4–63 所示。如果电压值为 11 ~ 14 V，修理对蓄电池电源短路故障。如果电压值不在 11 ~ 14 V 之间，更换输入速度传感器。

九、（DTC）P0721 输出速度传感器（OSS）电路故障诊断

1．测量端子 1 和端子 2 之间的电阻是_______Ω。

2．测量端子 1 和端子 1 之间、端子 2 和端子 2 之间的电阻为_______、_______Ω。

3．测量端子 1 和 2 电压是_______V。

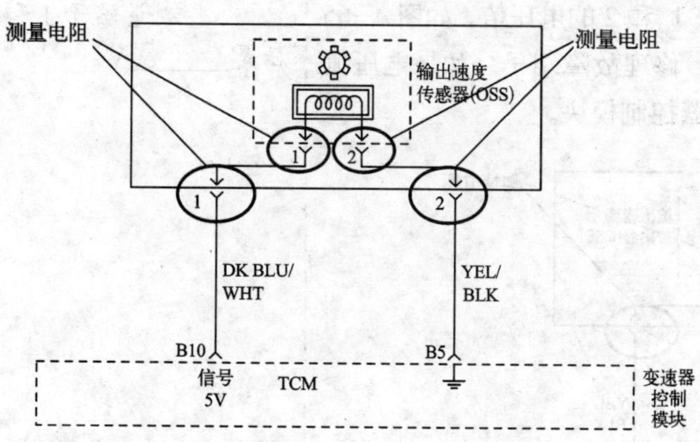

图 4-62　测量端子 1 和端子 1 之间。端子 2 和端子 2 之间的电阻

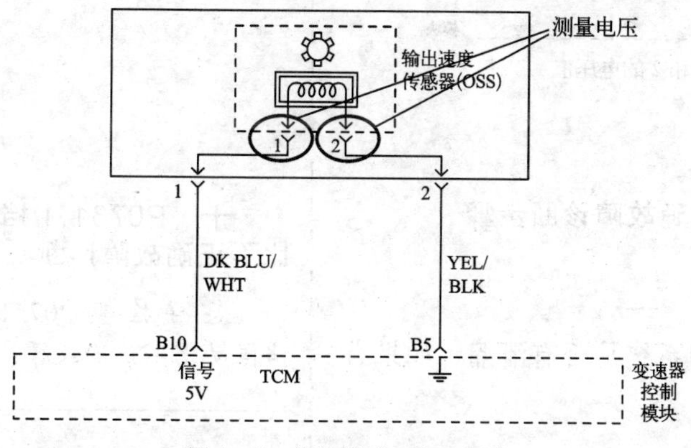

图 4-63　测量端子 1 和 2 电压

6．断开变速驱动桥导线连接器和变速器控制模块连接器。测量变速驱动桥导线连接器端子 1 和变速器控制模块导线连接器端子 B10 之间的电阻。测量变速驱动桥导线连接器端子 2 和变速器控制模块导线连接器端子 B5 之间的电阻，如图 4-64 所示。如果电阻值不接近 0 Ω，修理故障端子；如果电阻值接近 0 Ω，检查下一步。

4．测量端子 1 和端子 B10 之间、端子 2 和端子 B5 之间的电阻为________、________Ω。

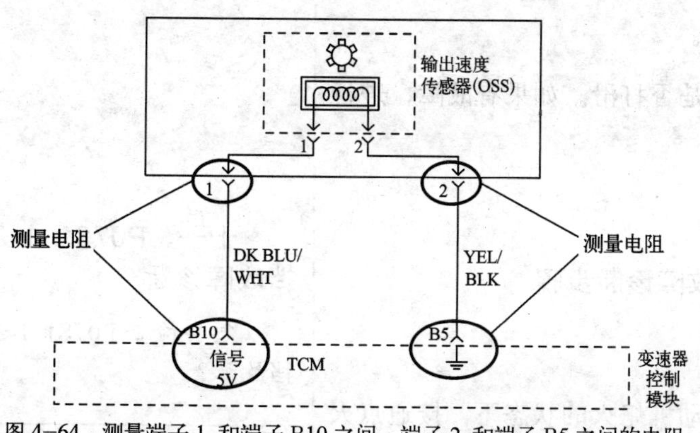

图 4-64　测量端子 1 和端子 B10 之间、端子 2 和端子 B5 之间的电阻

7．接通点火开关。测量端子 1 和 2 的电压值，如图 4−65 所示。如果电压值为 11 ~ 14 V，修理故障端子。如果电压值不在 11 ~ 14 V 之间，更换变速器控制模块。

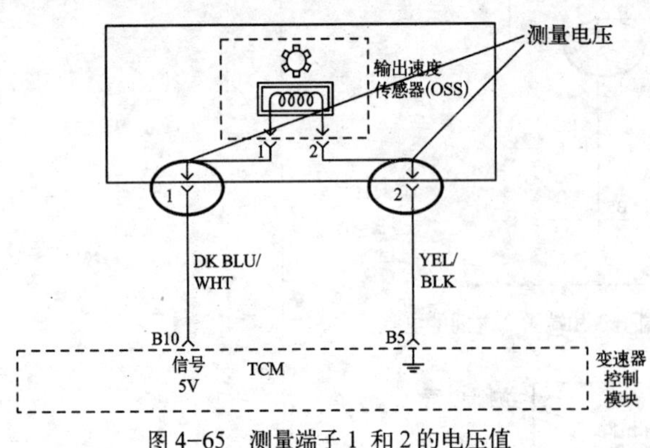

图 4−65　测量端子 1 和 2 的电压值

8．清除故障码。

5．测量端子 1 和 2 电压是________V。

十、P0731 1 挡传动比不正确故障诊断步骤

1．进行故障诊断。

2．目视检查变速驱动桥冷却系统是否有泄漏。如果有，排除故障；如果没有，检查下一步。

3．检查变速驱动桥油液。如果缺，进行添加；如果不缺，检查下一步。

4．用故障诊断仪记录每个变速驱动桥驱动区段。将变速驱动桥区段挂在 1、2、3 和 D 挡，

使节气门位置开度大于 15%，车速大于 16 km/h，驾驶车辆持续 5 s。指令的传动比与显示的区段是否一致？如果显示 1 挡 =2.719、2 挡 =1.487、3 挡 =1.000、4 挡 =0.717，说明系统正常，否则检查下一步。

5．检查管路压力和离合器是否打滑。如果有故障，进行排除。

6．清除故障码。

十、P0731 1 挡传动比不正确故障诊断

怎样检查 P0731——1 挡传动比不正确故障？

____。

十一、P0781 1-2 换挡故障诊断步骤

1．进行故障诊断。

2．安装故障诊断仪，在发动机熄火的状态下，接通点火开关。起动发动机并在怠速下预热。在故障诊断仪观察“怠速

十一、P0781 1-2 换挡故障诊断

怎样检查 P0781 1-2 换挡故障？

____。

转速，节气门位置传感器”。如果有故障，排除；如果没有故障，检查下一步。

3．检查“发动机控制模块”。如果有故障，进行排除；如果没有故障，检查下一步。

4．关闭点火开关，断开变速器控制模块导线连接器，测量变速驱动桥导线连接器端子 B3 和 B13 之间的电压。接通点火开关，测量变速驱动桥导线连接器端子 C15 和 B13 之间的电压。测量变速驱动桥导线连接器端子 C16 和 B13 之间的电压。如果电压值为 11 ~ 14 V，更换变速器控制模块；如果电压值不在 11 ~ 14 V 之间，检查修理系统电压。

5．清除故障码。如果还有故障，更换变速器总成。

十二、P0782 2-3 换挡故障诊断步骤

1．进行故障诊断。

2．安装故障诊断仪，在发动机熄火的状态下，接通点火开关。起动发动机并在怠速下预热。在故障诊断仪观察“怠速转速，节气门位置传感器”。如果有故障，进行排除；如果没有故障，检查下一步。

3．检查“发动机控制模块”。如果有故障，进行排除；如果没有故障，检查下一步。

4．关闭点火开关，断开变速器控制模块导线连接器，测量变速驱动桥导线连接器端子 B3 和 B13 之间的电压。接通点火开关，测量变速驱动桥导线连接器端子 C15 和 B13 之间的电压。测量变速驱动桥导线连接器端子 C16 和 B13 之间的电压。如果电压值为 11 ~ 14 V，更换变速器控制模块。如果电压值不在 11 ~ 14 V 之间，检查修理系统电压。

5．清除故障码。如果还有故障，更换变速器总成。

十二、P0782 2-3 换挡故障诊断

怎样检查 P0782 2-3 换挡故障？

____
______________。

转向系故障诊断

活动一　动力齿轮齿条式转向系故障诊断

学习目标

知识目标

掌握齿轮齿条式动力转向器故障诊断的基本思路。

能力目标

熟练排除齿轮齿条式动力转向器故障。

知识链接

转向盘、转向器总成、储油室、转向阀、油泵、油管等构成动力转向系，如图 5-1 所示。

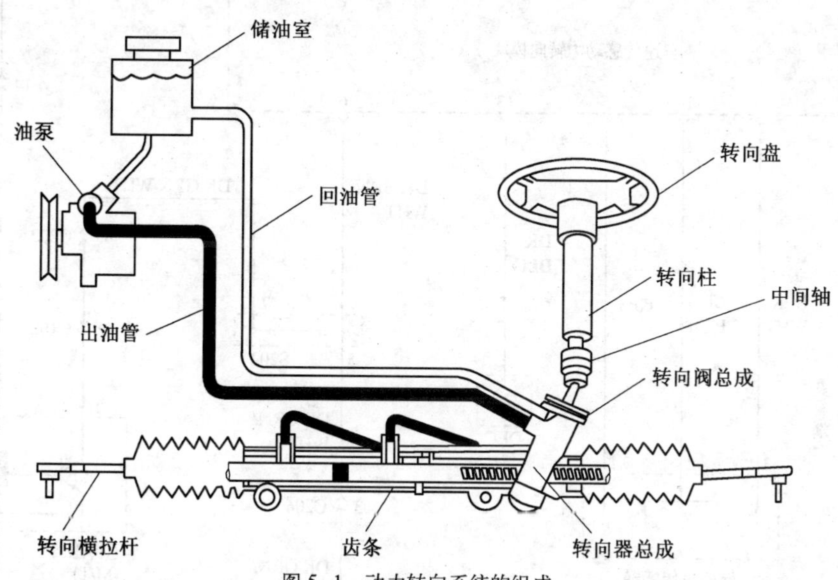

图 5-1　动力转向系统的组成

凯越轿车的动力转向系统是计算机控制的，电控部分由车速传感器、转向盘传感器、车速传感器动力控制模块和车速传感动力转向执行器组成，如图 5-2 所示。

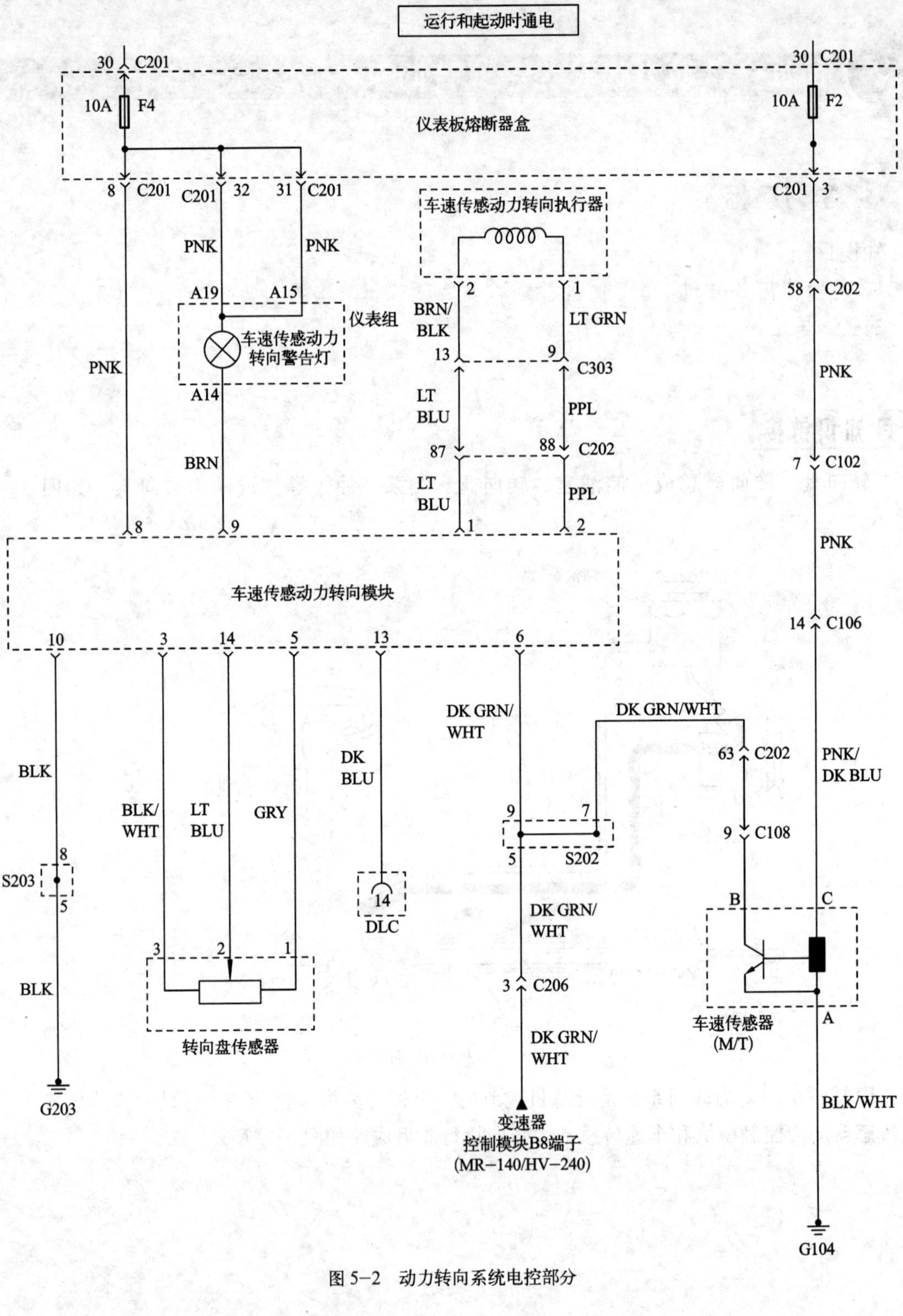

运行和起动时通电

30 C201
10A F4
仪表板熔断器盒
30 C201
10A F2
8 C201
C201 32
31 C201
C201 3
车速传感动力转向执行器
PNK
PNK
A19
A15
仪表组
车速传感动力转向警告灯
A14
PNK
BRN
2
1
BRN/BLK
LT GRN
13
9
C303
LT BLU
PPL
87
88
C202
LT BLU
PPL
58 C202
PNK
7 C102
PNK
14 C106
8
9
1
2
车速传感动力转向模块
10
3
14
5
13
6
BLK
BLK/WHT
LT BLU
GRY
DK BLU
DK GRN/WHT
DK GRN/WHT
63 C202
PNK/DK BLU
9 C108
9
7
S202
5
8
S203
5
BLK
14
DLC
3
2
1
转向盘传感器
DK GRN/WHT
3 C206
DK GRN/WHT
变速器控制模块B8端子
(MR-140/HV-240)
B
C
车速传感器
(M/T)
A
BLK/WHT
G203
G104

图 5-2　动力转向系统电控部分

教学内容

一、动力转向系统压力测试步骤

所需工具：与车型配套的压力表，如图 5-3 所示。

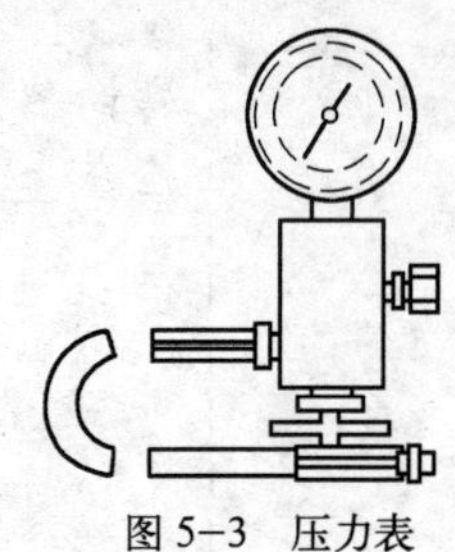
图 5-3 压力表

1．检查动力转向液液面和动力转向泵皮带张紧度。

2．断开油泵上的高压油管，用一个小容器接收流出的油液。

3．将压力表上的软管从动力转向泵连接到动力转向压力软管。

4．将变速杆挂在 PARK（驻车）位置（装备自动变速驱动桥的车辆）或 NEUTRAL（空挡）位置（装备手动变速驱动桥的车辆），拉紧驻车制动器。

5．将压力表阀拨到全开位置。

6．起动发动机并在怠速下运行。

7．来回几次把转向盘打到底，将油液预热到工作温度。

8．将发动机转速提高到 1 500 r/min。特别注意事项：如果阀门完全关闭的时间超过 5 s，会损坏动力转向泵。

9．全关压力表阀并读取压力。阀门全关时的泵压应在 8 330 ～ 8 820 kPa 之间。带电子变量节流孔时，泵压应在 8 500 ～ 8 960 kPa 之间。

10．立即全开压力表阀。

二、动力转向系统泄漏测试步骤

1．在发动机熄火时，将整个动力转向系统擦干净。

2．检查泵储液罐中的动力转向液液面。

3．起动发动机，将转向盘向左右两个方向打到底，重复几次。

实训内容

一、动力转向系统压力测试

1. 在该项检查中，变速杆应在______位置。

2. 要预热动力转向液，可通过______。

3. 转向盘在极左、极右位置时，时间不能超过_____s，否则会______。

4. 全关压力表阀，读取的压力是______kPa。

5. 带电子变量节流孔时，全关压力表阀，你读取的压力是______kPa。

二、动力转向系统泄漏测试

在检查动力转向系统泄漏时，为什么要将整个动力转向系统擦干净？

____。

4．查明确切的泄漏点并进行修理。

三、齿轮齿条式动力转向器工作嗞嗞噪声故障诊断步骤

1．检查中间轴球节是否松动，如图 5-4 所示。拧紧力矩为 22 N · m，如果松动，紧固中间轴球节。

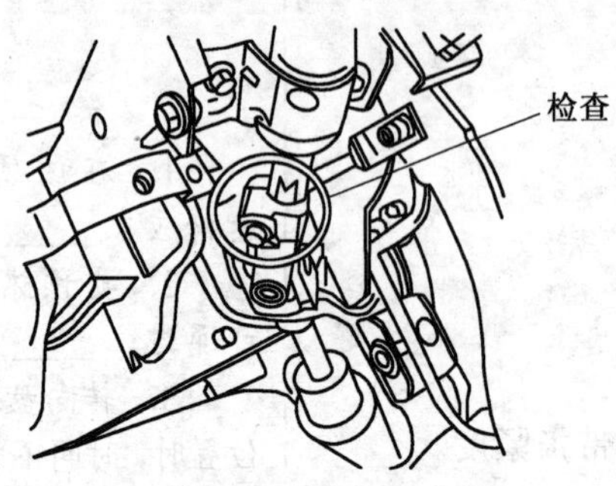

图 5-4　检查中间轴球节

2．检查动力转向软管是否碰到其他部件。确保动力转向软管正确安装在软管卡夹中。

四、齿轮齿条式动力转向器工作咯咯噪声故障诊断步骤

1．检查动力转向软管是否碰到车身。确保动力转向软管正确安装在软管卡夹中。

2．检查转向机润滑是否不充分，润滑转向装置。

3．检查转向机座是否松动，如图 5-5 所示。其定位螺栓拧紧力矩为 60 N·m，如果松动，紧固转向机装配架螺母和螺栓。

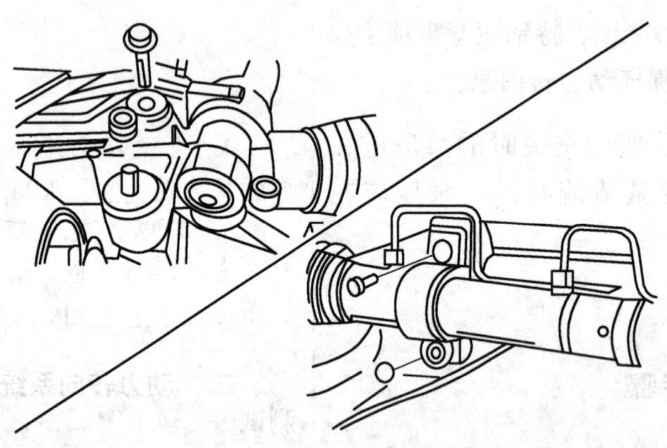

图 5-5　检查转向机座

4．检查外转向横拉杆和球节是否卡滞或松动，如图 5-6 所示。如果松动，紧固转向横拉杆和球节；如果卡滞，更换转向横拉杆和球节。

三、齿轮齿条式动力转向器工作嗞嗞噪声故障诊断

1．当齿轮齿条式动力转向器工作有噪声时，可检查__________等部位。

2．检查动力转向软管是否碰到其他部件。

（是）________

（否）________

四、齿轮齿条式动力转向器工作咯咯噪声故障诊断

1．检查转向机座是否松动。

（是）________

（否）________

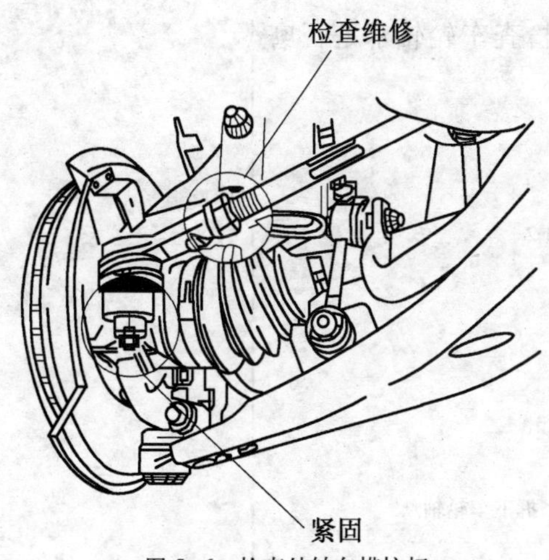

图 5-6　检查外转向横拉杆

2. 如果外转向横拉杆工作不正常，应检查________。

五、转向盘不回中故障的诊断步骤

1．检查转向盘是否碰到转向信号壳体。如果是，调整转向信号壳体。

2．检查中间轴接头是否卡滞或松动。如果松动，紧固中间轴球节。

3．检查动力转向泵流量控制阀是否卡滞和错位（拆检阀的钢球与弹簧），如图 5-7 所示。如果是，更换动力转向泵。

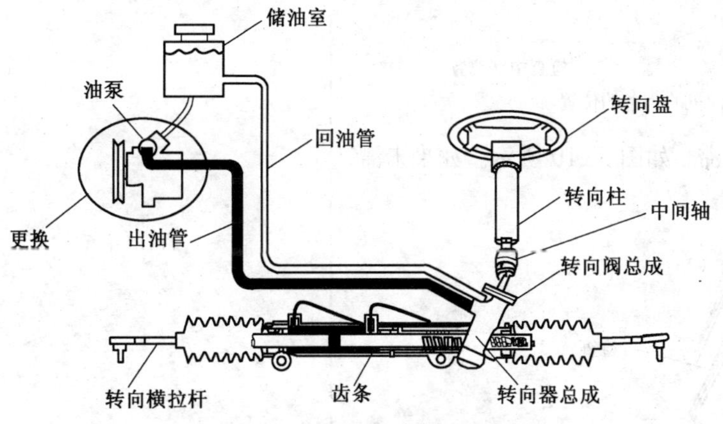

图 5-7　检查动力转向泵流量控制阀

4．检查前轮定位，其参数如表 5-1 所示。

表 5-1　凯越汽车前轮定位的参数

前　　轮　　定　　位	参　　　　数
外倾	-0.33°　± 30′
主销后倾	4°　± 30′
前束	0°　± 5′

五、转向盘不回中故障诊断

1. 转向盘不回中，检查哪些部位？

________________。

在车上指出这些机件。

2. 通过前轮定位检查，填写下表，并判断定位是否正常。

前轮定位	左	右
外倾		
主销后倾		
前束		

5．拆卸车轮轴承，如图 5–8 所示。检查车轮轴承是否磨损或损坏。如果是，更换车轮轴承。

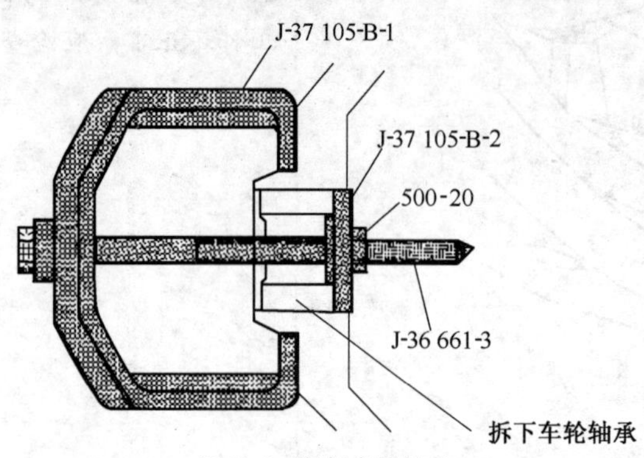

图 5–8　拆卸车轮轴承

6．检查外转向横拉杆和球节是否卡滞或松动（见图 5–6）。如果松动，紧固转向横拉杆和球节；如果卡滞，更换转向横拉杆和球节。

7．检查转向机的齿条是否处在中间位置（方向盘居中时，齿条的中间齿与小齿轮啮合），如图 5–9 所示。如果不处在中间位置，进行调整，然后路试检查。

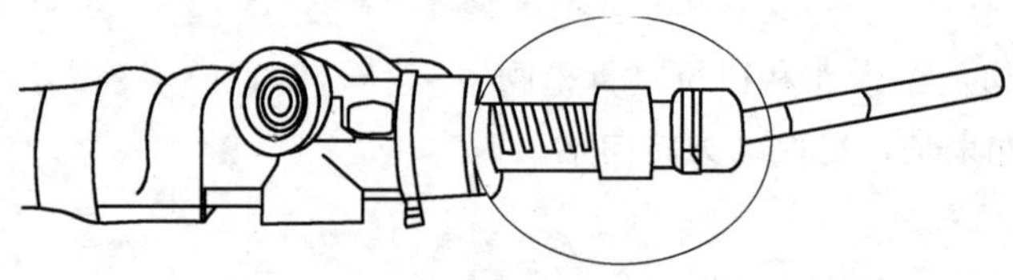

图 5–9　检查转向机的齿条的位置

8．检查转向轴轴承是否卡滞，如图 5–10 所示。如果卡滞，更换短轴轴承。

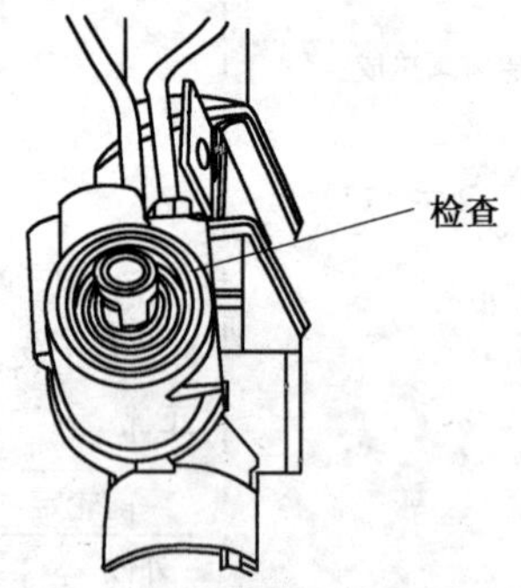

图 5–10　检查转向轴轴承的卡滞

3．常见外转向横拉杆的故障有____。

4．齿轮齿条式转向机在安装中哪些不当操作会造成转向盘不回中故障？____。

六、迅速打转向盘时突然感觉费力故障诊断步骤

1. 检查动力转向泵是否内部泄漏，如图 5-11 所示。如果是，更换动力转向泵。

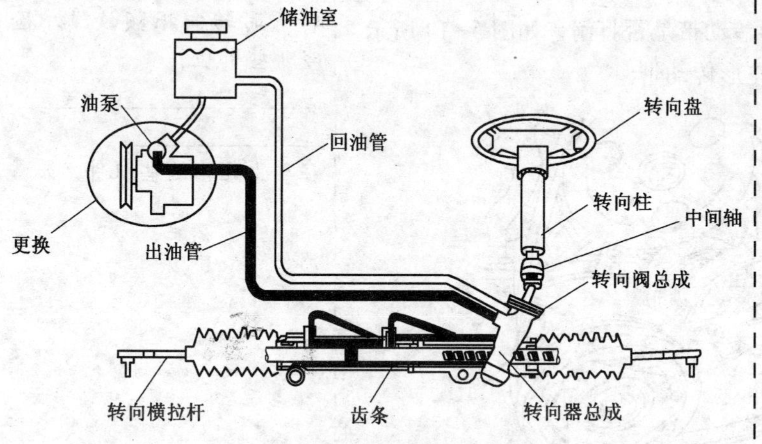

图 5-11　检查动力转向泵内部泄漏

2. 检查软管是否损坏或堵塞油液流动，如图 5-12 所示。如果是，更换动力转向软管

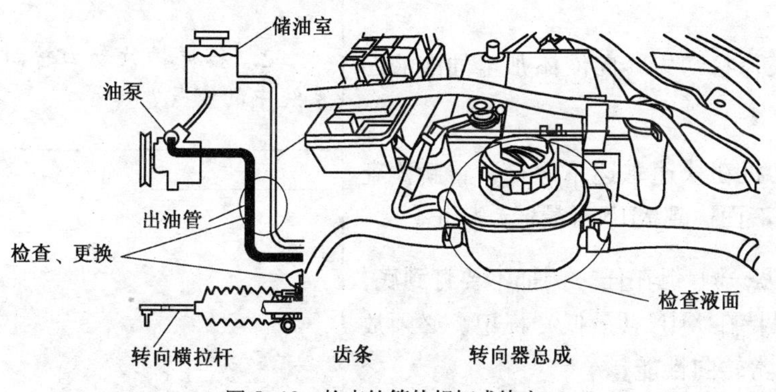

图 5-12　检查软管的损坏或堵塞

3. 检查动力转向液液面，如图 5-13 所示。如果缺油，向动力转向液储液罐加注转向液。

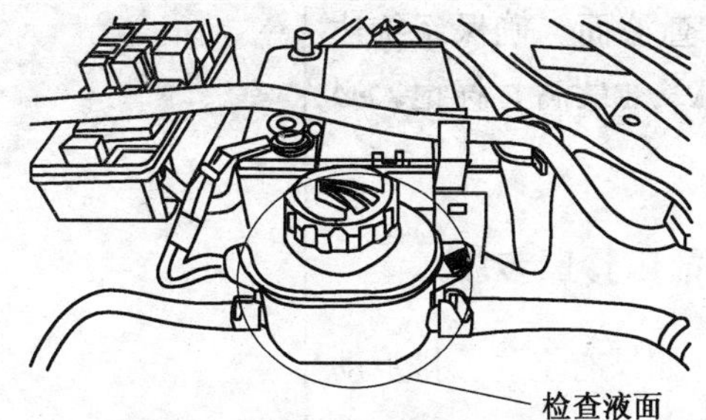

图 5-13　检查动力转向液液面

六、迅速打方向盘时突然感觉费力故障诊断

1. 迅速打转向盘时突然感觉费力，故障的原因有哪些？

____

______________。

2. 怎样进行系统泄漏检查？

____

______________。

七、在发动机运行期间转弯时转向振颤故障诊断步骤

1．检查动力转向泵压力是否不足。如果不足，更换动力转向泵。

2．检查动力转向泵蛇形传动带是否打滑，如图 5−14 所示。如果打滑，张紧动力转向泵蛇形传动带。

图 5−14　检查动力转向泵蛇形传动带打滑

3．检查动力转向系统中是否有空气。如果有空气，排放动力转向系统中的空气。

（1）将转向盘向左打到底，将动力转向液添加至油液液面指示器的 MIN（最低）标记。

（2）起动发动机。使发动机在快速怠速下运行，重新检查液面。必要时，添加油液，使液面达到 MIN（最低）标记。

（3）将转向盘从一侧打到另一侧，但在任一侧都不要打到底，放出系统中的空气。将液面保持在 MIN（最低）标记。必须放出油液中的空气，才能获得正常转向性能。

（4）使转向盘回到中心位置。使发动机继续运行 2 ~ 3 min。

（5）路试车辆，确保转向功能正常且没有噪声。

（6）按步骤（1）和步骤（2），重新检查液面。确保系统达到正常工作温度并稳定后，液面达到 MAX（最高）标记，必要时添加油液。

八、低车速或停车转向时转向振动故障诊断步骤

1．检查动力转向系统中是否有空气。如果有空气，排放动力转向系统中的空气。

七、在发动机运行期间转弯时转向振颤故障诊断

1. 在发动机运行期间转弯时转向振颤故障，检查哪些部位？

____

______________。

在车上指出这些机件。

2. 怎样排放动力转向系统中的空气？

____

______________。

2．检查动力转向泵蛇形皮带是否打滑，如图 5−13 所示。如果打滑，张紧动力转向泵蛇形皮带。

九、转向盘反冲过大或过松故障诊断步骤

1．检查动力转向系统中是否有空气。如果有空气，排放动力转向系统中的空气。

2．拆卸车轮轴承（见图 5−8），检查车轮轴承是否磨损或损坏。如果是，更换车轮轴承。

3．检查转向机座是否松动（见图 5−5），拧紧力矩为 60 N · m。如果松动，紧固转向机装配架螺母和螺栓。

4．检查中间轴球节是否松动（见图 5−4），拧紧力矩为 22 N · m。如果松动，紧固中间轴球节。

5．检查外转向横拉杆和球节是否卡滞或松动(见图 5−6)。如果松动，紧固转向横拉杆和球节；如果卡滞，更换转向横拉杆和球节。

十、车速传感动力转向系统一直在全助力下工作故障诊断步骤

1．检查车速表是否不工作，检查 tech−2 是否设置了发动机控制模块代码 24。如果车速表故障，并且设置了代码 24，检查下一步。

2．接通点火开关，从动力转向泵上断开电子可调节节流孔（EVO）电磁线圈执行器的电气连接器，用电压表测量电子可调节节流孔执行器连接器端子 1，如图 5−15 所示。电压表显示的电压值是否为 12 V？如果是 12 V，修理电子可调节节流孔电磁线圈执行器电气连接器端子 1 和车速传感动力转向（SSPS）控制模块连接器端子 2 之间的电路开路或短路故障。如果不是 12 V，检查下一步。

3．从动力转向泵上拆卸电子可调节节流孔电磁线圈执行器，倒置执行器，以放置枢轴，将执行器连接到蓄电池上，使其通电。执行器是否吸合？如果能吸合，检查下一步；如果不能吸合，更换电子可调节节流孔电磁线圈执行器。

4．关闭点火开关，从控制模块托架上拆卸车速传感动力转向控制模块，断开车速传感动力转向控制模块连接器，将测试灯连接到车速传感动力转向控制模块连接器端子 8 与搭铁之

八、方向盘反冲过大或过松故障诊断

转向系统有哪些螺栓要按规定拧紧？

____。

九、车速传感动力转向系统一直在全助力下工作故障诊断

1. 当出现车速传感动力转向系统一直在全助力下工作时，你会检查哪些传感器？

____。

2. 检查执行器是否吸合？

（是）________

（否）________

3. 用测试灯检查端子 8，测试灯是否被点亮？

（是）________

（否）________

间，如图 5-15 所示。接通点火开关，测试灯是否点亮？如果能点亮，检查第 7 步；如果不能点亮，检查下一步。

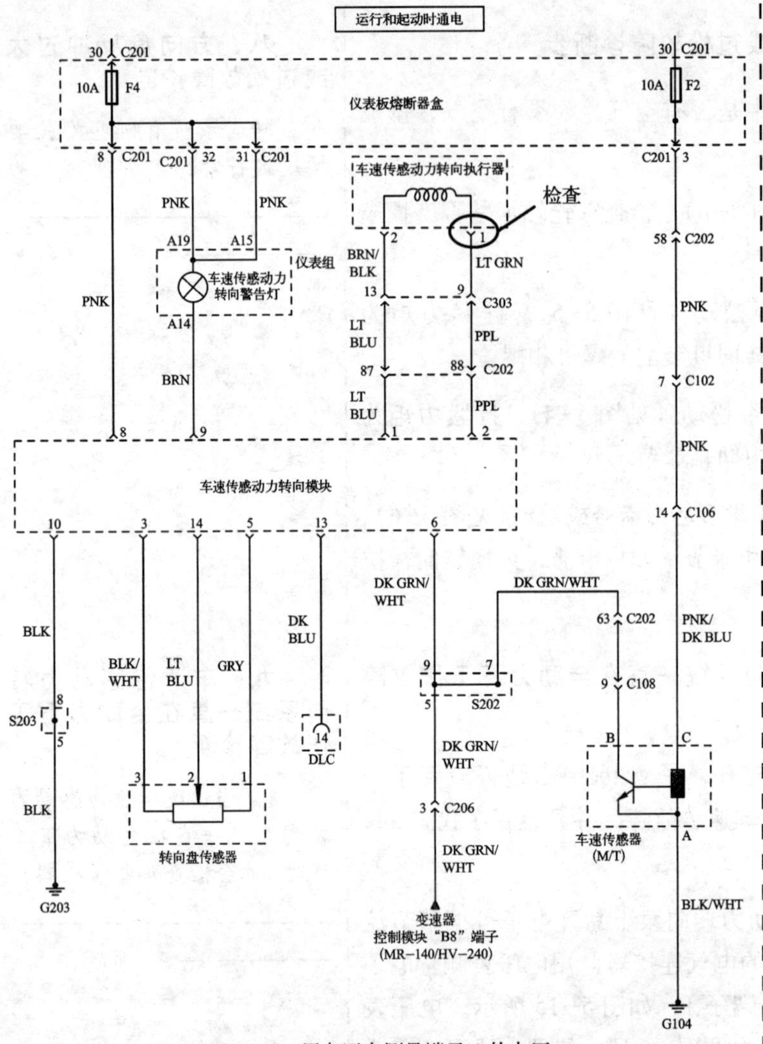

图 5-15 用电压表测量端子 1 的电压

4. 测量端子 1 的电压是________V。

5．检查点火熔断器。点火熔断器是否有开路？如果有开路，进行修理，否则，检查下一步。

6．检查控制模块连接器端子 8 与仪表板熔断器盒之间的电路是否开路或短路，如图 5-16 所示。如果有开路或者短路现象，进行修理。否则，修理点火熔断器 F2 的供电电路。

7．关闭点火开关，将测试灯连接至车速传感动力转向控制模块连接器的端子 10 和蓄电池负极之间，如图 5-17 所示。如果能点亮，检查下一步；如果不能点亮，修理车速传感动力转向控制模块连接器端子 10 和 G203 之间的搭铁电路开路故障。

5. 用测试灯检查端子 8，测试灯是否被点亮？

（是）________

（否）________

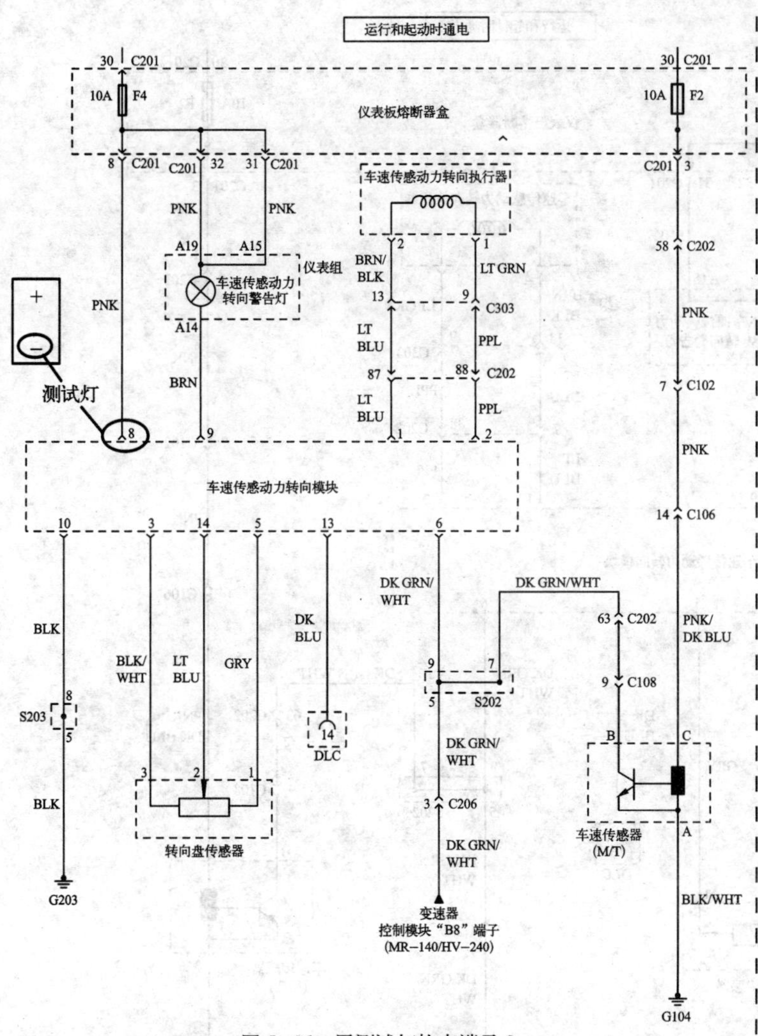

图 5-16 用测试灯检查端子 8

8．检查车速传感动力转向控制模块连接器端子 1 和电子可调节节流孔电磁线圈执行器连接器端子 B 之间的电路是否对蓄电池正极短路或开路。如果有故障，进行修理，否则，检查下一步。

9．断开转向盘转角传感器，接通点火开关，检查车速传感动力转向控制模块连接器端子 5 和转向盘转角传感器连接器端子 1 之间是否有开路、对搭铁短路、对蓄电池正极短路或接触不良的故障。如果有故障，进行修理，否则，检查下一步。

10．检查车速传感动力转向控制模块连接器端子 3 和转向盘转角传感器连接器端子 3 之间是否有开路故障。如果有故障，进行修理，否则，检查下一步。

6．检查车速传感动力转向控制模块端子 5 和转向盘转角传感器端子 1 之间是否开路，对搭铁短路，对蓄电池正极短路或接触不良的故障。

(有)________

(无)________

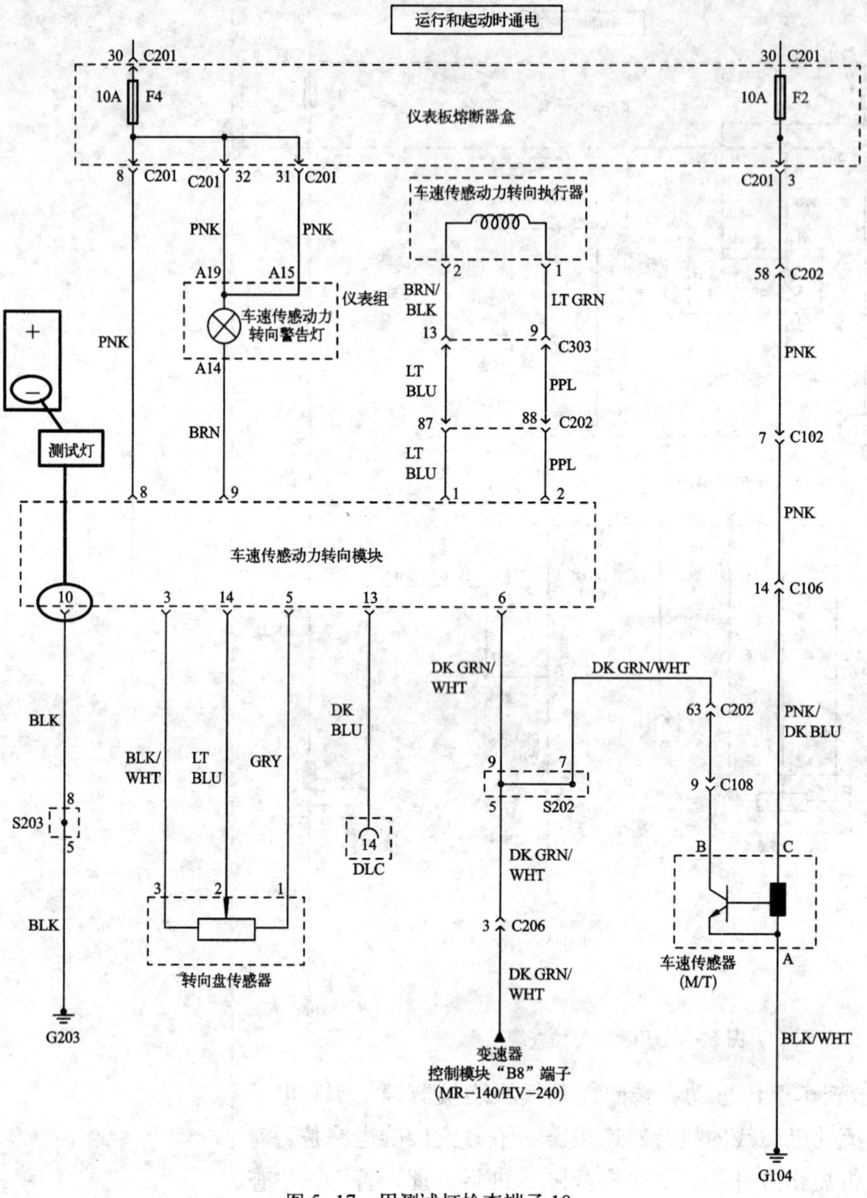

图 5–17　用测试灯检查端子 10

11．检查车速传感动力转向控制模块连接器端子 14 和转向盘转角传感器连接器端子 2 之间是否有开路、对搭铁短路、对蓄电池正极短路或端子接触不良故障。如果有故障，进行修理，否则，检查下一步。

12．关闭点火开关，连接车速传感动力转向控制模块，连接转向盘转角传感器，接通点火开关，迅速朝两个方向打转向盘，用电压表从背部探测控制模块连接器端子 5 与搭铁之间的电压，检查电压值是否在 3 V 附近。如果电压值在 3 V 附近，更换车速传感动力转向控制模块。如果电压值不在 3 V 附近，更换转向盘转角传感器。

活动二　转向柱故障诊断

学习目标

知识目标	能力目标
学会转向柱噪声故障的诊断方法	能掌握转向柱噪声故障的诊断方法

知识链接

现代汽车的点火开关、转向灯开关、刮水器开关一般都安装在转向柱上，如图 5-18、图 5-19、图 5-20 所示。因此，汽车厂商会把这些故障统称为转向柱故障。

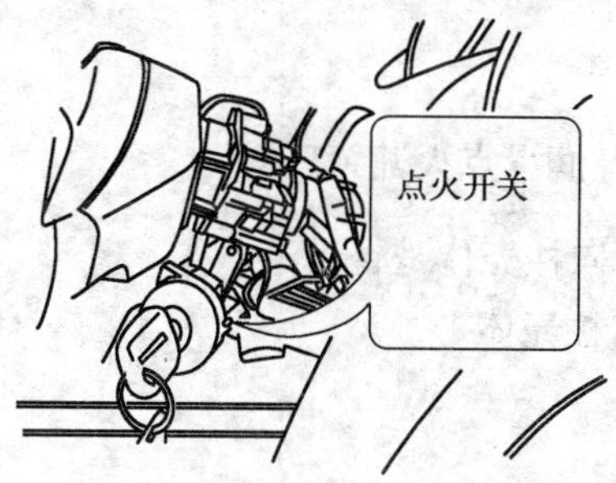

图 5-18　点火开关

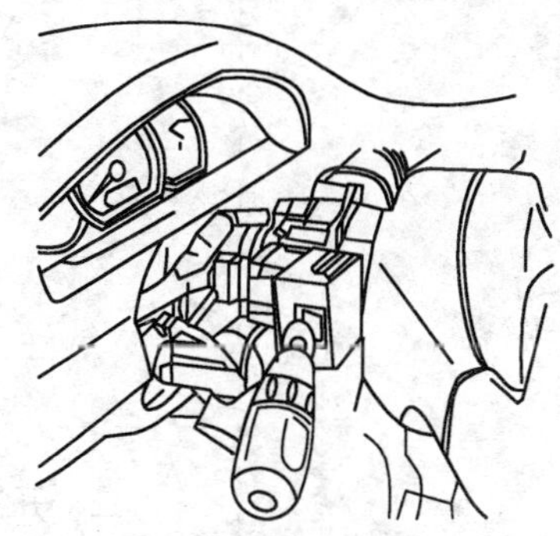

图 5-19　转向灯开关

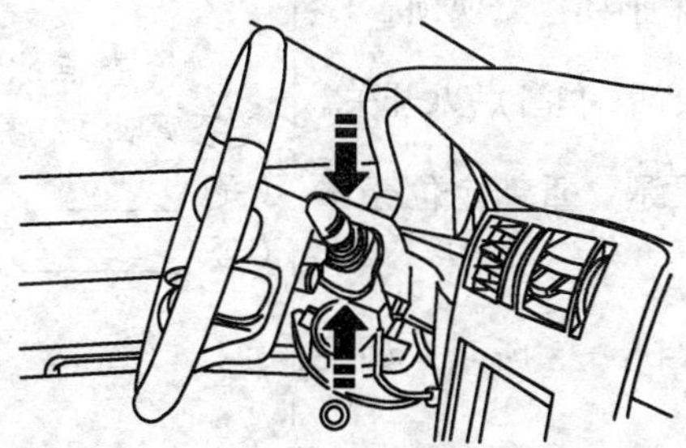

图 5-20　刮水器开关

在转向盘上找出点火开关、转向灯开关、刮水器开关。

教学内容

一、转向盘锁定系统无法解锁或锁定系统锁不上的故障诊断步骤

1．拆检锁芯是否损坏，如图 5–21 所示。如果损坏，更换锁芯。

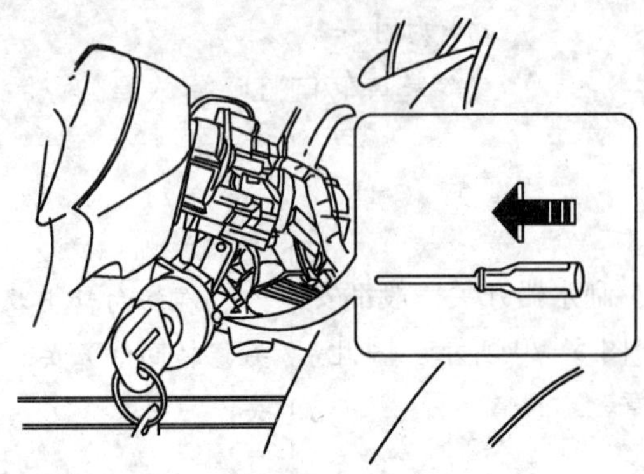

图 5–21　检查锁芯

2．检查点火开关是否不灵活。如果不灵活，润滑点火开关。

3．拆卸转向轴并清理转向柱壳体，检查转向柱壳体是否卡滞或损坏，如图 5–22 所示。如果是，更换转向柱壳体。

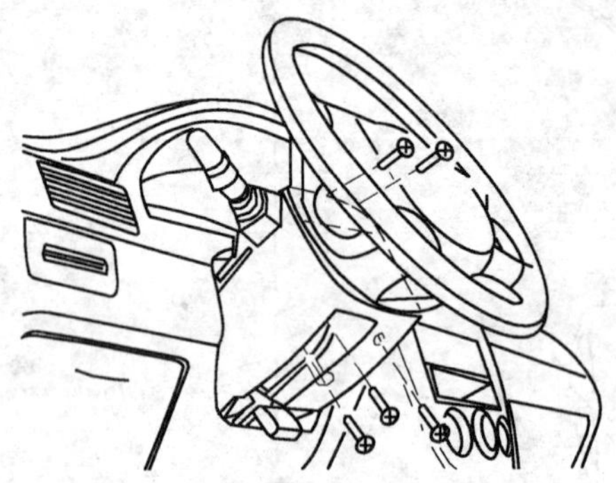

图 5–22　检查转向柱壳体卡滞或损坏

二、开锁费力故障诊断步骤

1．检查锁芯是否损坏（见图 5–21），如果损坏，更换锁芯。

2．检查点火开关是否不灵活。如果不灵活，润滑点火开关。

3．检查壳体和盖板是否严重错位。如果是，重新定位壳体盖板，必要时更换盖板。

4．检查点火开关安装架是否弯曲，如图 5–23 所示。如果弯曲，更换点火开关安装架。

实训内容

一、转向盘锁定系统无法解锁或锁定系统锁不上的故障诊断

当出现转向盘锁定系统无法解锁或锁定系统锁不上的故障时，你会检查哪些零件？

____。

二、开锁费力故障诊断

检查点火开关安装架是否弯曲？

(是)________

(否)________

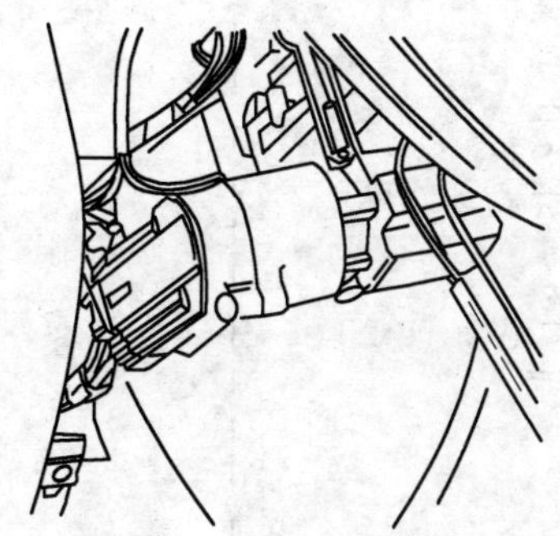

图 5-23　检查点火开关

三、在 LOCK（锁定）位置无法拔出钥匙故障诊断步骤

1．查看点火开关位置是否正确。如果不正确，重新调整点火开关。

2．检查锁芯是否损坏(见图 5-21)。如果损坏,更换锁芯。

四、转向柱有噪声

1．检查转向机至转向柱球节是否安装不当，如图 5-24 所示。紧固转向轴万向节夹紧螺栓，必要时，更换转向轴球节。

2．检查转向轴轴承是否磨损或损坏。如果损坏，更换转向轴轴承。

3．检查球节是否润滑不充分。如果是，润滑球节。

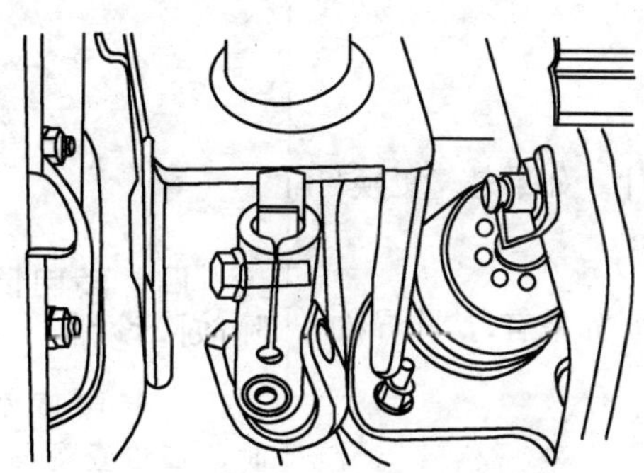

图 5-24　检查转向机至转向柱球节

4．检查转向轴润滑是否不充分。如果是,润滑转向轴轴承。

5．检查转向轴锁定弹簧卡环是否安装不当。如果是，调整转向轴锁定弹簧卡环，必要时更换转向轴锁定弹簧卡环。

五、转向柱有游隙故障诊断步骤

1．检查转向柱支架装配螺栓是否安装不当，如图 5-25 所示。如果是，紧固转向柱支架装配螺栓。

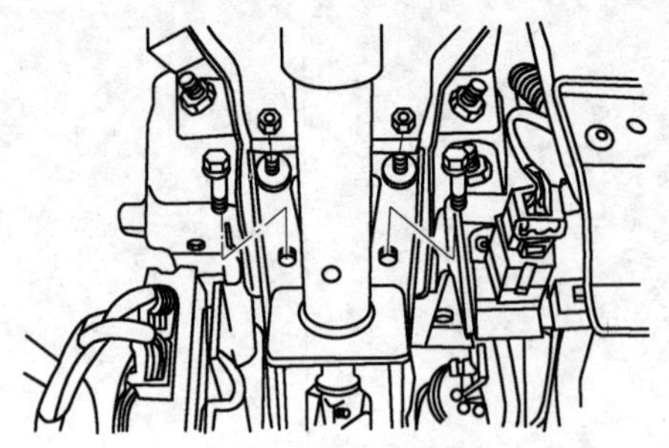

图 5–25　检查转向柱支架装配螺栓

2．检查转向柱套管上的焊接螺母是否断开。如果是，更换转向柱套管。

六、转向信号在转向位置停不住故障诊断步骤

1．检查转向信号开关是否安装不当。拆卸并检查转向信号开关，并重新安装开关，如图 5–26 所示。

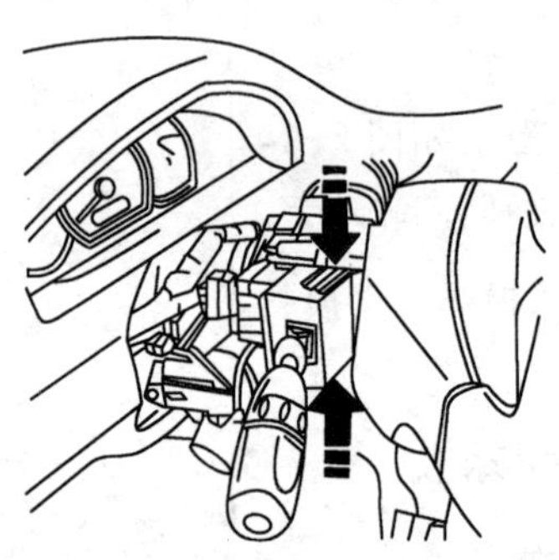

图 5–26　检查转向信号开关

2．检查自动解除机构是否断裂或缺零件。如果是，更换自动解除机构。

3．检查转向信号开关壳体内是否有异物。如果有，清除异物。

七、转向信号不能解除故障诊断步骤

检查自动解除机构是否断裂或缺零件。如果是，更换自动解除机构。

八、转向信号 / 变光开关难操作故障诊断步骤

1．检查转向信号 / 变光开关和转向信号 / 变光开关操纵手柄是否安装不当。

2．拆卸并检查转向信号 / 变光开关和信号 / 变光开关操纵手柄。重新安装转向信号 / 变光开关和信号 / 变光开关操纵手柄。

三、转向信号在转向位置停不住故障诊断

当转向信号在转向位置停不住时，应检查哪些零件？

____

________________。

四、转向信号不能解除故障诊断

当转向信号不能解除时，应检查哪些零件？

____

________________。

五、转向信号 / 变光开关难操作故障诊断

当转向信号 / 变光开关难操作时，应检查哪些零件？

____

________________。

3．检查转向信号/变光开关壳体内是否有异物。如果有，清除异物。

九、无转向信号灯故障诊断步骤

1．检查转向信号闪光器是否有故障不能工作。如果是，更换转向信号闪光器。

2．检查转向信号开关是否有故障。如果是，更换转向信号开关。

3．检查底盘至转向柱连接器是否连接不当。如果是，重新连接底盘至转向柱连接器。

十、转向指示灯亮但不闪烁故障诊断步骤

1．检查转向信号闪光器是否有故障不能工作。如果是，更换转向信号闪光器。

2．检查转向信号开关是否有故障。如果有，更换转向信号开关。

3．检查底盘至转向柱连接器是否连接不当。如果是，重新连接底盘至转向柱连接器。

十一、前或后转向信号灯不闪故障诊断步骤

1．检查转向信号开关是否有故障。更换转向信号开关。

2．检查底盘至转向柱连接器是否连接不当。如果是，重新连接底盘至转向柱连接器。

十二、刮水器开关不工作：无低速、高速、间歇或冲洗故障诊断步骤

1．检查刮水器开关是否损坏。如果损坏，更换刮水器/巡航控制开关。

2．检查刮水器开关是否安装不当。拆卸并检查刮水器/巡航控制开关。

3．重新安装刮水器/巡航控制开关。

4．检查巡航控制开关是否损坏，如果损坏，更换刮水器/巡航控制开关。

六、无转向信号灯故障诊断

当无转向信号灯时，应检查哪些零件？

____

__________。

七、转向指示灯亮但不闪烁故障诊断

当转向指示灯亮但不闪烁时，应检查哪些零件？

____

__________。

八、前或后转向信号灯不闪故障诊断

当前或后转向信号灯不闪时，应检查哪些零件？

____

__________。

九、刮水器开关不工作：无低速、高速、间歇或冲洗故障诊断

当刮水器开关不工作：无低速、高速、间歇或冲洗故障时，应检查哪些零件？

____

__________。

制动系故障诊断

活动一　制动系统常规检查

学习目标

知识目标
- 掌握汽车制动系检查的内容。
- 掌握前、后轮制动器检查的内容。

能力目标
- 能熟练进行汽车制动系检查。
- 能熟练进行前、后轮制动器检查。

知识链接

一、防抱死制动系统

防抱死制动系统主要由 ECU、液压控制总成、液压控制元件（包括制动主缸等）、增压器、车速传感器和制动器等元件组成，如图 6−1 所示。

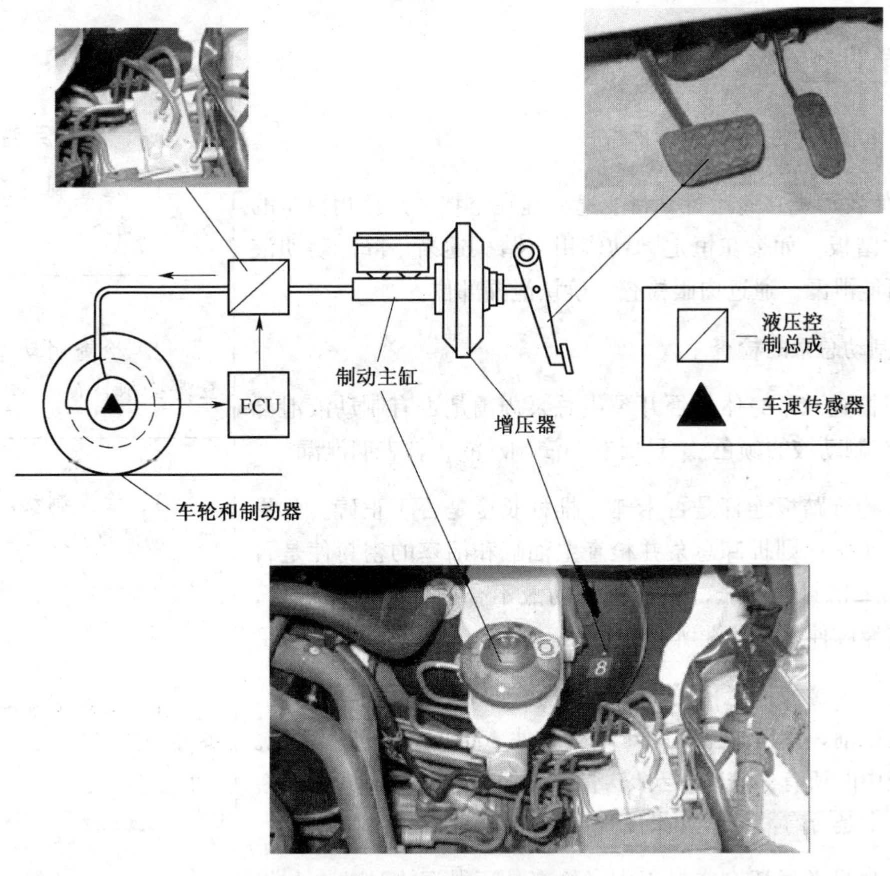

图 6−1　汽车制动系的组成

二、制动管路

制动管路如图 6-2 所示。

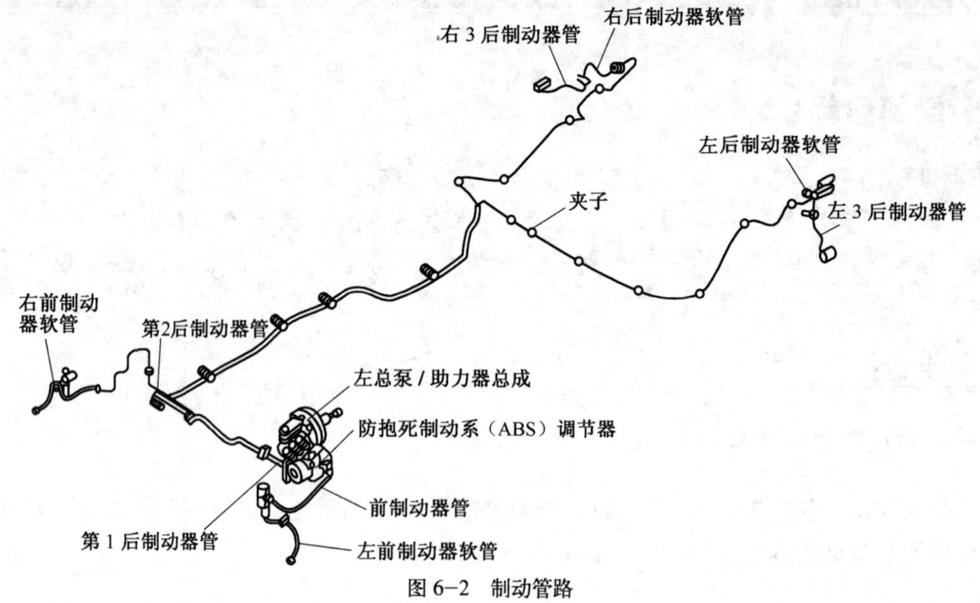

图 6-2　制动管路

教学内容

一、制动系性能检查步骤

1．使发动机怠速运行，将变速杆挂在空挡，然后用恒定的脚劲踩住踏板。如果在恒定脚劲作用下踏板逐渐下降，表明液压系统可能泄漏。通过肉眼检查，确认泄漏部位。

2．制动总泵的检查：

（1）检查总泵壳体是否开裂或总泵周围是否有制动液泄漏（注意该车制动液的颜色）。只要有一滴制动液，就表明泄漏。

（2）检查踏板连杆是否卡滞，推杆长度是否不正确。如果这两项均正常，则拆卸总泵并检查主油缸和活塞的密封件是否膨胀。如果密封件膨胀，可能是制动液不合格或密封件老化，更换所有橡胶件，并冲洗所有管件。

（3）如果橡胶件老化明显，拆卸所有液压件并用酒精清洗。在重新装配前，用压缩空气吹干这些零件，防止酒精进入系统。更换系统中的所有橡胶件，包括软管。此外，在检修制动机构时，检查衬片上是否有油液。如果发现大量油液，则更换衬片。

（4）如果总泵活塞密封正常，检查是否泄漏或过热。如果

实训内容

一、制动系性能检查

1．检查制动系什么地方有泄漏。

____

2．检查制动总泵应检查哪些项目？

____

3．检查制动总泵是否被制动液膨化。

（有）________

（无）________

4．检查制动衬片上是否有油液。

（有）________

（无）________

未发现上述状况，用制动液冲洗总泵，然后重新加注总泵，并放出系统中的空气。

3. 制动器软管检查。检查制动器软管是否出现损坏、开裂、磨损，是否泄漏或隆起。检查软管安装是否正确，与悬架部件摩擦的制动器软管很快就会磨损、失效。如果在制动器软管上观察到上述任何情况，更换软管。

4. 动力助力器功能检查：

(1) 在发动机熄火时，踩制动踏板数次。

(2) 踩下制动踏板并保持在此位置。

(3) 起动发动机。

(4) 如果加力后踏板继续下降，表明助力器正常。

(5) 如果制动踏板不下降，则真空系统（真空软管、真空阀等）可能有故障，需要检查。

(6) 如果在检查真空系统后未发现故障，则助力器本身可能有故障。

二、前轮制动器的检查步骤

1. 衬片的检查：

(1) 举升并安全支承车辆。

(2) 拆卸前轮。

(3) 肉眼检查最小厚度和磨损。

(4) 测量厚度。内外衬片最小厚度为 7 mm。

(5) 安装制动衬片。

(6) 安装前轮。

(7) 降下车辆。

2. 制动盘厚度的检查。测量制动盘圆周均匀分布的 4 个点的厚度，检查厚度偏差。所有测量点必须与制动盘边缘等距。厚度差超过 0.01 mm，可导致制动期间踏板脉动和前端振动。

5. 检查制动器软管外罩出现哪种损坏。

________________。

6. 怎样检查动力助力器？

________________。

二、前轮制动器的检查

1. 检查制动片厚度为________mm。

2. 检查制动盘 4 个点的厚度为：

________mm________mm。
________mm________mm。

3. 制动盘端面跳动的检查

用百分表检查端面跳动。最大允许跳动量为 0.03 mm，如图 6–3 所示。

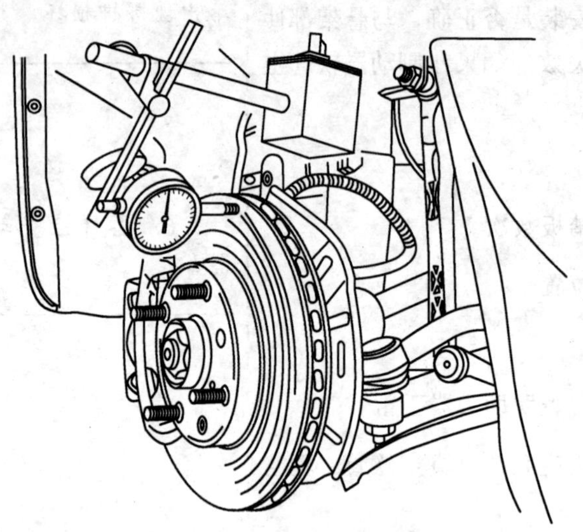

图 6–3　百分表检查端面跳动

(1) 变速器在空挡位置。

(2) 拆卸车轮。

(3) 用两个车轮螺栓将制动盘紧固在轮毂上。

(4) 将千分表固定在制动钳上。

(5) 将表尖调整到距离制动盘外缘约 10 mm，垂直于制动盘并预加轻载。

(6) 转动制动盘一周，读取端面跳动量。

3. 用百分表检查端面跳动，跳动量为________mm。

三、后轮制动器的检查步骤

1. 衬片的检查：

(1) 举升并安全支承车辆。

(2) 拆卸后轮。

(3) 肉眼检查制动蹄片最小厚度和磨损。

(4) 测量厚度。制动蹄片最小报废厚度为 2 mm。

(5) 按车桥成套安装制动蹄片。

(6) 安装后轮。

(7) 降下车辆。

三、后轮制动器的检查

1. 检查的制动片厚度为________mm。

2．制动盘厚度的检查

测量制动盘圆周 4 个以上点的厚度，检查厚度偏差，如图 6–4 所示。所有测量点必须与制动盘边缘等距。制动盘厚度偏差超过 1.0 mm，可导致制动期间踏板脉动和前端振动。

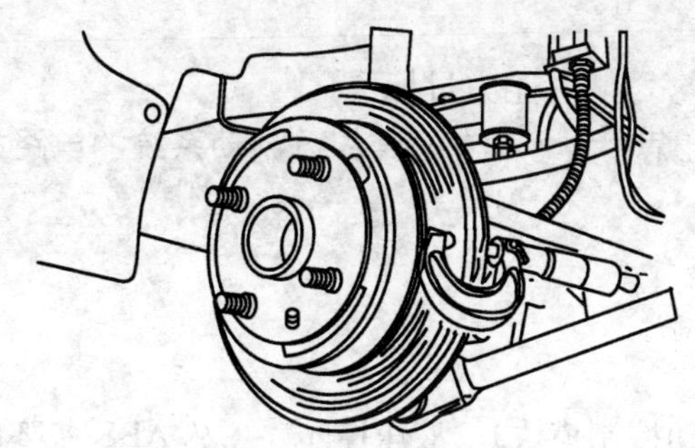

图 6–4　制动盘厚度的检查

3．制动盘端面跳动的检查：

用百分表检查制动盘端面跳动量。最大允许跳动量为 0.8 mm，如图 6–5 所示。

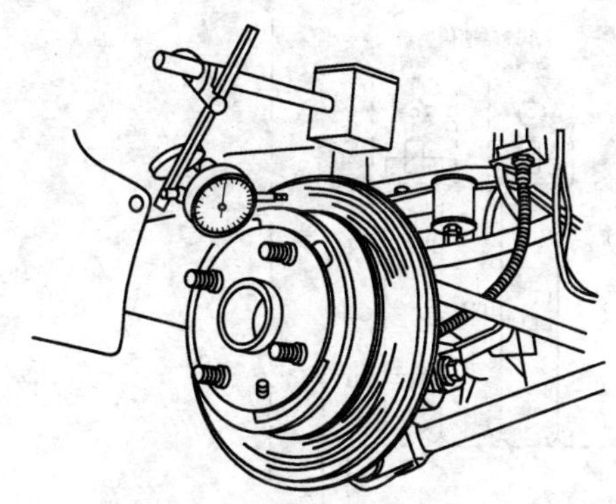

图 6–5　百分表检查端面跳动

（1）将变速器挂在空挡，并举升车辆。

（2）为保持车轮平衡，先标记车轮和轮毂的相对位置，然后再拆卸后轮。

（3）制动盘紧固在轮毂上。

（4）将百分表固定在制动钳上。

（5）将表尖垂直抵住制动盘，并略有压缩。

（6）转动制动盘一周，读取端面跳动量。

2．检查制动片盘 4 个点的厚度为：
______mm______mm。
______mm______mm。

3．用百分表检查制动盘端面跳动量。跳动量为______mm。

活动二　ABS 系统故障诊断

学习目标

知识目标	能力目标
掌握 ABS 制动系统的电路故障诊断思路。	熟练排除 ABS 制动系统的电路故障。

知识链接

ABS 电子控制单元由 ECU（电子制动控制模块）、液压控制单元、车轮转速传感器等零件组成，如图 6–6、图 6–7 所示。

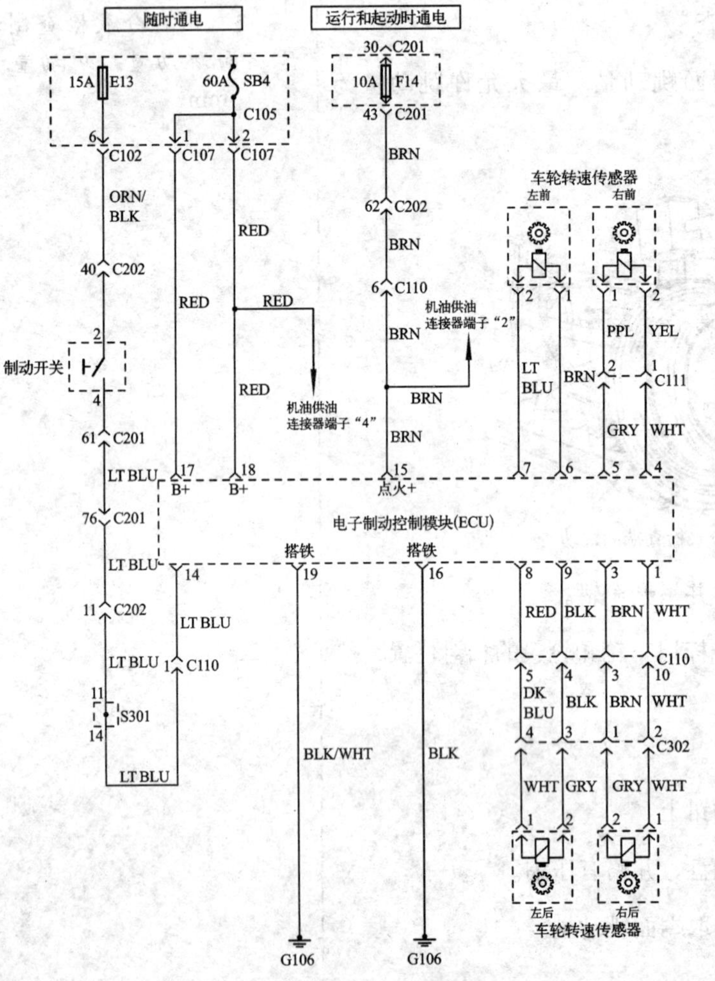

从 ABS 电路图上找出与系统相关的传感器，并指出该传感器与 ABS 电子控制单元的连接接口的代码。

图 6–6　ABS 电子控制单元电路图（1）

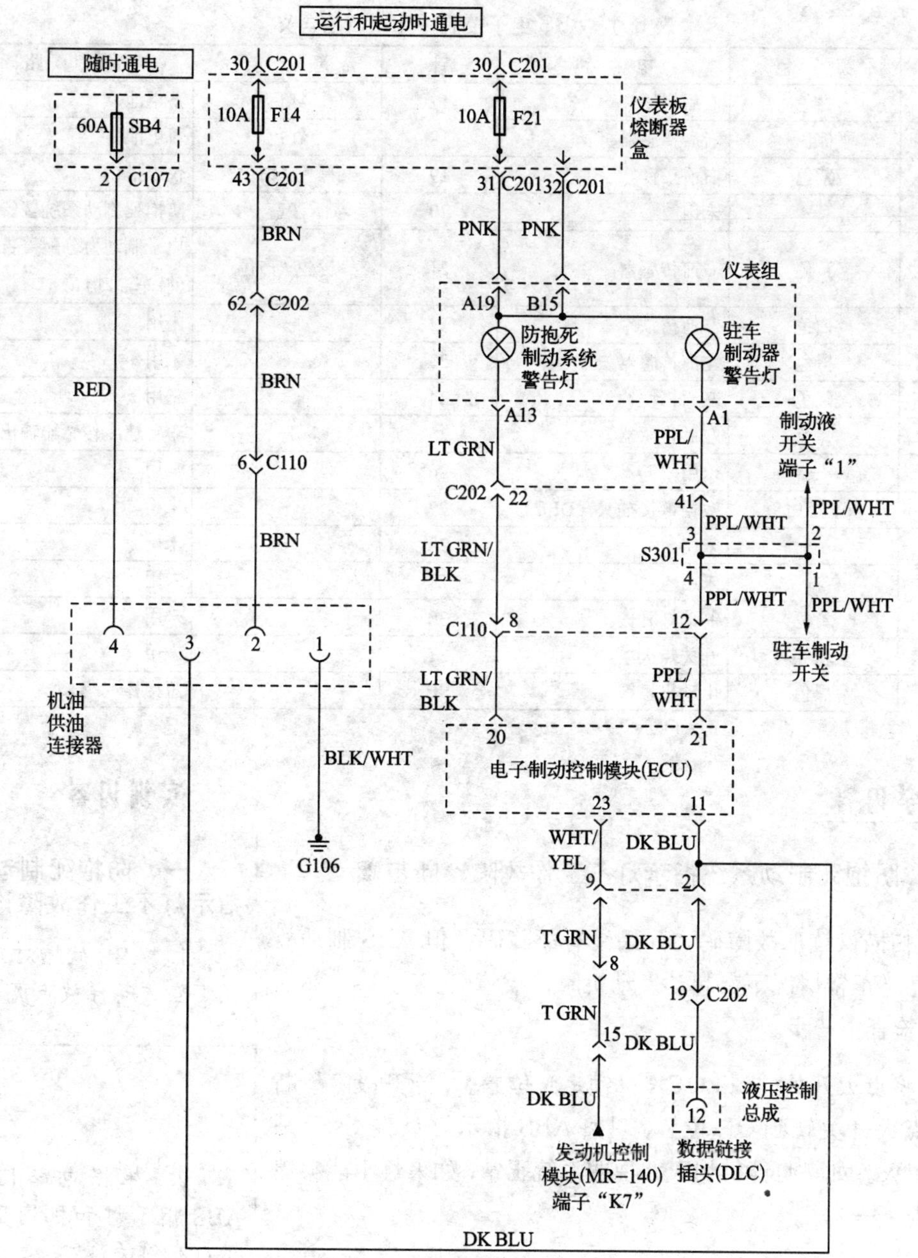

图 6-7　ABS 电子控制单元电路图（2）

ABS 电子控制单元有 32 个接口，如图 6-8 所示。每个接口的含义如表 6-1 所示。

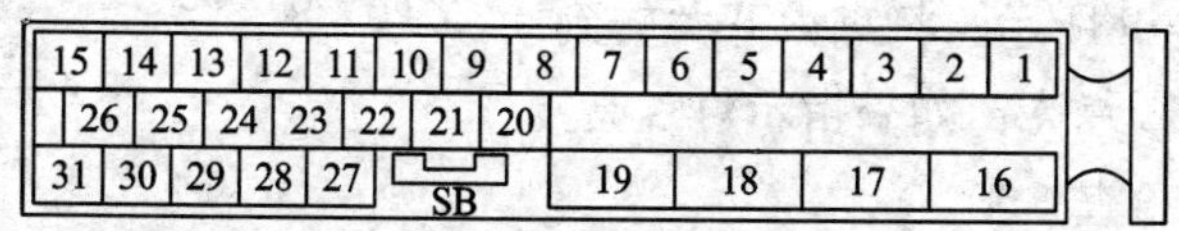

图 6-8　ABS 电子控制单元的接口

在凯越汽车上找到 ABS 电子控制单元，并说明每个接口的含义。

表 6-1　ABS 电子控制单元接口的含义

针	颜　色	电　路	针	颜　色	电　路
1	白色	右后搭铁	17	红色	蓄电池
2	棕色	右后传感器	18	红色	蓄电池
3	紫色	右前搭铁	19	黑色 / 白色	仪表搭铁
4	–	未用	20	浅蓝	防抱死制动系统警告灯
5	黄色	右前传感器	21	棕色 / 白色	电子制动力分配警告灯（驻车制动灯）
6	白色	左前搭铁	22	–	未用
7	橙色	左前传感器	23	–	未用
8	红色	左后搭铁	24	–	未用
9	黑色	左后传感器	25	–	车轮速度传感器输出信号
10	–	未用	26	–	未用
11	深蓝 / 白色	数据链接插头（DLC）	27	–	未用
12	–	未用	28	–	未用
13	–	未用	29	–	未用
14	黄色	制动灯开关	30	–	未用
15	粉红	开关点火	31	–	未用
16	黑色	电动机搭铁	SB	–	短接棒

教学内容

一、防抱死制动系统指示灯不工作故障诊断步骤

1．扫描仪读取故障码，如果没有故障码，但 ABS 制动故障灯不亮（正常情况下，起动发动机时，故障灯应亮 2 s，然后熄灭），检查下一步。

2．将点火开关拧到 LOCK（锁定）位置。断开故障诊断仪，将点火开关转到 ON 位置，观察 ABS 指示灯点亮 4 s 后是否能够熄灭。如果灯能够熄灭，说明系统正常；如果灯不能够熄灭，检查下一步。

3．接通点火开关，观察机油压力指示灯，机油压力指示灯是否点亮？如果指示灯点亮，检查下一步；如果指示灯没有点亮，检查 11 步。

4．将点火开关拧到 LOCK（锁定）位置。断开电子制动控制模块（EBCM）连接器，如图 6-9 所示。将点火开关转到 ON 位置，防抱死制动系统指示灯是否点亮？如果指示灯点亮，检查下一步；如果指示灯没有点亮，检查 6 步。

实训内容

一、防抱死制动系统指示灯不工作故障诊断

1．ABS 故障灯正常情况下应该怎样被点亮？

________________。

2．根据电路图说明 ABS 指示灯和机油压力指示灯有何关系？

________________。

3．进行步骤 4 时，故障灯点亮，说明：

________________。

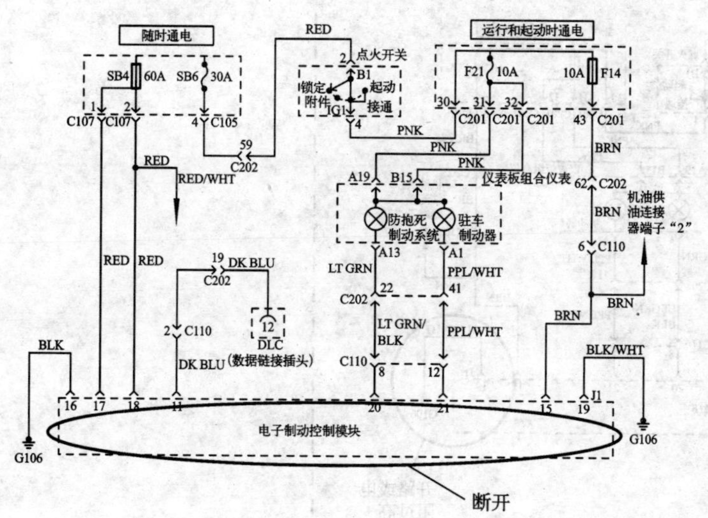

图 6-9 断开电子制动控制模块（EBCM）连接器，检查 ABS 故障

5．将点火开关拧到 LOCK（锁定）位置。检查防抱死制动系统导线束和电子制动控制模块上的电子制动控制模块端子 19 和端子 20，如图 6-10 所示。端子是否接触不良？如果接触不良，进行修理；如果没有接触不良，更换 ABS 总泵。

4. 检查端子 19 和端子 20 是否接触良好。

（是）________

（否）________

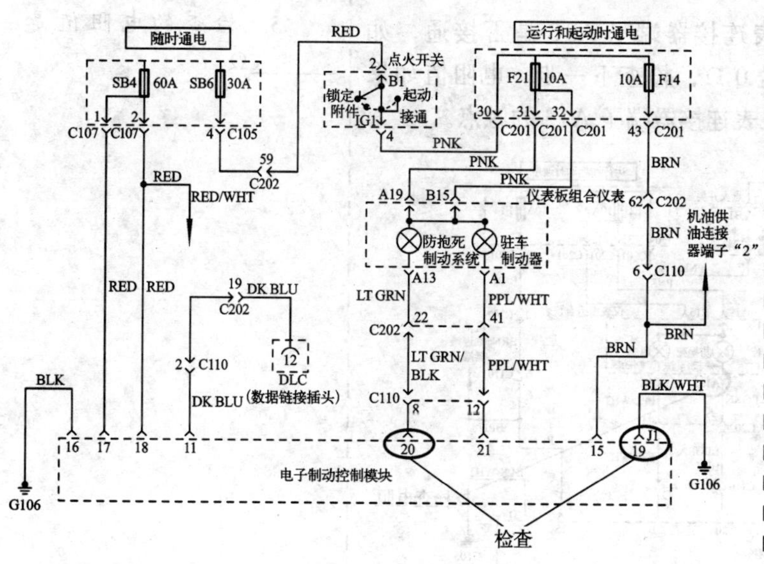

图 6-10 检查端子 19 和端子 20

6．将点火开关拧到 LOCK（锁定）位置，断开蓄电池负极端子上的导线。测量与搭铁连接的蓄电池负极导线与电子制动控制模块连接器中短接棒之间的电阻，如图 6-11 所示。电阻值如果是 0 Ω，检查下一步；电阻值如果不是 0 Ω，修理电子制动控制模块连接器端子 19 至搭铁 G106 之间的电路开路或电阻过高故障。

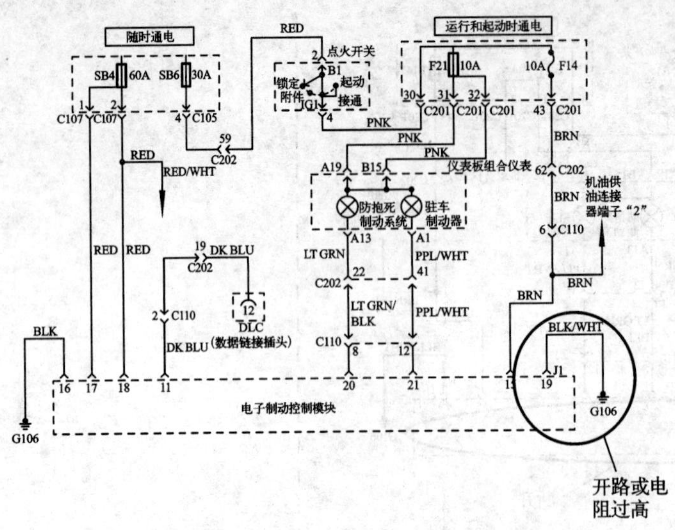

图 6–11　测量蓄电池负极导线与短接棒之间的电阻

7．拆卸仪表板组合仪表。拆卸并检查防抱死制动系统指示灯灯泡，检查灯泡是否烧坏。如果灯泡烧坏，更换防抱死制动系统指示灯灯泡，安装仪表板组合仪表；如果灯泡没有烧坏，检查下一步。

8．检查仪表板组合仪表连接器端子 A13 是否接通，如图 6–12 所示。电阻值如果是 0 Ω，检查下一步。电阻值如果不是 0 Ω，修理仪表板组合仪表连接器端子 A13 的触点。

5．检查的电阻值是______Ω。

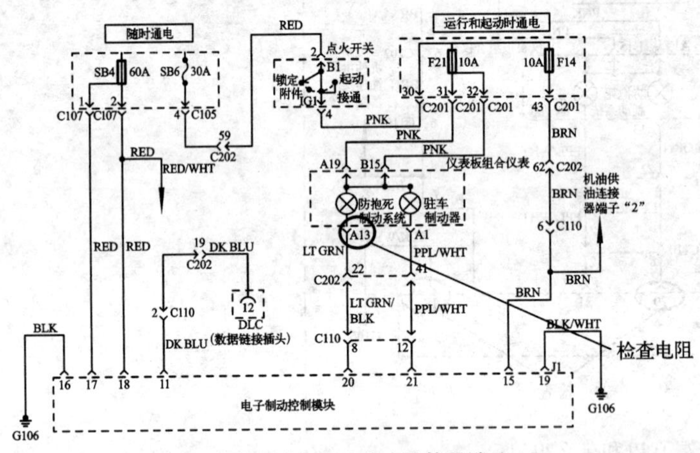

图 6–12　检查仪表板组合仪表连接器端子 A13

9．检查仪表组导线连接器端子 A13 至电子制动控制模块连接器端子 20 的浅绿 / 黑色（LT GRN/BLK）电路中的导线束和连接器，如图 6–13 所示。电阻值如果是∞，修理开路或电阻过高故障；电阻值如果不是∞，检查下一步。

6．检查的电阻值是______Ω。

（有故障）______

（无故障）______

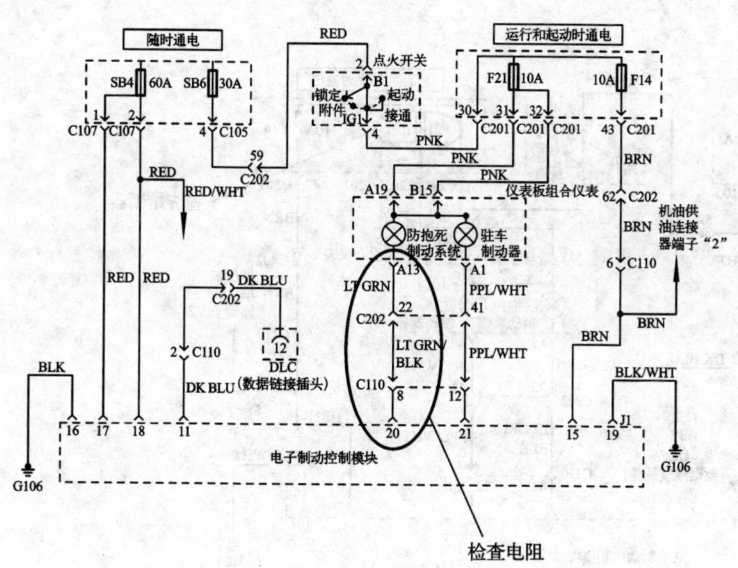

图 6-13　检查端子 A13 与端子 20 电路中的导线束和连接器

10．检查防抱死制动系统连接器端子 19 和搭铁 G106 之间是否接通，如图 6-14 所示。电阻值如果是 0 Ω，更换 ABS 总泵；电阻值如果不是 0 Ω，修理电子制动控制模块连接器端子 19 和搭铁 G106 之间的连通性故障。

7．检查的电阻值是 ________Ω。

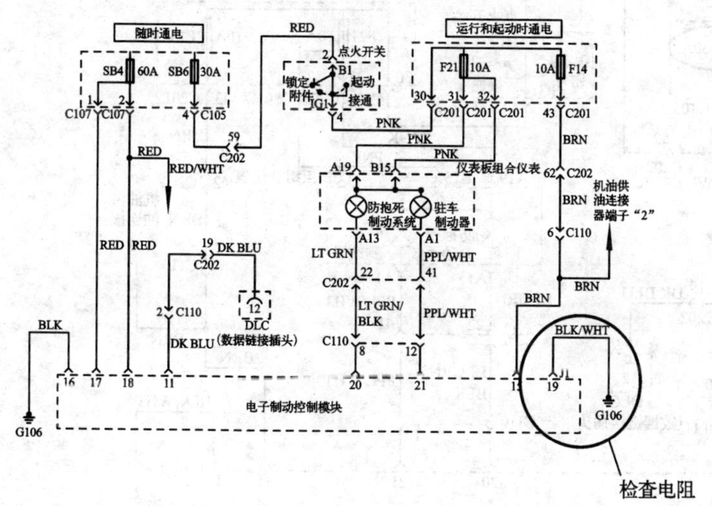

图 6-14　检查端子 19 和搭铁 G106 之间是否接通

11．将点火开关拧到 LOCK（锁定）位置，检查仪表板熔断器盒中的熔断器 F21，如图 6-15 所示。如果烧断，更换熔断器 F21；如果没有烧断，检查下一步。

8．检查熔断器 F21 是否良好。
（是）________
（否）________

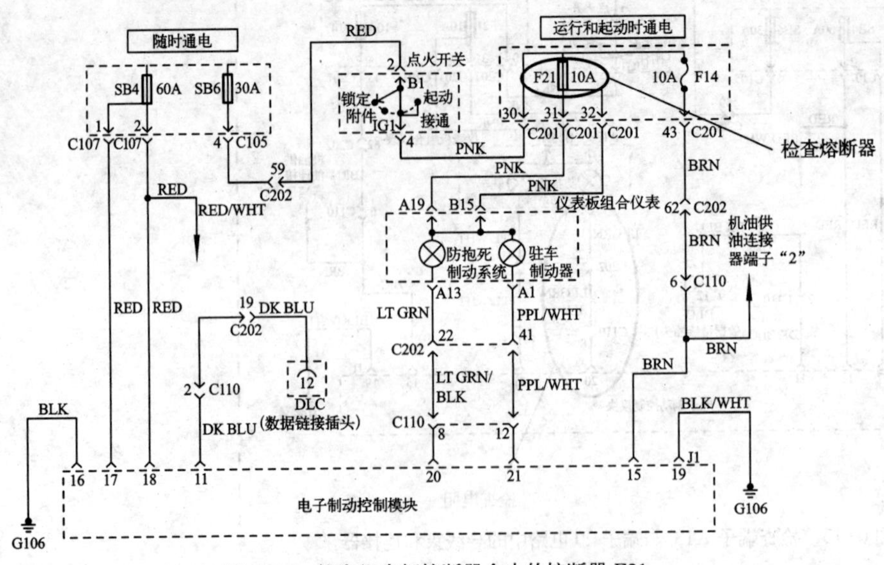

图 6-15　检查仪表板熔断器盒中的熔断器 F21

12．检查发动机熔断器盒中的熔断器 SB6，如图 6-16 所示。如果烧断，更换熔断器 SB6；如果没有烧断，检查下一步。

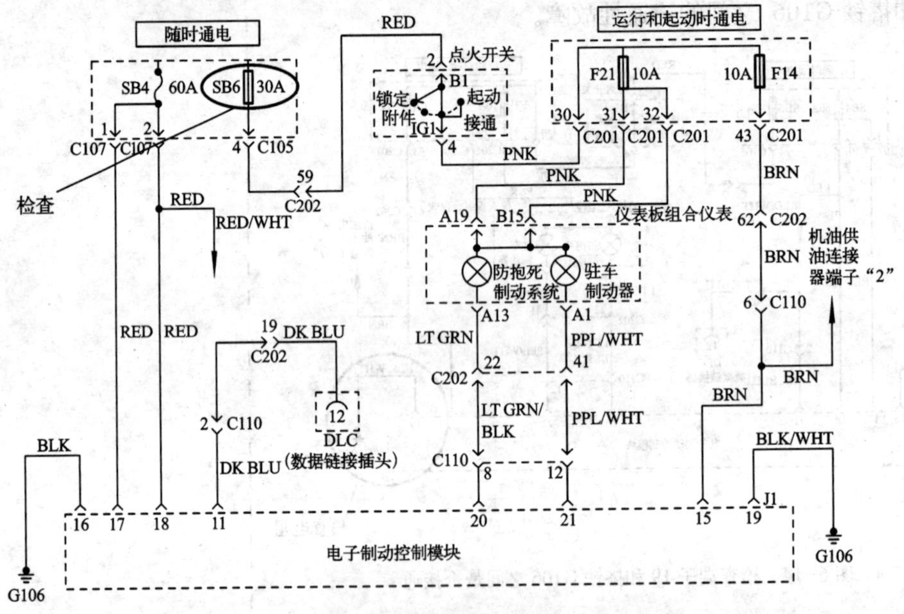

图 6-16　检查熔断器 SB6

13．检查点火开关连接器端子 2 上的电压，如图 6-17 所示。如果电压为 11 ~ 14 V，检查下一步；如果电压不在 11 ~ 14 V 之间，修理发动机熔断器盒 C105 端子 4 和点火开关端子 2 之间电路开路或电阻过高故障。

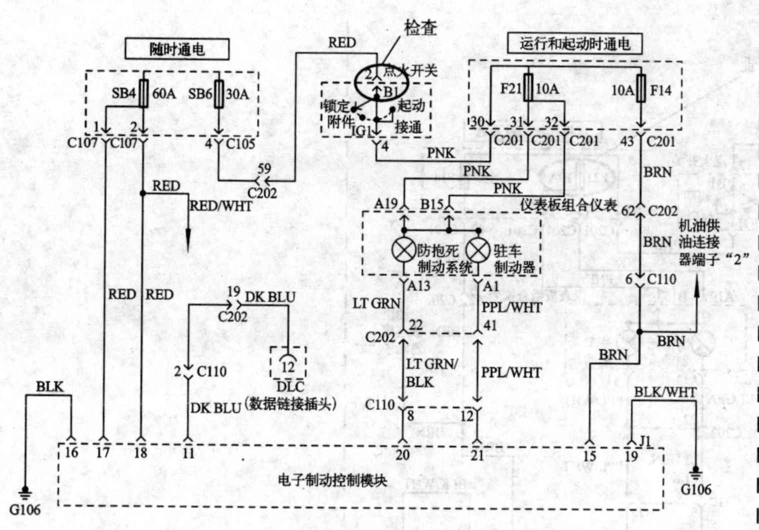

图 6–17　检查点火开关连接器端子 2 上的电压

14．接通点火开关，检查点火开关连接器端子 4 上的电压，如图 6–18 所示。如果电压为 11 ~ 14 V，检查下一步；如果电压不在 11 ~ 14 V 之间，更换点火开关。

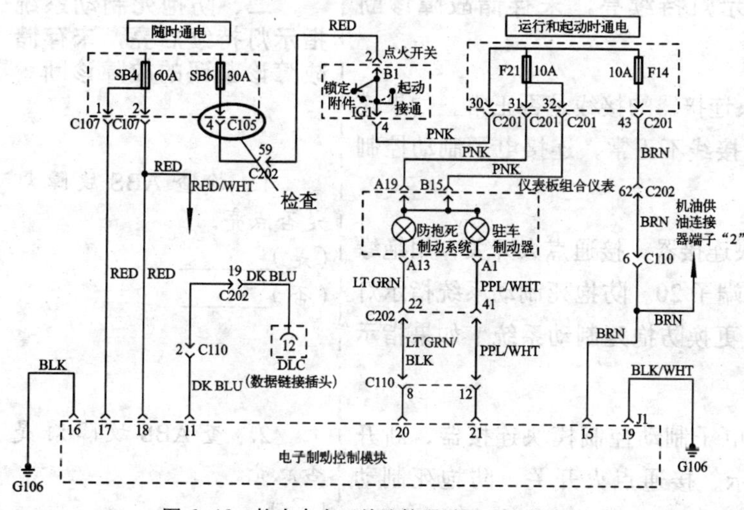

图 6–18　检查点火开关连接器端子 4 上的电压

15．将点火开关拧到 LOCK（锁定）位置，检查点火开关端子 4 至仪表板熔断器盒熔断器 F21 之间的电阻，如图 6–19 所示。如果电阻值是 ∞，修理开路或电阻过高故障；如果电阻值如果不是 ∞，拆卸仪表组。检查熔断器 F21 至仪表板组合仪表连接器 B 的端子 A19 之间的电路。修理导线束、接头或连接器的开路或电阻过高故障。

9. 检查点火开关连接器端子4的电压为______V，说明点火开关______。

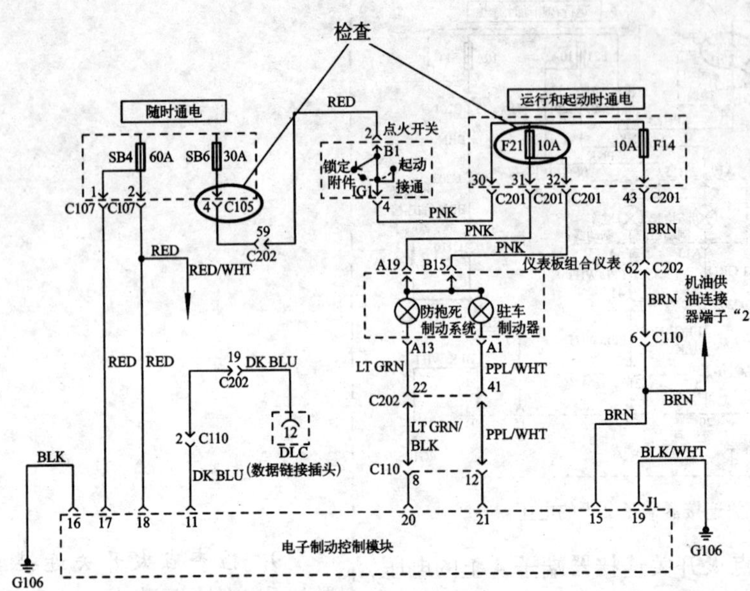

图 6–19　检查点火开关端子 4 至仪表板熔断器盒熔断器 F21 之间的电阻

二、防抱死制动系统指示灯持续亮，未存储故障诊断码的故障诊断步骤

1. 检查电子制动控制模块连接器的接线是否正常。如果连接线正常，检查下一步；如果接线不正常，连接电子制动控制模块连接器。

2. 断开电子制动控制模块连接器，接通点火开关，用绝缘工具使连接器中的短接棒脱离端子 20。防抱死制动系统指示灯是否熄灭？如果指示灯熄灭，更换防抱死制动系统；如果指示灯不熄灭，检查下一步。

3. 关闭点火开关，连接电子制动控制模块连接器，断开连接器 C110，如图 6–20 所示。接通点火开关，防抱死制动系统指示灯是否点亮？如果指示灯点亮，修理连接器 C110 和电子制动控制模块连接器之间浅绿色（LT GRN）电路的对搭铁短路故障；如果指示灯没有点亮，修理仪表板组合仪表连接器 A13 与连接器 C110 之间浅绿色（LT GRN）电路的对搭铁短路故障。

二、防抱死制动系统指示灯持续启亮，未存储故障诊断码的故障诊断

1. 检查 ABS 故障灯是否点亮。

（是）________

（否）________

2. 查 ABS 故障灯是否点亮。

（是）________

（否）________

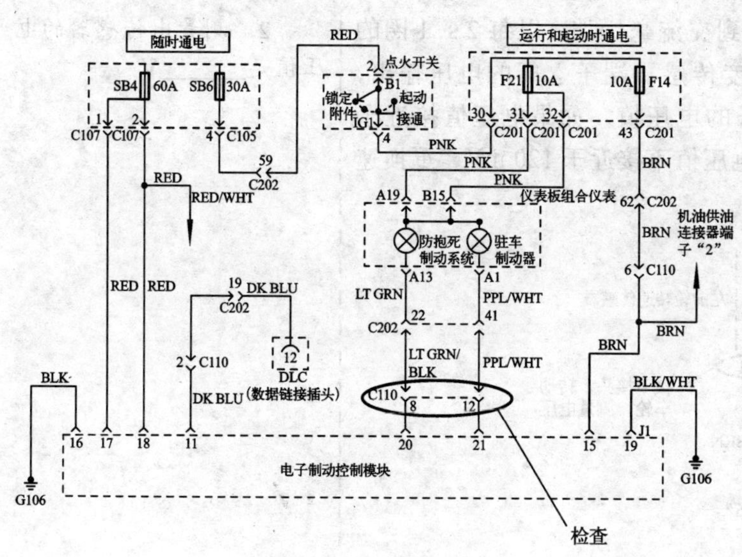

图 6-20　断开连接器 C110

三、C0035（故障码）左前轮速度传感器电路故障诊断步骤

1. 检查车轮速度传感器是否有损坏迹象。如果有，更换车轮速度传感器；如果没有，检查下一步。

2. 将点火开关拧到 LOCK（锁定）位置。断开左前轮速度传感器连接器。用数字式电压表（DVM）测量传感器端子之间的电阻，如图 6-21 所示。电阻在 25℃（77℉）的温度下是否在 1 280 ~ 1 920 Ω？如果在 1 280 ~ 1 920 Ω，检查下一步。如果不在 1 280 ~ 1 920 Ω，更换车轮速度传感器。

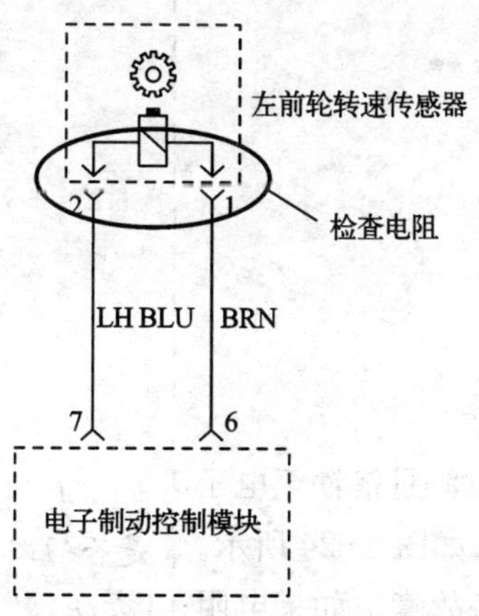

图 6-21　测量传感器的电阻值

三、C0035 左前轮速度传感器电路故障诊断

1. 测量传感器的电阻值是______Ω。

如果不在 1280 ~ 1920 Ω，更换______。

3．将数字式电压表切换到交流毫伏挡。以每 2 s 1 圈的速度转动车轮，测量车轮速度传感器端子之间的电压输出，如图 6-22 所示。测量传感器的电压值，如果电压值接近于 120 mV，检查下一步；如果电压值不接近于 120 mV，更换速度传感器或齿轮。

2．测量出传感器的电压值是________V。

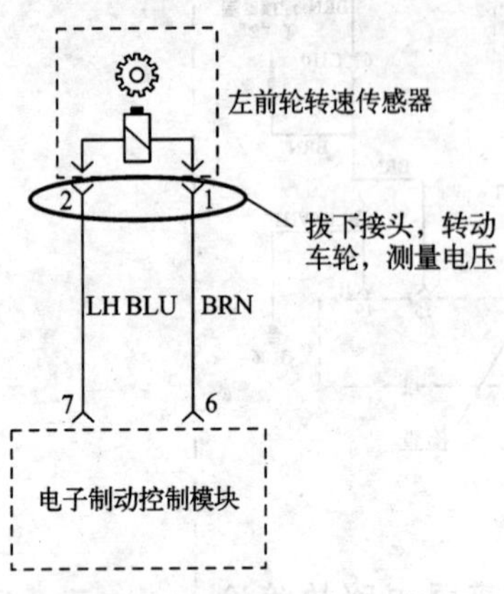

图 6-22　测量传感器的电压值

4．从电子制动控制模块上断开线束。将数字式电压表连接到搭铁和车轮速度传感器连接器某个端子之间，如图 6-23 所示。接通点火开关，对于其他车轮速度传感器端子，重复上述测试。如果电压高于 1 V，修理相关电路的对电压短路故障；如果电压不高于 1 V，检查下一步。

3．检查传感器与电源是否短路。

（是）________

（否）________

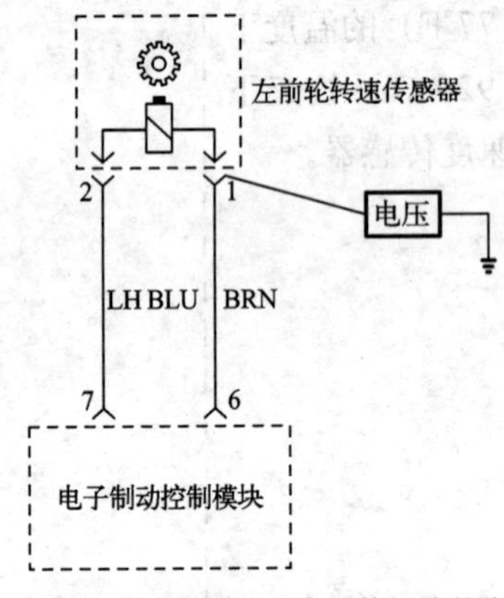

图 6-23　检查传感器与电源的短路故障

5．将点火开关拧到 LOCK（锁定）位置。测量搭铁至电子制动控制模块线束连接器端子 6 或者 7 的电阻，如图 6-24 所示。如果电阻值低于∞，修理相关电路对搭铁短路故障；如果电阻值不低于∞，检查下一步。

4．检查传感器与接地是否短路。

（是）________

（否）________

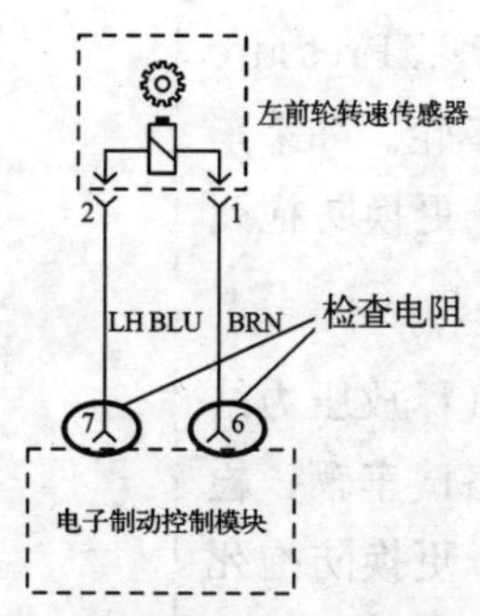

图 6–24　检查传感器与接地的短路故障

6．测量电子制动控制模块线束连接器端子 6 或者 7 和连接至白色导线的车轮速度传感器线束连接器端子之间的电阻，如图 6–25 所示。如果电阻值高于 5 Ω，修理相关电路中的开路或电阻过高故障。如果电阻值不高于 5 Ω，更换 ABS 总泵。

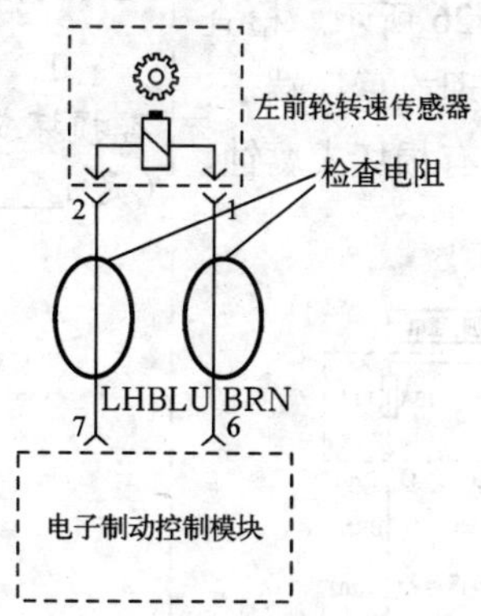

图 6–25　测量端子 6 或者 7 和白色导线的车轮速度传感器线束连接器端子之间的电阻

四、C0060/C0065（故障码）左前进口和出口阀电磁线圈故障诊断步骤

1．在进行测试的场所，举升并安全支承车辆。接通点火开关，将故障诊断仪连接到数据链接插头（DLC）并选择 Wheel front left（左前轮），开始测试该车轮上的电磁阀。这将测试进口和出口阀。当故障诊断仪显示 Pressure hold（保持压力）时，踩住制动踏板，直到测试结束。让助手转动车轮，如果车轮能够转动，检查下一步；如果车轮不能够转动，更换防抱死制动系统。

2．保持制动踏板压力，当故障诊断仪指示 Pressure increase（增加压力）时，让助手再次转动车轮。如果车轮能够转动，更换防抱死制动系统；如果车轮不能够转动，检查下一步。

5．测量电子制动控制模块线束连接器端子 6 或者 7 和连接至白色导线的车轮速度传感器线束连接器端子之间的电阻是________Ω。

3．保持制动踏板压力，当故障诊断仪指示 Pressure release on（释放压力开始）时，让助手再次转动车轮。如果车轮能够转动，检查下一步；如果车轮不能够转动，更换防抱死制动系统。

4．当故障诊断仪指示 Pressure release off（释放压力结束）时，松开制动踏板。清除所有故障诊断码。路试车辆，检查是否再次设置了故障诊断码。如果还有故障码，更换防抱死制动系统；如果没有故障码，检查导线束和连接器端子是否虚接。修理发现的故障。

五、C0110（故障码）泵电动机电路故障诊断步骤

1．从电子制动控制模块上断开连接器。检查线束连接器和电子制动控制模块连接器上的端子 16，如图 6–26 所示。检查端子是否损坏或腐蚀。如果端子损坏或腐蚀，修理或更换端子、连接器、导线束或电子制动控制模块；如果端子没有损坏或腐蚀，检查下一步。

四、C0110 泵电动机电路故障诊断

1．检查的端子 16 是否损坏或腐蚀。
（是）________（否）________。

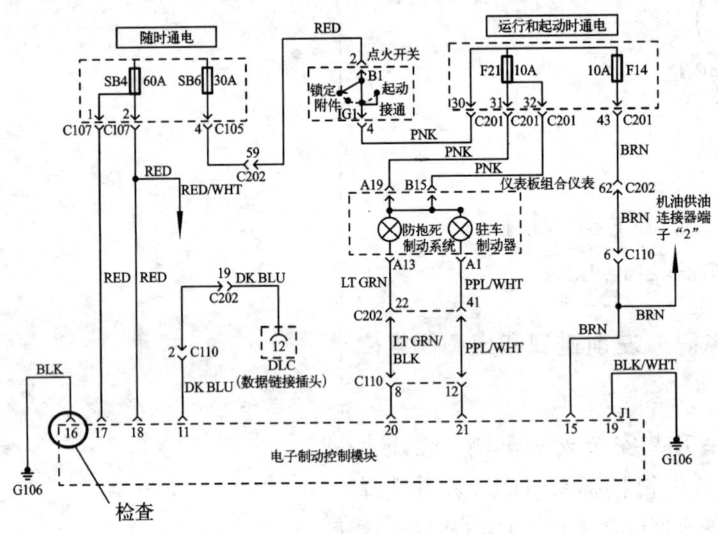

图 6–26　检查端子 16 损坏或腐蚀

2．测量线束连接器端子 16 至底盘可靠搭铁之间的电阻，如图 6–27 所示。如果电阻值不接近 0 Ω，检查下一步；如果电阻值接近 0 Ω，检查 4 步。

2．测量出电阻值是________Ω。

3．测量底盘搭铁接头 G106 的电阻，如图 6–27 所示。如果电阻值接近 0 Ω，修理连接器 J1 端子 16 和搭铁接头之间的开路或电阻故障，或更换防抱死制动系统导线束。如果电阻值不接近 0 Ω，修理底盘搭铁 G106 的接头。

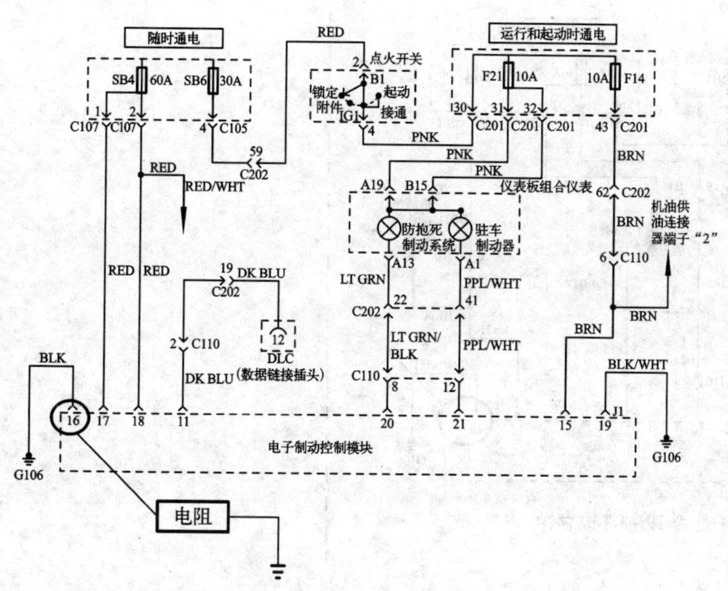

图 6–27　测量端子 16 至底盘可靠搭铁之间的电阻

4．从车上拆卸防抱死制动系统，断开连接器并检查端子。是否存在任何损坏或腐蚀迹象，导致搭铁接触不良？如果有搭铁接触不良，修理损坏的端子、连接器或防抱死制动系统；如果没有搭铁接触不良，更换防抱死制动系统。

六、C0121（故障码）阀继电器电路故障诊断步骤

1．用故障诊断仪清除所有故障诊断码。路试车辆，检查是否设置了故障码 C0121。如果有故障码，检查下一步；如果没有故障码，检查所有系统导线束连接器和端子（特别是电子制动控制模块）是否存在导致虚接的故障。修理发现的虚接故障。

2．从电子制动控制系统上断开防抱死制动系统线束连接器 J1。检查线束连接器和电子制动控制模块连接器上的端子 19，如图 6–28 所示。检查端子 19 是否损坏或腐蚀。如果端子 19 损坏或腐蚀，修理端子或连接器，或更换防抱死制动系统线束或防抱死制动装置；如果端子 19 没有损坏或腐蚀，检查下一步。

五、C0121 阀继电器电路故障诊断

1．检查端子 19 是否损坏或腐蚀。

（是）________

（否）________

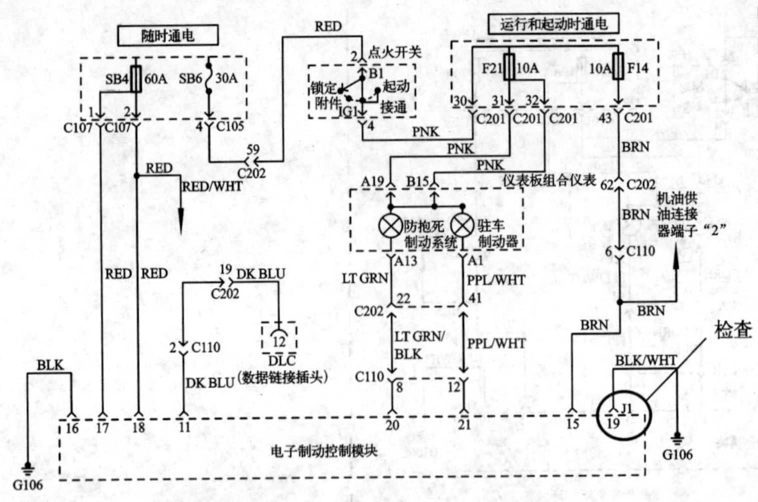

图 6-28　检查端子是否 19 损坏或腐蚀

3．测量线束连接器 J1 端子 19 至底盘可靠搭铁的电阻，如图 6-29 所示。如果电阻值接近 0 Ω，更换 ABS 总泵；如果电阻值不接近 0 Ω，检查下一步。

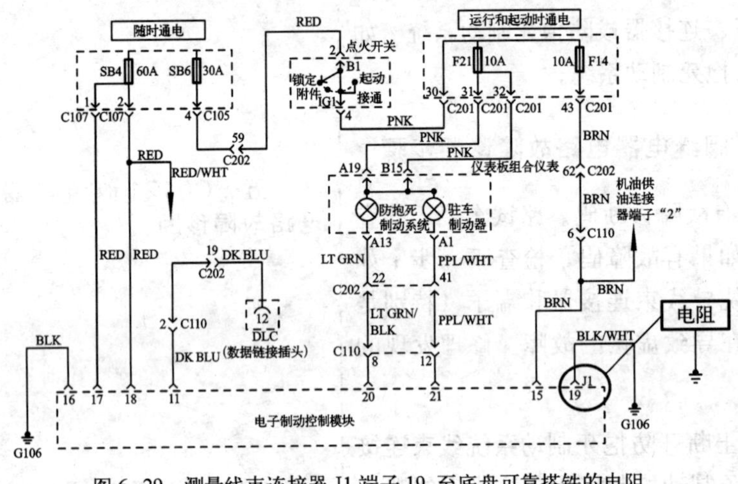

图 6-29　测量线束连接器 J1 端子 19 至底盘可靠搭铁的电阻

4．测量线束连接器 J1 端子 19 至 G106 底盘搭铁接头的电阻，如图 6-30 所示。如果电阻值接近 0 Ω，修理底盘的搭铁接头。如果电阻值不接近 0 Ω，修理 ABS 总泵线束开路或电阻过高故障，必要时更换线束。

2．测量出电阻值是________Ω 时，此时应该________________。

3．测量出电阻值是________Ω。

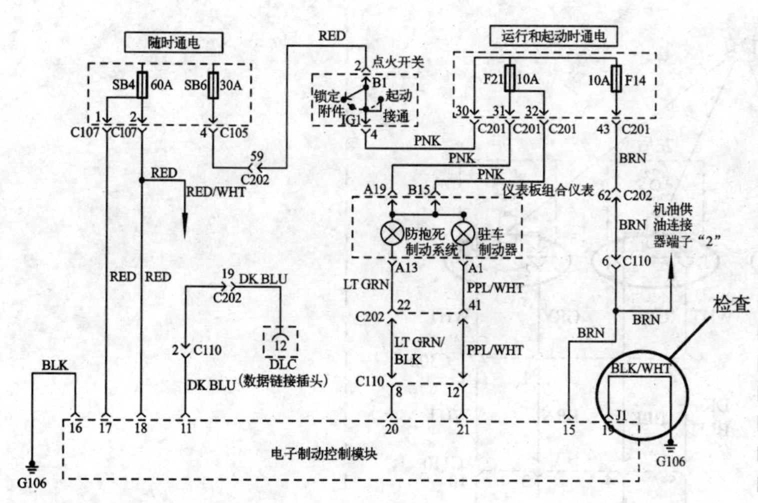

图 6-30　测量线束连接器 J1 端子 19 至 G106 底盘搭铁接头的电阻

七、C0245（故障码）车轮速度传感器频率错误故障诊断步骤

1．目视检查前轮速度传感器导线看是否有损坏，或者检查车上安装的外等速万向节是否完好。前速度传感器环有 47 个齿，后速度传感器环有 29 个齿。如果有损坏或者安装不正确，修理或者重新安装；如果没有损坏或者安装不正确，检查下一步。

2．检查发动机熔断器盒中的熔断器 EF2。如果熔断器良好，更换外等速万向节。如果熔断器不好，检查下一步。

3．从车轮速度传感器连接器上断开车轮速度传感器线束。在车轮速度传感器连接器端子上测量车轮速度传感器电阻，如图 6-31 所示。如果电阻值在 1 280 ～ 1 920 Ω 范围内，检查下一步。如果电阻值不在 1 280 ～ 1 920 Ω 范围内，更换有故障的车轮速度传感器。

4．断开防抱死制动系统控制模块连接器。将数字式电阻计连接到车轮速度传感器连接器线束侧的两个端子上，检查各车轮速度传感器导线是否短路。检查连接器端子每个车轮速度传感器线束是否对搭铁点短路。如有短路，进行修理；如果不存在短路，检查下一步。

5．检查车辆每侧 ABS 连接器和车轮速度传感器连接器之间的两个前轮速度传感器电路中的导线是否连通，如图 6-32 所示。左侧使用 ABS 系统连接器端子 6 和 7，右侧使用 ABS 连接器端子 4 和 5。如果连接不正确，重新连接；如果连接正确，检查下一步。

六、C0245 车轮速度传感器频率错误故障诊断

1．出现该故障码时，可能因_________机械故障引起的。

2．检查保险丝 EF2 是否良好。

（是）________

（否）________

3．测量出车轮速度传感器电阻值是_______Ω，应该_________________。

4．检查导线是否连通。

（是）________

（否）________

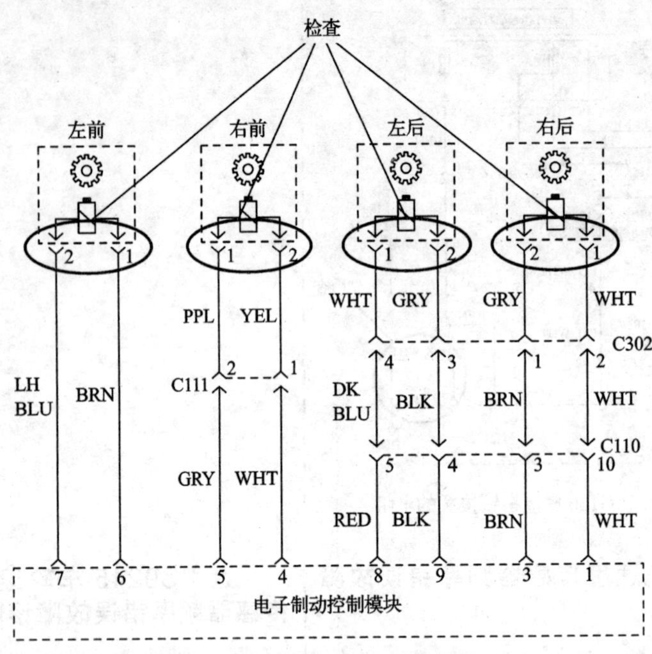

图 6–31 测量车轮速度传感器电阻

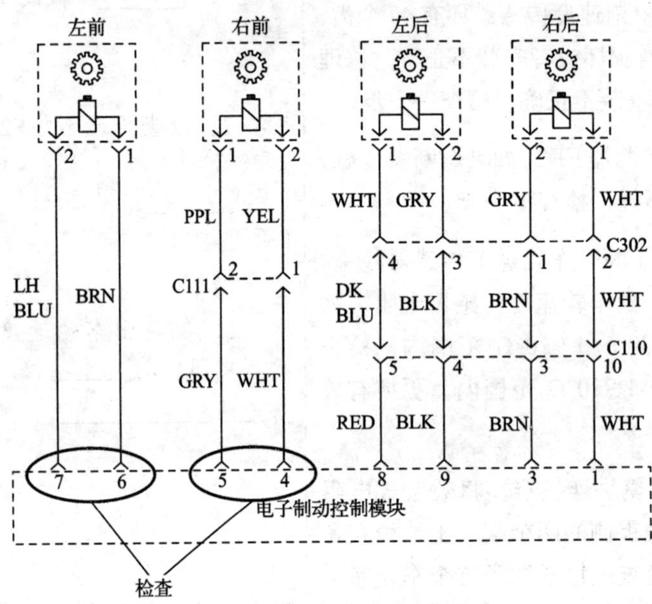

图 6–32 6 和 7、4 和 5 导线的连通

6．目视检查后轮速度传感器导线，检查车轮速度传感器安装是否正确和固定螺栓是否紧固。如果安装不正确或者松动，重新安装或者紧固；如果安装正确或者紧固，检查下一步。

7．从后转向节上拆卸各后轮速度传感器，并通过车轮速度传感器安装孔检查齿圈，检查是否损坏或缺齿。检查齿圈是否

正确位于车轮速度传感器下。如果安装不正确或者有损坏，更换后轮轮毂；如果安装正确或者没有损坏，检查下一步。

8．从车轮速度传感器连接器上断开后轮速度传感器线束。在车轮速度传感器连接器端子上测车轮速度传感器电阻。如果电阻值在 1 280 ~ 1 920 Ω 范围内，检查下一步。如果电阻值不在 1 280 ~ 1 920 Ω 范围内，更换有故障的车轮速度传感器。

9．断开 ABS 控制模块连接器。将数字式电阻计连接到车轮速度传感器连接器线束侧的两个端子上，检查各车轮速度传感器导线是否短路。再从连接器端子，检查每个车轮速度传感器线束是否对搭铁短路。如果有短路故障，进行修理；如果不存在短路故障，检查下一步。

10．检查车辆每侧 ABS 连接器和车轮速度传感器连接器之间的两个前轮速度传感器电路中的导线是否连通，如图 6−33 所示。左侧使用 ABS 连接器端子 8 和 9，右侧使用 ABS 连接器端子 1 和 3。如果连接不正确，修理后轮速度传感器线束或连接器 C110 断路故障；如果连接正确，更换 ABS 总泵。

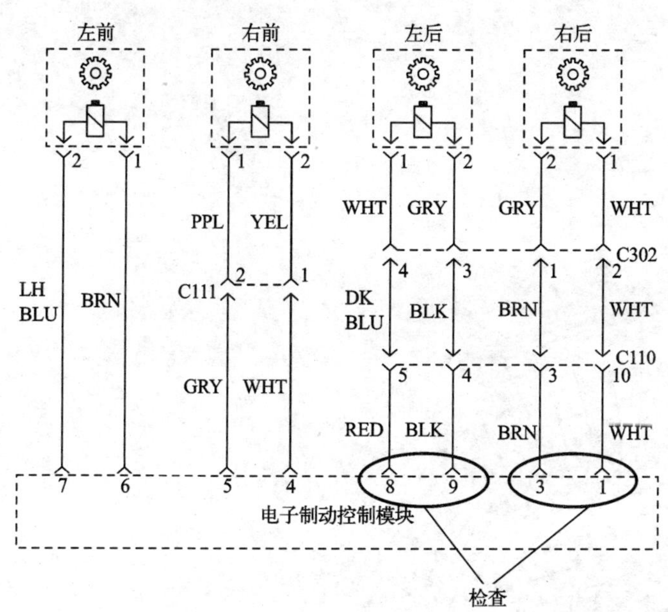

图 6−33　8 和 9、1 和 3 导线的连通

5．你测量出电阻值是 ______Ω。

6．检查导线是否连通。

（是）______

（否）______

行驶系故障诊断

活动一　轮胎的检查与故障诊断

学习目标

知识目标	能力目标
● 了解轮胎检查的基本内容。	● 熟练进行轮胎的检查。
● 掌握轮胎常见故障诊断的基本思路。	● 熟练排除轮胎常见故障。

知识链接

一、车轮的结构

车轮主要由轮毂、轮辐、轮辋和轮胎等组成，如图 7-1 所示。

在车上找出轮毂、轮辐、轮辋和轮胎。

图 7-1　车轮的结构

二、轮胎平衡的基本概念

轮胎和车轮平衡分两类：静平衡和动平衡。

1．静平衡指车轮四周的重量均匀分布。未经过静平衡的总成导致的振动作用，称为“车轮摆动”，如图 7-2 所示。这种状况将最终导致轮胎不均匀磨损，其校正平衡点如图 7-2 所示。

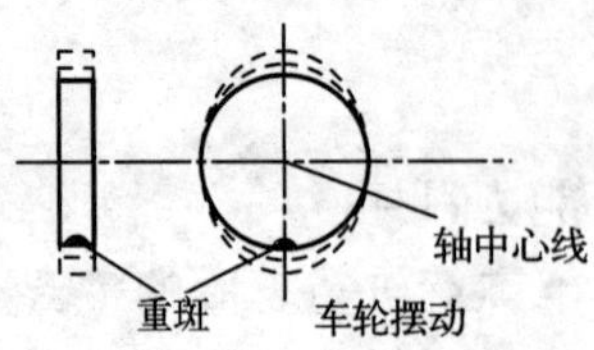

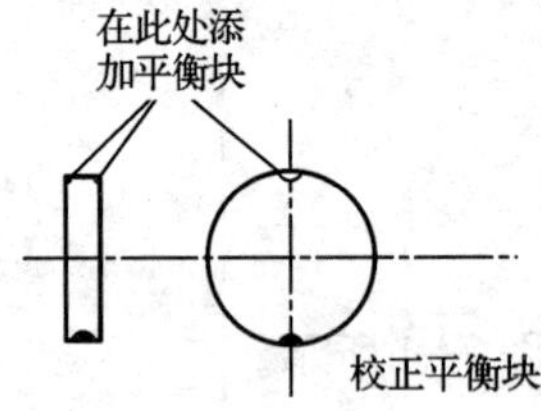

图 7-2　静平衡及其校正

2．动平衡指中心线两侧的重量均匀分布，因此在总成转动时不会出现侧摆倾向，如图 7-3 所示。未经动平衡的总成会导致车轮摆振，其校正平衡块如图 7-3 所示。

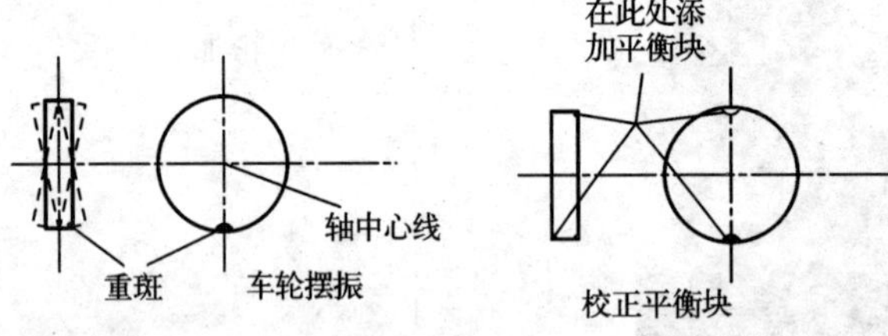

图 7-3　动平衡及其校正

教学内容

一、轮胎的初步检查与轮胎的平衡诊断步骤

1．轮胎的初步检查

（1）路试时，检查轮胎和车轮是否有明显的跳动。

（2）检查传动轴是否有明显的跳动。

（3）检查轮胎气压是否正确。轮胎气压前、后轮均为 205 kPa。

（4）检查翘头高度。

一、轮胎的初步检查与轮胎的平衡诊断

1．测量轮胎的气压是______kPa。

• 请另一位技术人员帮助抬起后保险杠，尽可能抬高车辆。缓慢放下保险杠，使车辆恢复其正常翘头高度。测量地面至保险杠中心的距离。

• 按压保险杠，然后缓慢松开，让车辆恢复其正常翘头高度，测量地面至保险杠中心的距离。

以上两测量值之差应小于 12.7 mm。

（5）车轮是否损坏。

（6）轮胎异常或过度磨损。

（7）胎边未正确进入轮缘。

（8）轮胎缺陷包括：胎面变形、分离或撞击破坏导致的凸起。轮胎侧壁出现轻微压印属于正常现象，不会影响行驶质量。

2．车轮平衡仪的使用方法：

（1）清除被测车轮上的泥土、石子和旧平衡块。检查轮胎气压，一定要充至规定值。

（2）根据轮辋中心孔的大小选择锥体，仔细地装上车轮，用大螺距螺母紧固。

（3）打开电源开关，启动设备运行，系统自动测量轮辋宽度、轮辋直径以及轮辋边缘至机箱距离。按下启动键，车轮旋转，平衡测试开始，控制系统自动采集数据。

（4）当车轮自动停转或听到“嘀”声时，系统显示车轮内、外不平衡量和不平衡位置。抬起车轮防护罩，根据提示用手慢慢转动车轮。当指示装置出现两个相对箭头或相关提示时，停止转动。检查在轮辋的内侧或外侧的上部（时钟 12 点位置）加装指示装置显示的该侧平衡块质量。内、外侧要分别进行，平衡块装卡要牢固。

（5）安装平衡块后有可能产生新的不平衡，应重新进行平衡试验，直至平衡量达到规定为止。

二、轮胎异常和过早磨损

1．转向困难，充气压力不正确，没有正常换位，造成轮胎异常和过早磨损，如图 7-4 所示。

2. 检查轮胎是否有损坏。
（是）________
（否）________
损坏的部位在________。

3. 指出测量轮胎的不平衡点。________

二、轮胎异常和过早磨损诊断

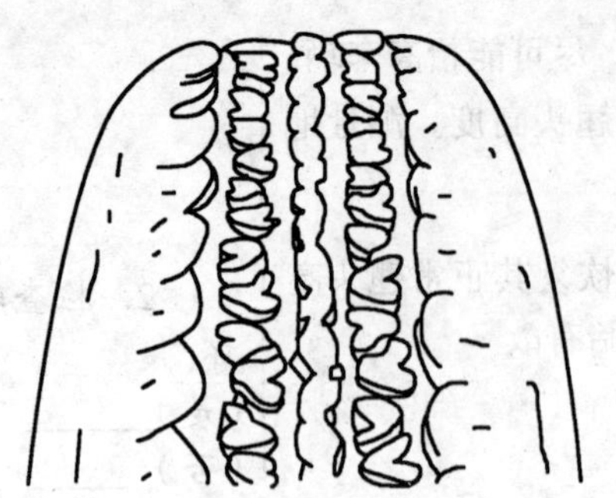

图 7–4 转向困难，充气压力不正确，没有正常换位，造成的轮胎异常和过早磨损

2．驾驶习惯不良，驱动桥前束过大，没有正常换位，造成轮胎异常和过早磨损，如图 7–5 所示。 、

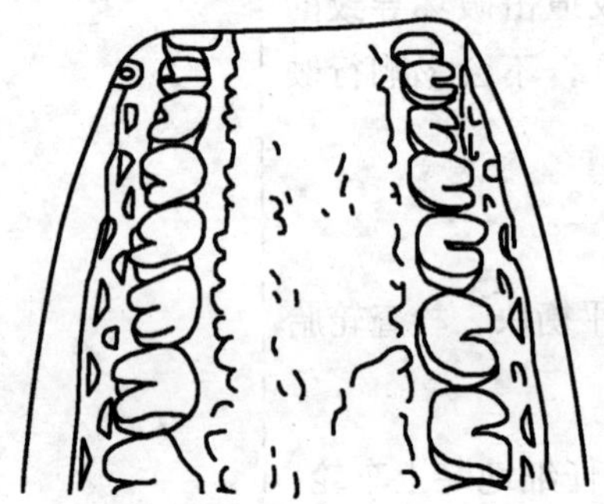

图 7–5 驱动桥加速过猛，驱动桥前束过大，没有正常换位，造成的轮胎异常和过早磨损

3．非驱动桥车轮定位不正确，没有正常换位，造成的轮胎异常和过早磨损，如图 7–6 所示。

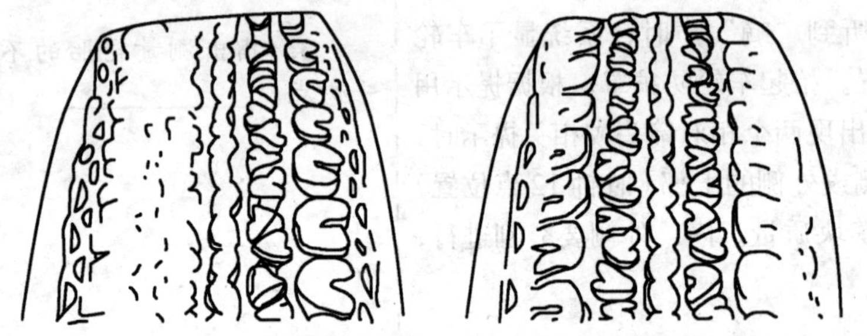

图 7–6 非驱动桥车轮定位不正确，没有正常换位，造成的轮胎异常和过早磨损

三、轮胎的摆动

摆动指车辆前部或后部侧向移动。原因是轮胎内部的钢带不直或轮胎或车轮端面跳动量过大。在低速时，即 8 ~ 48 km/h

检查轮胎是否存在异常和过早磨损。

(是)______

(否)______

存在异常和过早磨损的原因是______。

三、轮胎摆动诊断

提示：如果路试，一定要老师驾驶车辆。

下此现象最明显，但在 80 ~ 113 km/h 的速度下表现为行驶不平稳。

车辆必须经过路试，才能确定车辆哪端轮胎有故障。如果车辆后端轮胎摆动，则车辆后端会侧向摆动。从驾驶员座椅上，感觉有人在从侧面推车辆。如果车辆前部轮胎有故障，则侧摆现象可以更明显看到。前部钣金件好像在前后移动，驾驶员座椅感觉像是车辆枢轴点。

1．路试车辆，确定侧摆来自车辆前部还是后部。

2．将故障车辆有问题的一端装上同规格的已知好的轮胎和车轮。如果侧摆不明显，更换轮胎。

3．路试车辆。如果有所改善，安装原厂轮胎，确定有故障的轮胎。如果没有改善，将所有 4 个轮胎换上好的轮胎。

4．一次安装一个原厂轮胎，确定有故障的轮胎。

在路试的过程中，感觉怎么样？

______________________________。

四、行驶跑偏故障诊断步骤

1．在无制动器分离不清的前提下，路试车辆。检查车辆是否跑偏，如果没有跑偏，说明系统正常；如果跑偏，检查下一步。

2．调换两个前轮胎和车轮总成，路试车辆。检查车辆是否跑偏，如果没有跑偏，说明系统正常；如果跑偏，检查下一步。

3．检查前束值否符合规格，如表 7-1 所示。如果前束值正常，检查下一步；如果前束值不正常，重新调整前束值。

4．检查前轮外倾和前主销后倾是否符合规格，如表 7 1 所示。如果符合规格，检查下一步；如果不符合规格，检查车架并校正车架。

表 7-1　前束值、前轮外倾和前主销后倾

检查项目	规　　格
外倾	−0.33° ± 30′
主销后倾	4° ± 30′
前束	0°± 5′ 或者≤ 2 mm

5．将左前轮胎和车轮总成与左后轮胎和车轮总成进行调换。路试车辆，检查车辆是否仍跑偏。如果没有跑偏，检查下一步。如果跑偏，将左前轮胎和车轮总成与左后轮胎和车轮总

四、行驶跑偏故障诊断

1. 检查车辆是否跑偏。

（是）________

（否）________

2. 检查前束值是________mm。

3. 检查前轮外倾和前主销后倾是____度和____度。

成调换，并更换左前轮胎。

6．将右前轮胎和车轮总成与右后轮胎和车轮总成进行调换。路试车辆，检查车辆是否仍跑偏？如果还是跑偏，重新检查。如果没有跑偏，将右前轮胎和车轮总成与右后轮胎和车轮总成进行调换，并更换右前轮胎。

五、车轮跳动故障诊断步骤

1．路试车辆，检查是否有车轮跳动。如果没有车轮跳动，说明系统正常；如果有车轮跳动，检查下一步。

2．确定出现跳动时的速度，检查振动是否在 64 km/h 以上。如果是，进行车下车轮动平衡；如果不是，检查下一步。

3．检查车上横向和径向自由跳动检查。如果跳动值小于 1.5 mm，重新进行车下车轮动平衡；如果跳动值大于 1.5 mm，检查下一步。

4．检查车下横向和径向自由跳动检查。如果跳动值小于 1.3 mm，检查下一步；如果跳动值大于 1.3 mm，检查 9 步。

5．用带磁性底座的百分表测量车轮双头螺栓的跳动量。如果各螺栓跳动值差值小于 0.76 mm，检查下一步；如果跳动值大于 0.76 mm，检查 7 步。

6．检查车下车轮动平衡。如果还达不到要求，执行车上最后平衡。如果还达不到要求，检查是否存在发动机传动系统不平衡。彻底检查驱动桥和等速万向节，修理发现的故障。

7．测量轮毂法兰的跳动。如果跳动值小于 0.76 mm，检查第 7 步；如果跳动值大于 0.76 mm，更换轮毂。

8．将轮胎配装在车轮上。对车下横向和径向进行自由跳动检查。如果跳动值小于 1.5 mm，重新进行第 7 步；如果跳动值不在 1.5 mm 内，检查下一步。

9．从可疑总成的车轮上拆卸轮胎。测量车轮的跳动量，如果跳动值小于 0.8 mm，更换轮胎；如果跳动值大于 0.8 mm，更换车轮。

五、车轮跳动故障诊断

提示：如果路试，一定要老师驾驶车辆。

1．检查车辆是否出现跳动。

(是)_______

(否)_______

在_______车速下跳动。

2．检查车上横向和径向自由跳动检查，跳动量是_______mm。

3．检查车下横向和径向自由跳动检查，跳动量是_______mm。

4．检查轮胎动平衡是否正常。

(是)_______

(否)_______

活动二　主销后倾角和车轮外倾角的计算

知识目标	能力目标
了解凯越车辆主销后倾角和车轮外倾角的方式。	熟练计算凯越车辆主销后倾角和车轮外倾角。

知识链接

一、主销后倾角

正的主销后倾角是转向轴线的上端向后倾斜，负的是向前倾斜，如图 7-7 所示。

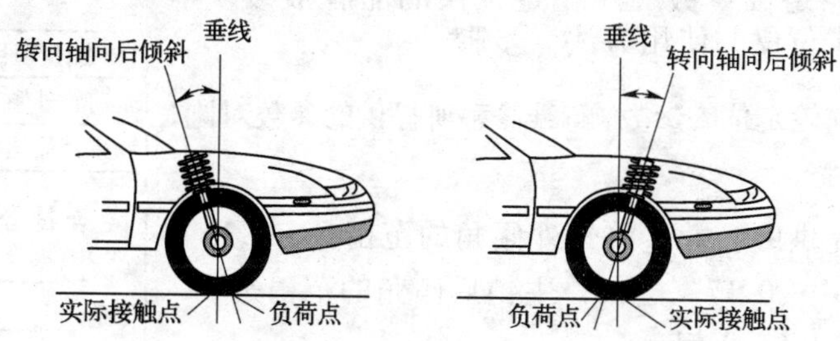

图 7-7　主销后倾角

二、车轮外倾角

以麦弗逊悬架为例，轮胎中心线上端向内和向外倾斜的角度，用 α 表示。正的轮胎外倾角是车轮中心线上部向外倾斜，负的向内倾斜，如图 7-8 所示。

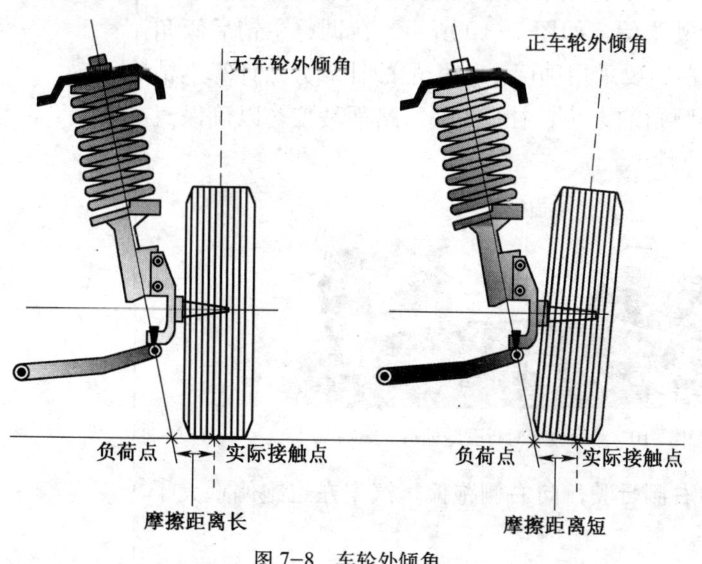

图 7-8　车轮外倾角

三、前轮前束

车轮前束是指从上往下看两个车轮指向的方向，如图 7-9 所示。其前端指向内称为前轮前束。前轮的前束可用毫米或角度来表示。

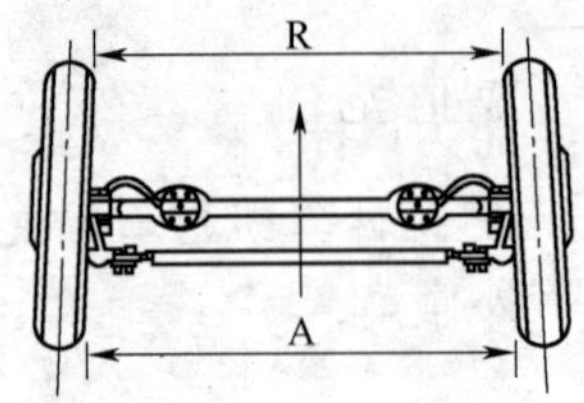

图 7-9　前轮前束

教学内容

在企业里一般对前轮定位的调整，分为 3 个步骤：

一、测量前轮定位参数（四轮定位仪的品牌很多，本章不在叙述四轮定位仪的使用方法）**步骤**

1. 测量车辆前轮定位的参数，与维修手册提供的参数对比，确定是否要进行调整。

根据表 7-1 提供的参数，前轮外倾角的范围是 −0.33° ±30′，即 −0.83°～0.17° 之间，主销后倾角的范围是 4° ±30′，即 3.5°～4.5° 之间。

2. 如果检查的参数符合标准，还须计算汽车左边跑偏量是否大于右边跑偏量 0.5°。

目前，我国建设高等级的公路时，均采用国际标准，即有 0.5° 路面坡度。汽车在高速公路上高速行驶时，由于路面坡度会造成汽车的行驶跑偏，如图 7-10 所示。在调整主销后倾角和车轮外倾角之前，要采用国际上较标准的计算方法计算主销后倾角和车轮外倾角的大小，补偿 0.5° 路面坡度，以确保汽车高速行驶的安全性。

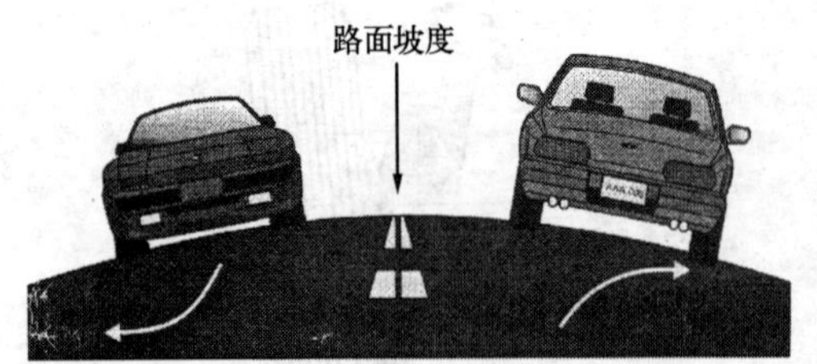

图 7-10　路面坡度对行驶跑偏造成影响

我国车辆靠右侧行驶，向右侧跑偏，汽车左边跑偏量大于右边跑偏量 0.5° 。

实训内容

一、测量前轮定位参数

1. 填写检查的参数

测量项目	参数
前轮外倾	
主销后倾	

是否符合标准？

（是）______

（否）______

例如，测量出的数据，如表 7-2 所示。

表 7-2　测量出的数据

测量项目	左	右
车轮外倾角	0°	0.75°
主销后倾角	-0.25°	2°

（1）根据厂家提供的条件，车轮外倾角取值范围是 −0.83°～0.17°，主销后倾角取值范围是 3.5°～4.5°。四轮定位仪测出的主销后倾角和车轮外倾角大小均不在此范围内。

（2）根据从定位仪测量出的结果，计算行驶的跑偏量。左右车轮的车轮外倾角 $\gamma_{右}-\gamma_{左}=0.75°$，使汽车向右跑偏 0.75°。左右车轮的主销后倾角 $\alpha_{右}-\alpha_{左}=2.25°$ 的偏差，使汽车向左跑偏 2.25°。那么，该车总的跑偏量为向左跑偏 1.5°。由于汽车的总跑偏量不为向左跑偏 0.5°，所以需要重新计算。

二、根据需要，利用三条公式重新计算各主销后倾角和车轮外倾角需要调整的大小

1．等分法计算公式：左边车轮外倾角大于右边车轮倾角 0.25°，即 $\alpha_{左}-\alpha_{右}=0.25°$；右边主销后倾角大于左边主销后倾角 0.25°，即 $\gamma_{右}-\gamma_{左}=0.25°$；消除 0.5° 的路面冠状影响。计算出的结果如表 7-3 所示。

表 7-3　等分法计算结果

动力转向	左	右
车轮外倾角	0°	-0.25°
主销后倾角	3．5°	3.75°

2．等车轮外倾角计算公式：车轮外倾角相等，调整主销后倾角。右边后倾角要大于左边后倾角 0.5°，即 $\gamma_{右}-\gamma_{左}=0.5°$，消除 0.5° 的路面冠状影响。计算出的结果如表 7-4 所示。

表 7-4　等车轮外倾角法计算结果

动力转向	左	右
车轮外倾角	0°	0°
主销后倾角	3.75°	4°

3．等主销后倾角计算公式：主销后倾角相等，调整车轮外倾角。左边车轮外倾角大于右边的车轮外倾角 0.5°，即 $\alpha_{左}-\alpha_{右}=0.5°$，克服 0.5° 的路面冠状。计算出的结果如表 7-5 所示。

表 7-5　等主销后倾角法计算结果

动力转向	左	右
车轮外倾角	0°	-0.5°
主销后倾角	3.75°	3.75°

2．计算的跑偏量是________度。

二、计算各主销后倾角和车轮外倾角

1．等分法计算公式：

动力转向	左	右
车轮外倾角		
主销后倾角		

2．等车轮外倾角计算公式：

动力转向	左	右
车轮外倾角		
主销后倾角		

3．等主销后倾角计算公式：

动力转向	左	右
车轮外倾角		
主销后倾角		

三、调整车轮外倾角和主销后倾角或者不可调整的车轮外倾角和主销后倾角，更换悬架或车身

凯越车的车轮外倾角和主销后倾角不可调整。

活动三　悬架故障诊断

学习目标

知识目标	能力目标
了解悬架故障诊断思路。	熟练排除悬架故障。

知识链接

前悬架的结构，如图 7−11 所示，后悬架的结构，如图 7−12 所示。

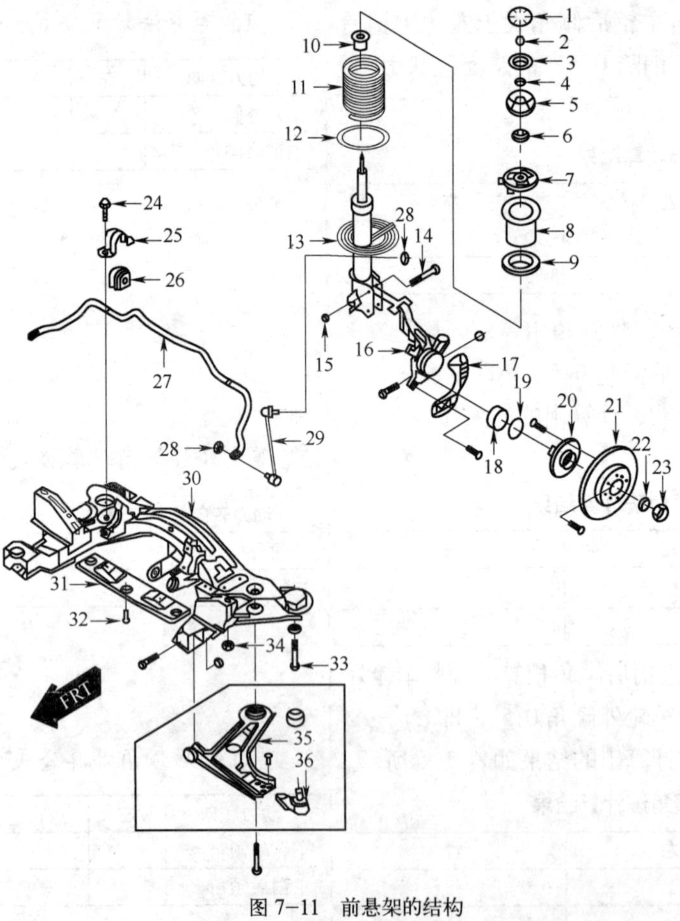

图 7−11　前悬架的结构

找出带下画线的零件。

1—盖帽
2—支柱上螺母
3—垫圈 4—活塞杆螺母
5—支柱座 6—支柱轴承
7—上弹簧座
8—前弹簧定位器
9—上弹簧绝缘体
10—空芯保险杠
11—前螺旋弹簧
12—下弹簧绝缘体
13—前支柱
14—转向节至支柱总成
15—螺母 16. 转向节
17—制动器护罩
18—前轮毂轴承
19—外弹簧卡环
20—前轮毂 21. 前制动盘
22—垫圈
23—轮毂螺母
24—稳定器卡箍螺栓
25—稳定器卡箍
26—稳定器卡箍减振垫
27—稳定器
28—稳定连杆螺母
29—稳定连杆
30—前悬架横梁
31—横梁罩
32—横梁罩螺栓
33—横梁螺栓
34—横梁螺母
35—控制臂
36—球节

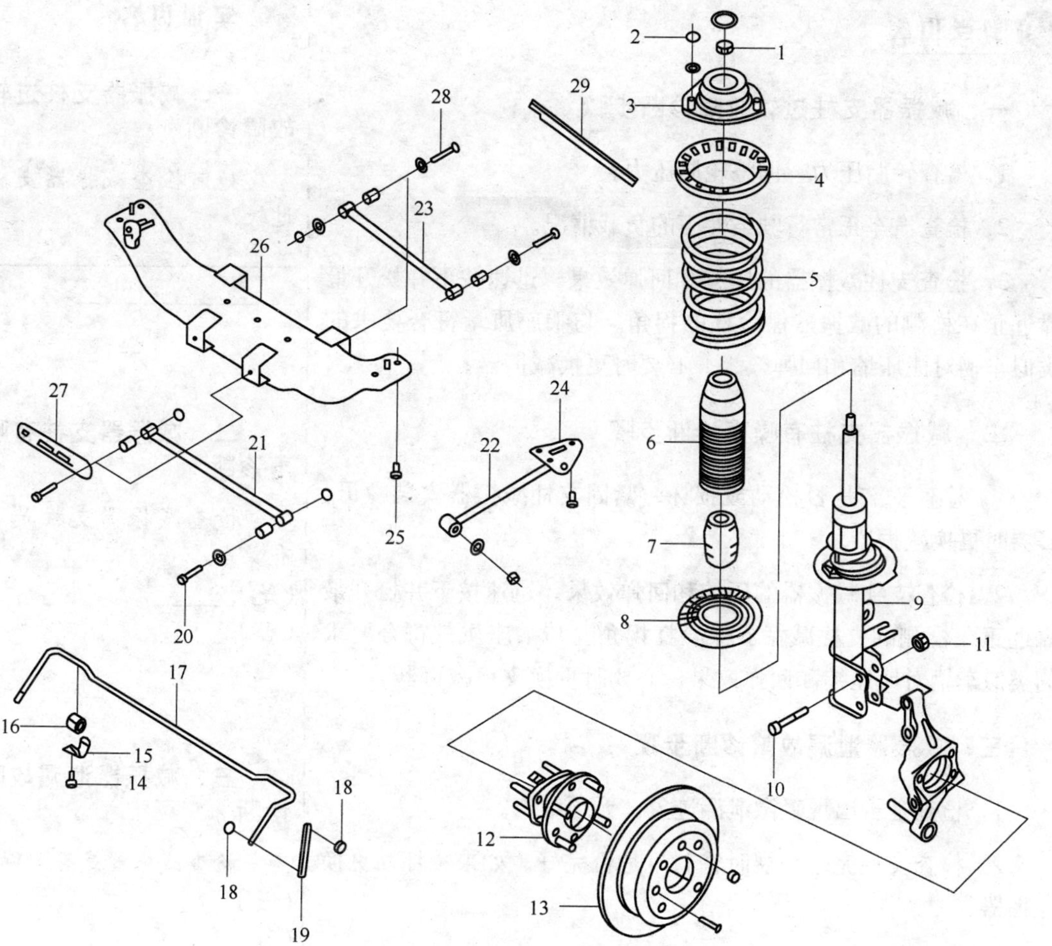

图 7-12　后悬架的结构

找出带下画线的零件。

1—支柱座锁止螺母
2—支柱总成至车身螺母
3—支柱座 4—上弹簧座
5—后弹簧
6—支柱减振器防尘罩
7—空芯保险杠 8—下弹簧绝缘环
9—后支柱减振器
10—支柱总成至转向节螺栓
11—支柱总成至转向节螺母
12—芯轴总成 13—制动盘
14—稳定轴卡箍螺栓
15—稳定轴卡箍
16—稳定轴绝缘体
17—稳定轴
18—稳定轴至稳定连杆螺母
19—稳定连杆
20—后平行连杆至转向节螺栓
21—后平行连杆 22—牵引杆
23—前平行连杆
24—牵引杆支架
25—后横梁至车身螺栓
26—后横梁
27—后横梁罩
28—前束调整螺栓
29—ABS 导线罩

教学内容

一、减振器支柱过软故障诊断步骤

1．检查轮胎压力，调整轮胎压力。

2．检查汽车正常行驶条件下的负载情况。

3．检查支柱减振器的压缩和回弹效果。迅速按下并松开最靠近正在检测的减振器保险杠的拐角。与乘座质量符合要求的类似车辆对比压缩和回弹效果，必要时更换减振器。

二、减振器支柱有噪声诊断步骤

1．检查安装是否松动或损坏。紧固支柱减振器安装螺母，必要时更换减振器。

2．检查支柱减振器的压缩和回弹效果。迅速按下并松开最靠近正在检测的支柱减振器保险杠拐角。与乘座质量符合要求的类似车辆对比压缩和回弹效果，必要时更换支柱减振器。

三、减振器泄漏故障诊断步骤

1．检查是否出现轻微泄漏迹象，无须维修。

2．检查支柱完全伸展时密封罩是否完好。如果损坏，更换减振器。

3．检查减振器油液是否泄漏过多。如果是，更换减振器。

四、球节检查

1．升起车辆前端，使前悬架处于自由状态。

2．抓住轮胎顶部和底部。

3．由里向外扳动轮胎顶部。

4．检查转向节是否相对控制臂水平移动。

5．在如下状况下，必须更换球节：

（1）球节过松。

（2）球封断裂。

（3）球形双头螺柱与转向节断开。

（4）球形双头螺柱用手指按压，就会在座中扭动。

（5）球形双头螺柱在转向节上过松。

实训内容

一、减振器支柱过软故障诊断

如何检查减振器支柱过软？

____
______________________。

二、减振器支柱有噪声诊断

检查减振器支柱是否有噪声。

(是)________

(否)________

三、减振器泄漏故障诊断

检查减振器是否泄漏。

(是)________

(否)________